川北 稔
Kawakita Minoru

社会的孤立の支援と制度

ひきこもりの20年から多元的包摂へ

青弓社

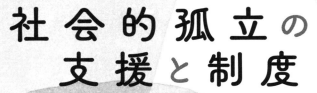

社会的孤立の支援と制度——ひきこもりの20年から多元的包摂へ　　目次

はじめに　13

序　章　生涯にわたる孤立の状況と「ひきこもり」概念の限界　17

1　8050問題の登場　17
2　社会的孤立と8050問題　18
3　8050問題につながるのは「ひきこもり」だけなのか　20
4　ライフコースを通じた社会的孤立の視点　22
5　ひきこもり概念に潜在する課題　23
6　再び8050問題について──求められる新しい支援の形　26
7　本書の議論の見取り図　28
8　本書の構成　31

第1部　社会的孤立とひきこもりの概念

第1章　社会的孤立の概念
　　　──生涯にわたる孤立はどのように捉えられるか　　38

1　社会的孤立への注目　39
2　孤立と孤独の概念　40
3　孤独・孤立の弊害と支援の困難　42
4　ライフコースと孤立　46
5　「参加」の欠如と「交流」の欠如　49
6　日本の孤立問題　51

第2章　ひきこもり概念の意義と限界　　82

1　「ひきこもり」概念のどこに問題があるのか　82
2　ひきこもりの「過剰拡張」と「見過ごし」　84
3　ライフコースの視点からみたひきこもり　85
4　狭義ひきこもり層内部の「見過ごし」　89
5　広義ひきこもりへの「過剰拡張」──無業者の辺縁化　92
6　自立をめぐる親子間の葛藤　94
7　「ひきこもり」の限定的な用法　95

補論1　社会的に孤立する人の支援エピソードの検討　105

補論2　既存の「ひきこもり」研究の限界　128
　　　──社会学的研究の自己反省の試み

第3章　海外の孤立研究は
　　　何を明らかにしてきたのか　136
　　　──子ども・若者の対人不安と成人期への移行を中心に

1　ライフステージごとの孤独・孤立　137
2　子ども・若者の対人不安　140
3　若者の移行の危機　145
4　海外での子ども・若者の自立研究のまとめ　158

補論3　参加の欠如が対人交流に及ぼす影響について　168

第2部　統計調査にみる孤立とひきこもり

第4章　内閣府ひきこもり調査の検討　174

1　ひきこもり調査に含まれる課題　174
2　「女性のひきこもり」に関する議論の問題　178
　　──2023年発表の調査を例に
3　外出という視点からみた孤立とその背景　182

第5章　社会的孤立に関する調査による外出限定層の検討　194

1　データと方法　195
2　結果　197
3　考察　204

4 結論 204

**第6章 民生委員を対象とする
ひきこもり・社会的孤立調査** 208

---

1 40歳以上のひきこもり事例への注目 208
2 都道府県による調査の概要 209
3 民生委員を対象とする「ひきこもり」調査 210
4 民生委員を対象とする社会的孤立支援事例の調査 214
5 まとめ──民生委員を対象とした社会的孤立調査について 229

**第7章 生活困窮者窓口のひきこもり支援と
「命の危険」** 231

---

1 生活困窮者相談窓口のひきこもり対応 231
2 命の危険調査 244
3 死亡事例に関する実態 247
4 考察と課題 259

第8章 地域包括支援センターでの
8050事例への対応　　　264

1　地域包括支援センターのひきこもり事例への対応　265
2　地域包括支援センターの支援事例調査　268
　　──自己放任（セルフ・ネグレクト）と依存
3　連携の課題　272
4　まとめ　273

第3部　多元的包摂への展望

第9章 支援における分断と
全方位型のアセスメントの展開　　　278

1　生物・心理・社会アプローチ　281

2　全方位型アセスメント　288

3　まとめ　291

第10章　ひきこもりと孤立に関する支援論の変遷　295

1　ひきこもりに特化した支援論　295

2　生活困窮者自立支援や地域共生社会の観点からの支援論　312

第11章　生きづらさを抱える人の支援活動における「当事者」像の課題　323

1　集合的アイデンティティとアイデンティティ・ポリティクスの課題　324

2　『つながりの作法』の検討　325

3　「当事者研究」の限界　331

4　伴走型支援での多角的なつながりの構想　333

終 章 孤立の多元的な理解と支援　343

1　第1部のまとめ　343
2　第2部のまとめ　344
3　第3部のまとめ　346

初出一覧　349

おわりに　351

装画──牧角春那
装丁──Malpu Design［清水良洋］

はじめに

　ひきこもりという言葉が近年あらためて注目を集めている。国によるひきこもり支援の指針がおよそ15年ぶりに見直され、2025年1月に新しい「ハンドブック」が公表された。また、従来ひきこもりに関する法律はなかったが、現在、国会議員らによるひきこもり支援法制定に向けた議論がおこなわれているという。

　筆者は2001年ごろから、支援活動の現場に立ち会いながらひきこもりの研究を続けてきた。ひきこもりが注目されはじめたのは00年前後のことである。当時は不登校のような教育問題、フリーターや若年無業者といった若者の労働問題など子どもや若者の自立をめぐる問題と並んで、ひきこもりが社会問題として取り上げられた。また00年代後半には発達障害や子どもの貧困がクローズアップされ、それぞれ広い意味でひきこもりの背景の一つと考えられた。

　さらに2010年代に入ると、ひきこもりの長期化や高年齢化が指摘されるようになった。8050問題というように親が高齢になり介護が必要になった段階で、親と同居している無職や未婚の成人子の存在が浮上し、支援が模索されるような事例も珍しくなくなった。

　ひきこもりは、以上のように20年間に顕在化してきた多様な社会的課題と関連する問題であり、ひきこもり状態に当てはまる人の困難も千差万別である。しかし近年、その支援をめぐる議論に筆者は違和感を覚えるようになった。

　まず、ひきこもりというテーマに対する、不思議なほどの関心の高まりである。フリーターやニートなど、ほかの若者問題はニュースの話題にのぼる機会自体が激減している。その一方で、ひきこもりはあたかも「一人勝ち」のようにクローズアップされつづけている。結果的に、発達障害や貧困などとひきこもりの関連が論じられることも少なくなった。

　同時に起こっているのが、ひきこもりをめぐるイメージの単純化である。筆者は時折、自治体や社会福祉協議会でひきこもりの理解に関する研修会の講師を担当しているが、幅広い関係者が「ひきこもり」に関心をもつにつれ

はじめに————13

て、「ひきこもりの人はこういう心理状態の人だ」というような定型的な「正解」が求められているように感じる。

　国の資料でも、ひきこもる人は「身を守るためにひきこもりを選択したのだ」として、ひきこもる人への理解を求める内容がみられる。しかし、ひきこもりは必ずしも自覚的な選択ではなく、「身を守る」のと反対に命に関わるような孤立状態の人も含まれる。個人の積極的選択として捉えることは孤立の深刻さや、孤立の背景にある不平等や心身の健康の問題を覆い隠してしまいかねない。

　筆者の考えでは、ひきこもりとは社会的孤立に含まれる状態像の一つである。年齢に固有の孤立（就職先とのミスマッチを経験する時期の若者や、退職後の高齢者など）、病気や障害による孤立、心理的な背景をもつ孤立（不安感や疎外感など）などが、ひきこもりにも重なって表れる。ところが、日本では社会的孤立という概念の導入が遅れたため、早くから知られていた「ひきこもり」という言葉に多様な孤立状況を表現する役割が求められたのではないだろうか。

　しかし、年齢や性別をはじめ、置かれた状況もさまざまな人の孤立問題を「ひきこもり」という言葉で理解することには無理がある。さらに「身を守るためにひきこもる人」という単純化されたイメージが求められ、そこに孤立する人の多様な悩みが押し込められつつある。これはひきこもり自体の理解のためにも有益ではない。ひきこもりとは、特定の種類の「人」を指すのではなく「状態」である。その状態に当てはまる人の個別性や多様性を理解することが重要といえる。

　おりしも2020年代になり孤独・孤立対策という新しい課題が政策化され、法律も施行された。しかし、孤独・孤立という課題に携わる人とひきこもり支援の関係者は異なり、相互の理解は必ずしも進んでいない。ひきこもりを社会的孤立の一つとして理解することが、議論の単純化や縦割り化を乗り越え、ひきこもりと孤立に関する支援の両方を充実させていくことにつながるのではないか。そう考えたことが本書の執筆の動機である。

　本書では、ひきこもりを社会的孤立の代名詞のように用いるのではなく、むしろ社会的孤立を基本用語として論じることを提案する。従来ひきこもりという言葉で表現されてきた悩みの内容は、社会的孤立の一側面として、もう少し具体的な言葉に置き換えて適切に論じることが可能であると提案した

い。国の新しい指針についても批判的な立場から検討をおこなっている。

　本書全体の問題意識やテーマについては、以下の序章「生涯にわたる孤立の状況と「ひきこもり」概念の限界」にまとめている。第2章「ひきこもり概念の意義と限界」では、ひきこもり概念の批判的検討をおこなっている。それ以降の章は独立性が比較的高いので、どの章から読んでも差し支えない。第2部では、筆者が関わったものを含め、この数年間に実施された調査から読み取れる知見を紹介している。「ひきこもりだけではない社会的孤立」の具体例をイメージしたい方は、補論1「社会的に孤立する人の支援エピソードの検討」を読むのがわかりやすいだろう。

序章　生涯にわたる孤立の状況と「ひきこもり」概念の限界

1　8050問題の登場

　「介護の必要がある高齢者のいる家庭を支援者が訪問したところ、無業やひきこもりの状態の子どもが同居していることが分かった」。このように高齢の親と成人の子どもが暮らす世帯の生活課題が、「8050問題」という形態で話題にのぼるようになった。高齢者と働いていない成人子が同居することで、経済的に困窮するおそれがある。また困窮に限らず、人との関わりが途絶えて孤立するリスクも抱える。親子の片方あるいは双方が孤立死して発見される例もある。成人子は未婚や無業であり、就業や結婚などで実家から自立することが難しいこともうかがわれる。

　8050問題は学術的な専門用語や正式な行政用語ではなく、統一された定義はまだ存在しない。何を「問題」とするかについても明確な範囲はない。国の審議会の資料では、一般に8050世帯を「80代の高齢の親と単身で無職の50代の子どもが同居している困窮世帯」を指すと暫定的に述べている。

　8050問題とは、何か決まった中身がある問題ではなく、高齢者と成人子が同居する家庭が抱える課題や、将来的なリスクの「総称」だといえる。

　8050問題　高齢の親と無業や未婚の成人子が同居する世帯に生じる生活課題。本書では現に問題が生じている場合だけでなく、将来への不安を抱えているケースを含めて言及する。また、親が子を支えている場合、子が親を支えている場合の双方を含む。問題の広がりは親が80歳代、成人子が50歳代という組み合わせに限られず、特に成人子の年齢

序章　生涯にわたる孤立の状況と「ひきこもり」概念の限界————17

が若年者の支援や高齢者の支援対象に含まれない40歳から64歳までの
ケースが焦点となる。

　8050問題というフレーズは「80代の親」と「50代の子ども」という世帯
構成を象徴的に表現しているが、必ずしも80と50の組み合わせに議論を限
定する必要はないと考える。本書では、子どもの側が子ども・若者支援の対
象（おおむね39歳まで）から外れる40歳から、高齢者になる前の64歳まで
の成人子と、その親のケースを念頭に議論を進める。たとえば70代の親と
40代の子どもの組み合わせをあえて「7040問題」などと呼ばずに、幅広い
8050問題に含めて考察を進めたい。
　40代・50代で親と同居している未婚の人は2020年に約384万人、そのう
ち無業の人は約79万人いる。すべての人が問題を抱えているわけではもち
ろんないが、8050世帯では親が成人子を経済的に支えていることが多い。
成人子が対人不安を抱え、人に会うことを苦手にしている場合もある。親が
入院したり施設に入ったりした際には、子どもが単身で取り残されてしまい
かねないなどの不安がある。
　親が子どもを支えるだけでなく、子どもの側が親を支えているケースも多
い。親の介護のために離職し経済的に困窮している人や、独力で介護を続け
て行き詰まっているなどの悩みを抱えている人もいる。
　子どもを支えている親にしても、親を支えている子どもにしても、支える
側もまた社会から切り離され、二重の孤立が生じてしまうことが懸念される。
そのような事情は家庭のなかに閉ざされ、社会からみえないまま孤立は深刻
化していく。そこにどんな悩みや将来のリスクがあるのか、全貌はまだ明ら
かではない。

2　社会的孤立と8050問題

　支援者は、親の介護などをきっかけに社会参加から遠ざかっている人の存
在に気づくことができる。人が生き続ければ必ず直面する高齢期の課題は、
それまで家庭内に閉ざされていた悩みをも顕在化させる。このように8050
問題は隠れていた悩みが解き放たれるという意味で、さまざまな困難も希望

も飛び出してくるパンドラの箱なのである。

　実際に高齢者と成人子が暮らす世帯が抱える課題やその支援については本書の別の場所に譲り、ここでは8050世帯に関連すると思われる、人生前半から後半に至る広範な課題を挙げてみたい。社会的孤立という視点からみると、8050問題は子どもの貧困や虐待、ヤングケアラー、不登校、就職氷河期、介護離職など、ライフコースを通じたさまざまな課題を振り返る機会になる。以下、40代や50代の人が抱える課題から子ども期までさかのぼって、8050問題と関連する可能性がある課題を挙げる。

──介護離職というように、親を介護するために離職する人がいる。
──1990年代以降、50歳時点での未婚率が上昇し、2020年に男性は3割近く（28.3%）、女性は2割近く（17.8%）に達している[4]。
──就職氷河期世代は、就職するタイミングで不況の影響を受け、経済的に恵まれない状況で壮年期を迎えている。非正規雇用化が進み、複数の仕事を転々としたが仕事が見つからなくなった場合もある。
──1990年からは不登校の児童・生徒が増加し、学校に行けないだけでなく卒業後も対人的な不安を抱えている場合がある。
──ヤングケアラーというように親を支え、子どもらしい子ども期を過ごせない子どもがいる。子ども期に親の離婚や虐待などの「逆境的体験」を経験し、人への信頼感の構築などに課題を抱えて成人後に孤立に陥る人がいる。

　若者が親に依存する時期が長くなることは、青年期の延長や、パラサイト・シングルなどの概念を通じて指摘されてきた。親の側は長寿化し、それに伴って「親子」という関係のなかで過ごす期間が長くなった。子世代に比べて親世代は不況の影響を受けず経済的に恵まれているケースが多く、子どもを支え続ける役割を引き受けやすい。逆に子どもの側が高齢の親を支えている場合には、介護のための離職によって経済的に不安定な状況に置かれていることが珍しくない。なかには子ども・若者のころから親を支えていて、そのまま中年期を迎えている人もいる。

　親子の同居とは別に、一人暮らしをする未婚者も増えている。8050世帯と異なるのは、親と同居するか別居するかの違いだけである。8050世帯でも、老親と死に別れた成人子の多くは未婚の単身世帯へ移行し、孤立死など

のリスクを抱える。親と同居する人、単身の人の孤立は地続きといえる。

このように、8050問題は解決されずに積み残された社会的課題が、親の高齢化という局面で否応なく表面化したものだといえる。本書では8050問題につながるような諸課題を社会的孤立の視点から論じていきたい。

3　8050問題につながるのは「ひきこもり」だけなのか

一方、ひきこもりの長期化や高年齢化が指摘され、8050問題の背景の一つに位置づけられる。むしろ、ひきこもり問題と重ねて8050問題が論じられることがほとんどである、といったほうがいい[5]。

ひきこもりは2000年前後に社会問題として知られるようになった。当初10代や20代の子ども・若者の問題とみなされていたこともあり、主に学校を卒業して社会に出る段階で困難を抱えた人が、親元で自宅や自室に閉じこもっている状態がイメージされてきた。

2010年代に入ると、ひきこもり状態の人のなかで40代以上のケースが多いことが指摘され、前述したようにひきこもり状態の長期化や高年齢化が認識されるようになった。ひきこもりの統計のなかに当初は含まれていた年齢や職業の限定が撤廃され、中高年のひきこもり、主婦のひきこもりなどについて論じられるようにもなった。親元でひきこもる子ども・若者だけの問題ではなくなったかのようである。

> ひきこもりの定義　厚生労働省のガイドラインによる定義では、ひきこもりは「社会的参加（義務教育を含む就学、非常勤職を含む就労、家庭外での交遊など）を回避し、原則的には6カ月以上にわたって概ね家庭にとどまり続けている状態（他者と交わらない形での外出をしていてもよい）を指す現象概念」[6]とされている。

このように、ひきこもりの定義自体はかなり幅広く、どんな年齢や世帯構成の人にも当てはまりうる。しかし、主に「親元でひきこもる子ども・若者」の問題から出発した言葉であるひきこもりを、多様な年齢層や世帯構成の人に当てはめるのは無理があるように思われる。

ひきこもりという言葉の典型的なイメージは、両親からの自立の時期に困難を抱えた若者がそのまま家庭に閉じこもってしまうような例ではないだろうか。実際に、内閣府の調査では「社会的自立に至っているかどうか」に注目してひきこもりの該当者を線引きすることが意図されており、暗黙のうちにひきこもる人を「自立に至ったことがない」人と捉えている。しかし調査によるとひきこもり状態の人で就労経験がある人は約8割いる。必ずしも親元からの自立が最大の課題であるわけではない。

　一方ではひきこもり状態を客観的に捉え、年齢や家族構成に関係なく「いまの姿」をひきこもりと表現するような使い方がある。これを「静止画」としてのひきこもりということもできる。他方では、親からの自立に至っていないという「経緯」に注目してひきこもりを理解する立場がある。こちらは「動画」としてのひきこもりと表現できるだろう。静止画による理解と動画による理解が混在しているわけである。

　なし崩し的に対象が拡大されてきたため、専門家や支援者の間でもどこまでを「ひきこもり」と呼ぶのか、そのイメージにはかなりのズレがありそうだ。長年働いた社会人、離婚して実家に戻ってきた成人子、子育てをしている親自身、一人暮らしの人の例などを「ひきこもり」に含めることに躊躇する関係者も多い。概念の曖昧さは議論の混乱につながる。

　支援のあり方という点でも、多様な孤立をそのままひきこもりと重ねることが有効とはいえない面がある。典型的なひきこもりの支援は、まず親が本人とのコミュニケーションを回復し、本人が家族以外の信頼できる他者との関わりを取り戻し、やがて人間関係になじむための居場所に通うなどの段階を踏んで進められることが多い。こうした支援モデルは、ちょうど「家庭から学校、職場へ」という順で子どもが自立し、社会に出ていく過程をなぞって構想されていると思われる。

　自立の時期に困難に直面するような典型的ケースでは、学校の問題あるいは職場の問題ともいいづらい移行期に問題が顕在化するため、課題に向き合うことは主として両親の責任であることが暗黙のうちに前提されてきた。ひきこもりの結果8050問題に至ったケースでさえ、「親が子どもの話を傾聴する」「親子の関係を改善する」ことが勧められる。

　しかし70歳や80歳を超えた親に、子どもとの関係を見直そうというアドバイスが妥当なのか、考える余地はあるだろう。親が家族関係を立て直すと

いう支援方針は家族自体に余力があることを前提にしているが、実際には家族全体が困窮したり孤立したりしていることも珍しくない。このように家族依存的な解決に偏ることは、家庭環境に恵まれた人々にとっても視界を狭めてしまう結果になることが懸念される。

　また、すでに触れたように長く働いた経験をもつ人の場合、親による育て直しを求めることはあまり有効でないだろう。そもそも8050問題の段階では、両親に要介護や認知症の課題も含まれ、親が支援のキーパーソンになりうるとはかぎらない。むしろ親の衰えが親自身のセルフ・ネグレクトにつながったり、子どもへの依存につながったりする。

　20代や30代の場合にも、幼少期の家庭の貧困、子どもに対する虐待やネグレクトが孤立に影響している場合がある。それらの場合には両親に子どもの支援を期待するのが難しいことは想像できるだろう。

　ひきこもりという言葉によって隠れがちだが、幼少期からの貧困や障害、学校での教育問題、職場での雇用環境の問題などと関連させながら社会的孤立を議論する余地がある。

　以上のように、8050問題がひきこもりという子ども・若者期の問題に重ねられることに加えて、子ども・若者期の自立の課題がひきこもりという形態だけで理解されることには限界があるといえる。

4　ライフコースを通じた社会的孤立の視点

　若年層の子どもだけでなく、幅広い年齢や家族構成の人が社会とのつながりを失っている場合、社会的孤立という言葉を用いて理解することができる。日本の場合、社会的孤立という用語の導入が遅れ、あらゆる孤立事例に「ひきこもり」という言葉を当てはめて理解してしまっているかのようだ。しかし、ひきこもりを社会的孤立の代名詞のように用い続けることには無理がある。孤独・孤立に関する概念や政策の登場を機に再考されることが望まれる（第2章「ひきこもり概念の意義と限界」）。

　海外では、幼少期の貧困や虐待、ヤングケアラーであること、壮年期の失業、パートナーとの離死別というように、ライフコース上の幅広い困難が孤立のリスクを高めることが指摘されている（第1章「社会的孤立の概念」）。

先行して孤独担当大臣を置いたイギリスに続き、日本でも孤独・孤立担当大臣が任命され、社会的孤立や孤独という視点からさまざまな社会問題を捉えることが可能になった。以下に、社会的孤立や孤独の大まかな定義を示しておく。[11]

> 　社会的孤立は、会話などを通じた他者との接触が乏しいことや、社交的活動や相互扶助活動への参加が乏しいこと、サポートを受けられるような相手が欠如している、または少ないことなどを指す。
> 　実際に社会的孤立を測定するための基準は「同居者の有無」「家族と（あるいは家族以外の人と）直接会話をした頻度」「悩みを相談できる相手の有無」など多様である。他者との接触などがどの程度欠如すると孤立とみなされるのかなどについても決まった基準はない。
> 　一方、孤独は他者との付き合いの欠如や喪失によって生じる、好ましくない感情を指す。本書では客観的な「孤立」を対象に議論を進めるが、必要に応じて「孤独」についての先行研究にも言及する。

　ひきこもりは、もともと子どもや若者の問題として捉えられてきた。学校を卒業したり、親元を離れたりして成人期に移行することが期待される時期に、自宅や自室に閉じこもっている子どもや若者の姿が深刻に憂慮された。同じ時期にニートやフリーターなどの若者の就業問題も注目を集めた。

　このような「成人期への移行」や「自立」という課題を象徴する言葉としてひきこもりが用いられる一方、壮年期以降の孤立や、既婚者（主婦）の孤立までもひきこもりと呼ばれてしまう状況がある。いかに「ひきこもり」という言葉が便利に用いられているかの証左だが、ひきこもりという言葉の多用によって若者の自立問題、そしてあらゆる年齢層の孤立問題の双方について本質が見失われる結果を招いているように思われる。

5　ひきこもり概念に潜在する課題

　以上に示したように、子ども・若者の問題を指す言葉だったひきこもりが社会的孤立を示すものにも流用されてきた。では、ひきこもりは若い年齢層

序章　生涯にわたる孤立の状況と「ひきこもり」概念の限界————23

の孤立を指す言葉として引き続き有効なのだろうか。本書は子ども・若者の孤立についても従来のまま「ひきこもり」という言葉を使い続けることには限界があると考えている（第2章）。

　2000年代初頭、学校から仕事への移行に困難を抱える若者が注目され、この新たな問題を示す用語としてフリーター、無業者、ひきこもりなどが用いられるようになった。先ほどみたように、ひきこもりには就学や就労をしていないという条件と、家族以外の人と対人的な交流をしていないという条件の双方が含まれる。この条件のうち、特に非就労の状態は無業者と重なるため、無業者とひきこもり状態の人との異同が議論されてきた[12]。

　しかし近年、無業者や就労支援に関する議論が低調になってきたのに対し、ひきこもりはあたかも若者問題の代表格のような位置を占めている。若年層の支援の議論でひきこもりという用語が多用される半面、各人がひきこもりという言葉で示そうとしている内容が拡散し、丁寧な議論が難しくなっているように思われる。

　海外に目を向けると、学校教育や雇用への参加が阻まれるという問題と、対人的な交流の乏しさは別々の課題として扱われている（第3章「海外の孤立研究は何を明らかにしてきたのか──子ども・若者の対人不安と成人期への移行を中心に」）。実は日本語で一般的に「社会的ひきこもり」と訳される‘social withdrawal’という言葉はもともと対人的交流に特化して用いられており、日本のように就労や就学の欠如という側面には言及していない[13]。たとえば学校や職場に通っている人でも、他者との会話が乏しい場合に対人的閉じこもりという言葉で認識されるわけである。

　また就労や就学の欠如については、無業者を指すNEETの概念によって統計的な調査や研究が続けられている。自立に関連する成人期への移行については、「フルタイム教育の終了」「有償雇用への参入」「親元を離れること」「パートナーシップ」と「親になること」というように複数の目印が提案されてきた（第3章）。

　それに対し日本では課題に応じた概念が用意されず、さまざまな若者の困難を無理に「ひきこもり」という言葉だけで理解しようとしているようにみえる。ひきこもり状態とは、就学や就労、他者との交流がいずれも失われた状態を指している。あたかも、あらゆる社会関係から撤退した極端な状態のように捉えられがちである。

しかし、現在ひきこもり状態の人でも、すでに述べたように就労経験がある人が約8割、また家族以外の人と会話がある人が4割以上、自宅以外の場所に外出する人が約8割いる。必ずしも社会的参加と交流のすべてに困難を抱えているわけではなく、実情として就労はしていないが一定の交流の機会はもっている人、逆に会話などの交流がないまま就労を続けてきた人などが含まれるはずである。同じひきこもり状態といってもその内部は異質性が高く、同質な集団と考えることはできない。

　それにもかかわらず、専門家や支援者は「ひきこもり」にそれぞれ独自のイメージを重ねるため、社会的参加や対人的交流のなかで一部分を強調した発言がおこなわれがちになる。対応策についても、必要なのは「就労を通じた自立」なのか、交流のための「居場所」なのかなど二者択一的に議論がおこなわれることが多い。

　もしも若者の社会的参加に焦点を当てて支援するならば、ひきこもりではなくて端的に無業（就学や就労をしていないこと）の概念によって対象者を把握することが適切だろう。学校から仕事への移行期など、キャリアの途切れ目に注目した対応策が期待される。一方、対人的交流の困難として「ひきこもり」を捉えるならば、就労や就学の有無にかかわらず、純粋に対人不安や孤立を抱える人への支援を考える余地がある。「居場所」を強調する議論はむしろ就労に代わる社会的参加へと視野を限定させているといえるだろう。

　このように丁寧な議論が求められる課題について、「ひきこもり」を主語にして語ることには無理が大きい。ひきこもりという言葉がむしろ対象者の理解や支援の選択肢を狭めることが懸念され、「ひきこもり」に集約させない孤立や自立の議論が求められているといえるだろう。多くの意味を背負いすぎたひきこもりという用語の再整理が求められる時期に至っている。

　和歌山県精神保健福祉センター所長を務めた小野善郎は、ひきこもりが子ども・若者の問題を離れ、あらゆる世代の孤立を示す「アンブレラターム」になってしまったと評価している。アンブレラタームとは、傘のようにとりあえずその下に物事を収めておくような言葉である（クジラもイルカも哺乳類である、というように）。その比喩を用いれば、実際には孤立した人を幅広く収める傘が用意されるべきだと考えられるが、まだそれが存在せず、多くの人がとりあえず「ひきこもり」という傘に誘導されている現状がある（これを「過剰拡張」と呼び、第2章で論じる）。その一方、傘の規格が統一されて

序章　生涯にわたる孤立の状況と「ひきこもり」概念の限界————25

おらず、同じ「ひきこもり」という傘であっても大小の幅がある。小さい傘に入ってしまうと濡れる人も出てくる（これを「見過ごし」と呼び、同じく第2章で論じる）。

　本書はそれに代わって社会的孤立を「傘」にあたる概念として用いることを提案する。その傘には社会的参加、対人的交流のいずれか、または双方が狭められた人が入り、そのバランスは個人ごとに多様である。このように孤立に関する事情は「一つ」のこともあれば、複数積み重なっていることもあるので、傘の下で丁寧に理解されるべきだ。たとえば典型的なひきこもりのイメージに重なる要素が強い人、つまり若者として親元から自立する時期に就職などをうまく進めることができず、特に対人的交流に困難を抱えている人も入る一方、そうでない人も入る（ひきこもりの「典型的」なイメージについて第2章で論じる）。

　本書の立場からは、従来ひきこもりという言葉で示された行動を（社会参加の有無にかかわりなく、つまり就労や就学の有無を問わず）対人的交流の欠如を示す概念に限定することを提案する。たとえば「働いていて、毎日のように外出しているが、家族以外の人との会話が乏しいため、その点で対人的交流から閉じこもっている人」というように用いることができる。こうした人は交流をもつための支援を望んでいる場合も、苦手な交流を避けながら働くなどの支援を求める場合もあるだろう。ひきこもりはあくまで状態であり、その人の生活状況の一部にすぎない。

6　再び8050問題について──求められる新しい支援の形

　8050問題の登場は、社会的支援のあり方にも再検討を促している。

　介護関係者が8050世帯の存在に気づいたときに、高齢者の支援を専門とするケアマネジャーやホームヘルパーだけで成人子の側を支援することは、当然ながら不可能に近い。仕事をしていない、家族以外との交流が途絶えている人に、新たな関わりをどのような形で提案することができるだろうか。8050世帯を「発見した人」と、「実際に支援する人」との間で連携が必要になる。

　また8050問題に該当する人が、自分から助けを求めることは少ない。周

囲からみれば生活に困窮したり孤立したりしていても、当の家族からすれば「家庭のなかのことを他人に言いたくない」「困り事が積み重なり、何から手をつければいいのかわからない」などの理由で、「そっとしておいてほしい」と支援を断ることも多い。それでも多くの場合、親が体調を悪くして入院したり、体が不自由になり施設に入所したりするなど、家族だけでは解決できない局面が訪れる。

　一方で、成人子である本人に直接関わる話題ではなく、「親の介護」という間接的なきっかけから介護関係者と本人の関わりが生まれることもある。介護だけでなく生活困窮のように差し迫った課題が家族の外部からの支援を受け入れるきっかけになることは珍しくない。また、孤立や困窮などの課題を対象者に当てはめるよりも、趣味やペットに関する話題などを共有することが、遠回りのようでもコミュニケーションの回復につながることがある（補論1を参照）。

　このように、8050問題は「親の課題と本人（成人子）の課題が複合的に絡み合っている」「客観的にみると心配なのに、本人や家族は支援を受け入れない」といった難しさがある。ともすれば、支援者は「自分はこの問題の担当ではない」「当てはまる制度がない」「本人や家族は支援を望んでいない」などの理由から支援を手控えることになってしまう。逆にいえば、専門性が異なる部署や多様な専門家の間での多職種連携、対象者のニーズに寄り添った伴走型支援などの、新しい支援の必要性を物語っているのである（第10章「ひきこもりと孤立に関する支援論の変遷」）。

　従来の福祉や支援の制度は、収入や年齢による線引きがあり、また縦割り的な専門分野に当てはまる人を対象にしがちだった。しかし孤立した人は、従来の支援の谷間にこそ存在する。「制度を人に当てはめる」のではなく、「人に合わせて制度を柔軟に運用する」ことが必要になる。また問題解決のための支援だけでなくつながり続けるための支援のように、支援の一歩手前の取り組みが重要になる。このように8050問題や社会的孤立は、新しい社会的支援の試金石にも位置づけられる。

　そしてひきこもり問題もまた、「ひきこもりというイメージに当てはまる人」「ひきこもり支援を積極的に望む人」だけを対象者として想定しても、解決は難しい。対象者はあくまでひきこもり状態に当てはまるにすぎない。「その人」はどのような側面で孤立しているのか、逆に他者や社会とどんな

序章　生涯にわたる孤立の状況と「ひきこもり」概念の限界————27

接点をもち、広げることを望んでいるのか。支援者が提案する支援は受け入れないとしても、そのほかに困り事や要望はないのか。多面的なアセスメントがつながりを回復する糸口になる。

　ひきこもりは、ひきこもるという動詞が名詞化された言葉だと考えられ、個人の行動の結果というニュアンスが強い。そのため、この言葉は、たとえば「孤立」という言葉に比べて、自覚的に選んだ行動や特定の動機をもつ行動をイメージさせやすい。また「ある人が仕事につまずいて「ひきこもり」になった」という表現のように、ひきこもりは特定の種類の「人」に起こるものだという理解も多くみられる。しかし、ひきこもりを「状態」と捉えれば、当人が抱える課題は必ずしもひきこもりだけではなく、ほかのさまざまな状態や状況が重なっている。ひきこもり支援という枠組みは、ひきこもりの課題が最優先であるため、ひきこもる人は「ほかの課題（生活困窮や障害など）に該当しない」という暗黙の想定を生み出しているように思われる[17]。

　このような状況で、ひきこもりというキーワードを軸に社会的孤立についての理解を進めようとすると、対象者の姿は「ひきこもりらしい」イメージへと狭められてしまう。

　そこで、本書では従来「ひきこもり」と呼ばれてきた問題について、多様な社会的孤立の組み合わせとして理解を進めていきたい。孤立は多様な側面に分かれる状態であり、一人の人が孤立者か孤立者ではないか、という形で明確に線引きされるわけではない。孤立の背景も多面的であり、その人に関係する背景も複数の視点から考えられるべきだ。本書では心理的側面だけでなく社会的側面、生物学的側面から理解するための議論を進める（第9章「支援における分断と全方位型のアセスメントの展開」）。

7　本書の議論の見取り図

　本書では8050問題をきっかけに、従来イメージされやすい「ひきこもり」という用語による理解の限界を明らかにしながら、幅広い社会的孤立の理解につなげていきたい。それは従来ひきこもりといわれてきた状態像に重なるが、ひきこもりとして理解することの限界について批判的に指摘していく。

すでに述べたように、孤立とは社会的活動や対人的交流の範囲が狭まることを意味する。このような孤立が生じる背景は心理的・社会的・生物学的という3つの側面から整理できる。孤立の背景がどれか1つに限られるわけではなく、一人の人を多面的に理解するために次のような観点を同時並行的に活用することが望まれる（詳しくは第9章「支援における分断と全方位型のアセスメントの展開」）。

不安の問題としての孤立（心理的側面）

新型コロナウイルス感染症拡大は知人や家族との交流を制限し、多くの人に自分自身も孤立するのではないかという不安を与えた。

客観的な「孤立」とは異なり、寂しさなどの主観的な感情は「孤独」と表現される。既存の集団の束縛から解放され、人間関係を自由に選択できる側面が強まると、自分は人に選ばれるのかどうかという不安も生じる。「孤立不安」[18]が普遍化している時代といえるだろう。

本書で論じるように、「ひきこもり」という言葉で呼ばれてきた状態の人は周囲の社会に溶け込めない、人からどうみられるのかが気になるという心理特性と重なることがある。他者に評価されるような場面を苦手に感じ、人との関わりを控える人もいる。また「周りから取り残されている」などの主観的な孤独感を感じることで他者との交流が難しくなる人がいることも見逃せない[19]。

海外の研究では、社交的場面を苦手とするような心理特性を抱え、実際に他者との交流が少ない状態を「対人的閉じこもり」「社交不安症」などの言葉で捉えている。すでに述べたように、これらは就労や就学の有無とは独立した概念である。本書ではひきこもりについて、社会的孤立を示す包括的な言葉として用いるのではなく、海外と同様に対人的な不安や、それによる社会的交流の欠如に限定して用いることを提案したい。

社会的不平等の問題としての孤立（社会的側面）

不登校、就職の失敗、離職、失業、家族との離死別というライフコース上の困難は、孤立のリスクを高める。標準的なライフコースを望む人への支援と、それ以外の選択肢を広めることの両面から考えていく必要がある。

孤立は個人の内面の問題として捉えられがちだが、経済的な貧困などの社

会的条件からも影響を受ける。のちに詳しく検討するが、収入が多い人ほど他者との会話の機会が多くなり、逆に貧困であることが孤立をもたらす傾向がみられる。子ども期の貧困も成人後の孤立に影響しており、本人が選ぶことができない条件がその後の孤立をもたらしている面がある。

　このように孤立は社会的に強いられた結果という部分も否定できず、個人が自由に選んだ行動という視点からだけ捉えるのでは不十分である。社会的な不平等を是正するという視点からも、人間関係や社会参加を回復するような支援が必要といえる。しかし孤立した人が他者への警戒心をむしろ強め、再度人と関わることを苦手としている可能性も見過ごせない。そのため孤立している人だからといって他者との関わりを強いることは望ましくない。あらゆる孤立を否定的に捉えることよりも、望まない孤立や、支えがない孤立（孤立無援）の状態に陥ることを防ぐことが重要だろう。

　孤立している人は人間関係や社会参加に向けての支援を積極的に望まない場合も多い。その理由として、心理的な負担感がある人もいれば、必要としている時期に助けてもらえなかったという思いから行政の制度などに拒否感がある人もいるだろう。一方で、そうした言葉を表面的に受け取り、支援を手控えるとしたら、さらなる孤立の放置を招いてしまう。既存の方法で社会とつながることが難しい人には、通り一遍の提案だけで支援の成否を判断するのではなく、多様な選択肢の用意が必要なのである。

健康問題としての孤立（生物学的側面）

　欧米の孤立研究では、多くの調査結果によって、孤立が健康を損ない、死期を早めることが示されている。健康を身体的な健康（生物学的側面）だけでなく、心理的・社会的側面から考えることが、広義の健康概念にも合致している。「健康の社会的決定因」というキーワードは、孤立研究を含む幅広い研究の合流点になっている。

　逆に健康が孤立にどのように影響するかという視点も重要だろう。身体的・精神的健康は社会経済的地位、教育、職業、生活環境などによって左右され、社会的に不平等に配分されているといえる。それがまた社会参加の不平等を生み出している。孤立が健康に影響するという側面の研究に比べて、このような健康から孤立への影響を探る研究の蓄積は乏しく、発展の余地が大きい。[20]

孤立を考えるにあたって、以上のように心理的な不安（心理）、社会的な不平等（社会）、心身の健康（生物）という観点のそれぞれを見落とさずに踏まえることが重要である。本書では生物・心理・社会アプローチとして、健康や孤立を包括的に捉えるための枠組みの可能性を探る。

自立の問題としての孤立

　子どもや若者が大人になる途上での孤立は大きな課題になる可能性がある。これらは「自立」や「成人期への移行」の困難に重なる。すでに述べたように、国によるひきこもりの調査でも、その人が「社会的自立に至っているかどうか」という関心に基づいて該当者を線引きしている。[21] しかし孤立は個人の現在の状況を切り取って捉えるのに対し、自立は子どもや若者から成人期への段階的な移行を捉える言葉ということができる。

　そうした意味で、ひきこもりは静止画なのか動画なのかが曖昧な言葉である。すでに触れたように成人後の孤立を指すときにひきこもりという言葉を使うことに違和感があるとすれば、客観的な状態（静止画）を指す言葉と成人への移行（動画）を指す言葉が混在しているからだといえる。「就職に失敗してひきこもりになった」のような言い方が用いられることもあるが、移行期の課題は前述したような心理、社会、また心身の健康の側面からきめ細かく考える余地がある。

　静止画にあたる言葉として社会的孤立を、孤立に至る背景で成人期への移行や自立の課題があるときはそれにふさわしい用語を用いることで混乱を避けられるだろう。

8　本書の構成

　第1部「社会的孤立とひきこもりの概念」では、多様な問題を位置づけるために、多様な社会的孤立の理解を図る。まず、ライフコースにわたる社会的孤立という視点を導入する（第1章）。この枠組みのなかでひきこもりという問題をどのように再設定することができるのかを批判的に検討する（第2章）。続いて、欧米の研究のなかで子どもの孤立や若者の自立はどのように捉えられてきたのかを紹介する（第3章）。

第2部「統計調査にみる孤立とひきこもり」では、既存の調査を「ライフコースを通じた孤立」という視点から再検討する。第4章「内閣府ひきこもり調査の検討」は内閣府によるひきこもりの調査について、社会的孤立の視点を交えて検討する。第5章「社会的孤立に関する調査による外出限定層の検討」では社会的孤立に関する調査結果から、ひきこもり状態に相当する外出限定層の検討をおこない、現状のひきこもりの定義とは異なる視点からの多角的検討の必要性を示す。続いて支援現場を対象に実施された調査結果を検討する。第6章「民生委員を対象とするひきこもり・社会的孤立調査」では、民生委員を対象に実施されたひきこもりや社会的孤立に関する調査結果を検討する。第7章「生活困窮者窓口のひきこもり支援と「命の危険」」では生活困窮者支援の現場で捉えられるひきこもり支援例について、第8章「地域包括支援センターでの8050事例への対応」では地域包括支援センターで捉えられる8050世帯の支援例について検討する。

　第3部「多元的包摂への展望」では、以上のような概念や実態の理解が、支援の促進にどのように役立てられるかを論じる。第9章では、年齢や問題の種別などの分断を越えて、個人を全方位的にアセスメントし、支援する方策について検討する。生物・心理・社会の各側面に関するアセスメント、支援の立場と本人の立場の双方からのアセスメントなどについて検討する。このような全方位型の支援の考えに依拠し、第10章「ひきこもりと孤立に関する支援論の変遷」と第11章「生きづらさを抱える人の支援活動における「当事者」像の課題」では、それぞれ現在のひきこもり支援の限界、単一的な「当事者」像の限界を指摘し、それらを回避する支援の方策を検討する。

注

（1）早い時期の新聞記事の例として2016年3月20日付の「日本経済新聞」の記事「認知症社会　家族の負担どこまで」があり、未婚成人子による高齢者の在宅介護の困難を論じている。8050問題という言葉は、コミュニティソーシャルワーカーの勝部麗子が名付け親と目される（勝部麗子『ひとりぽっちをつくらない──コミュニティソーシャルワーカーの仕事』全国社会福祉協議会、2016年）。

（2）政府の審議会の資料によれば、「いわゆる「8050」世帯」とは、「一般に「80代の高齢の親と単身で無職の50代の子どもが同居している困窮世帯」

を指す。そのような世帯の例として次のようなケースを挙げている。「中高
年以降の失業等に伴うケース」「子どもの中高年以降の失業・病気等不安定
な就労等の状態により、親の経済力に依存せざるをえないケース」「子ども
が家にいることで親自身の健康不安が和らぎ子どもへ精神的に依存すること
で共依存となっているケース」「親の介護に伴うケース」「ひきこもりに伴う
ケース」（社会保障審議会生活困窮者自立支援及び生活保護部会〔第9回〕、
2017年10月31日）

（3）総務省統計局「令和2年国勢調査」（〔https://www.stat.go.jp/data/kokusei/
2020/index.html〕〔2025年3月10日アクセス〕）をもとに集計。

（4）50代時点での未婚率は、1970年には男性1.7％、女性3.3％、90年には男
性5.6％、女性4.3％だった（こども家庭庁『令和6年版こども白書』日経
印刷、2024年、20ページ〔https://www.cfa.go.jp/assets/contents/node/basic_
page/field_ref_resources/0357b0f6-8b14-47fc-83eb-2654172c2803/16d
135ea/20241009_resources_white-paper_r06_05.pdf〕〔2025年4月1日アクセ
ス〕）。

（5）厚生労働省編『令和5年版厚生労働白書──つながり・支え合いのある地
域共生社会』（日経印刷、2023年）では、「「ひきこもり」状態の長期高年齢
化は、いわゆる「8050問題」（高齢の親と働いていない独身の50代の子とが
同居している世帯に係る問題）に象徴的に現れ、生活に困窮するなどの深刻
な問題につながっている」（同書60ページ）と述べている。8050問題をタイ
トルに含む図書の例として、池上正樹によるルポでは「「8050問題」とは、
80代の親が収入のない50代の子どもの生活を支え、行き詰ってしまってい
る世帯のことを指す」（池上正樹『ルポ「8050問題」──高齢親子"ひきこ
もり死"の現場から』〔河出新書〕、河出書房新社、2019年、3ページ）とし
ながら、「当該家族が置かれた状況や背景は様々だが、いずれにせよ、長期
高齢化したひきこもり状態の子の生活を高齢の家族が支えている本質的なメ
カニズムは変わらない」（同書17ページ）と述べている。最上悠の臨床的な
実践例による図書も「8050」をタイトルに掲げるが、本文ではひきこもり
の統計に言及し、主にひきこもりの臨床例を紹介している（最上悠『8050
親の「傾聴」が子どもを救う──子どもの声に耳を傾けていますか？』マキ
ノ出版、2021年）。このように、8050問題がひきこもりに由来する問題であ
ることは自明視されているように思われる。

（6）齊藤万比古・代表『ひきこもりの評価・支援に関するガイドライン──厚
生労働科学研究費補助金こころの健康科学研究事業「思春期のひきこもりを
もたらす精神科疾患の実態把握と精神医学的治療・援助システムの構築に関

する研究』」厚生労働省、2010年、6ページ（https://www.mhlw.go.jp/content/12000000/000807675.pdf）〔2025年3月10日アクセス〕

（7）内閣府政策統括官（政策調整担当）『こども・若者の意識と生活に関する調査』内閣府政策統括官（政策調整担当）、2023年、162ページ

（8）2023年発表の調査では、15－39歳でひきこもり状態に該当する144人中、現在就業している人は0.7％、現在、就業しているが、休職や休業中である人は4.9％、現在は就業していないが、過去に就業経験がある人は62.5％、これまでに就業経験はない人は30.6％だった。15歳から69歳まで広げると、296人中81.1％で就業経験があった（同書）。

（9）次の文献では、子どもや若者を中心とする「本来」のひきこもり事例を超えて「ひきこもり」概念が拡張されることに対する懸念が表明されている。小野善郎「「ひきこもり」という記号の限界」「こころの科学」第212号、日本評論社、2020年、高塚雄介「高年齢者のひきこもりについて──孤立化はひきこもりとは違う」「心と社会」第178号、日本精神衛生会、2019年

斎藤は、「典型的」なひきこもり事例という言葉を用いて、親以外の親族と同居する事例、家族以外の他者との関わりをもつ事例などをそこから除外している。必ずしも典型例が明確に定義されているわけではなく、事例を検討するなかで例外的と思われる内容が除外されて議論がおこなわれている（斎藤環『中高年ひきこもり』〔幻冬舎新書〕、幻冬舎、2020年）。しかし内閣府の調査でもひきこもり状態に該当する人のなかに一人暮らしの人、自身の子どもをもつ人、家族以外の人と会話をしている人などが含まれており、「典型」例を狭く考えれば除外しなくてはならない人は多いだろう。このように、客観的な「ひきこもり」状態とは別に、専門家それぞれが暗黙のうちに「典型」例を設定しながら支援に従事していると考えられる。

（10）「子どもが40代、50代になっても、親が傾聴・共感してくれると、自然に前を向こうという気持になり、（略）心が折れなくなるというケースは間違いなく数多く存在します」「高齢の親であっても、今から我が子を見つめる目と接し方を変えることができれば、立ち直らせるのに遅すぎるということは決してありません」（前掲『8050 親の「傾聴」が子どもを救う』13ページ）。

（11）孤立の定義などに関する議論は第1章や第3章で紹介する。

（12）本田由紀／内藤朝雄／後藤和智『「ニート」って言うな！』（光文社新書）、光文社、2006年

（13）詳しくは第3章で扱うが、本書ではsocial withdrawalを「対人的閉じこもり」と訳す。

（14）15－39歳のひきこもり状態とされる人のなかで、最近6カ月間に家族以外の人とよく会話した人が24.3％、ときどき会話した人は21.5％だった。合計すると45.8％であり、40－69歳の場合には45.9％に達した。また自宅以外の外出がある人は、15－39歳の人で82.6％、40－69歳では93.5％だった。前掲『こども・若者の意識と生活に関する調査』

（15）一例として、記事「ひきこもり、就労支援の前に必要なこと　生きてもいいと思えない人へ」（「朝日新聞」2023年5月5日付）では、支援で「就労支援が最上位であるようなヒエラルキー」があることに疑問を呈し、「当事者の多くはそもそも「生きる」ということが揺らいでいる」とする識者のコメントを紹介している。しかし就労を前提する支援論にしてもそれを批判する議論も、対象者を過度に一般化することは共通しているように思われる。国によってひきこもりの新たな指針が公表されることを報じる記事でも「就労中心→寄り添い型」などの見出しのもと、自治体の支援が「就労といった「問題解決型」から継続的に関わる「寄り添い型」への転換が求められている」と訴えている（「中日新聞」2024年4月30日付）。しかし寄り添うことが必ずしも「就労」や「問題解決」と対立するわけではなく、寄り添った結果として見いだされる支援の形態が就労や問題解決であることも多い。以上のように「ひきこもり」を主語に「AかBか」という二者択一を迫る議論や、「寄り添い」を掲げながら実質的に特定の選択肢を除外する議論によって、支援の選択肢を狭めてしまうことが懸念される。支援論の詳細については第3部を参照されたい。

　　国による2025年策定の支援指針でも、就労や社会参加だけを支援の目標にしないことが強調されている。詳しくは第10章で論じる。厚生労働省「ひきこもり支援ハンドブック――寄り添うための羅針盤」（2025年）を参照。

（16）前掲「「ひきこもり」という記号の限界」

（17）斎藤は、ひきこもる人はモンスターのような存在ではなく、「まともな人」と表現する。凶悪犯罪を起こすような人物と対比する文脈ではあるが、こうした表現はむしろ「普通」であることを強いる規範、病気や障害を異端視し特殊視する立場に通じるのではないだろうか（前掲『中高年ひきこもり』44－48ページ）。

（18）石田光規『孤立不安社会』勁草書房、2018年

（19）Vivek H. Murthy, *Together: The Healing Power of Human Connection in a Sometimes Lonely World*, Harper, 2020.（ヴィヴェック・H・マーシー『孤独の本質 つながりの力――見過ごされてきた「健康課題」を解き明かす』樋口武志訳、英治出版、2023年）

（20）片瀬一男／神林博史／坪谷透編著『健康格差の社会学──社会的決定因と帰結』（MINERVA社会学叢書）、ミネルヴァ書房、2022年、243ページ

（21）前掲『こども・若者の意識と生活に関する調査』162ページ

第1部　社会的孤立と
　　　　ひきこもりの概念

第1章　社会的孤立の概念
——生涯にわたる孤立はどのように捉えられるか

はじめに

　家族の一員として生まれ、学校に通い、仕事に就く。そして結婚することで新たな家族をつくる——。このように人間が何らかの集団（家族や職場）に所属して生きていくことが、かつては当たり前のように考えられていた。1970年代の高度経済成長期の終わりごろ、高校進学率は9割を超え、義務教育を終えても学校に通うことが当然のことのようになった。新卒一括採用のシステムで学校から仕事への間断ない移行のコースが敷かれた。生涯未婚率は70年に男性1.7％、女性3.3％であり、結婚することが多数派の生き方だった。[1] 同じころに結婚した夫婦が生む子どもの数は平均2人程度で以後安定し、4人家族で構成される標準世帯の像が確立された。[2]

　しかし、1990年代以降、平均初婚年齢や生涯未婚率は上昇した。90年に男性5.6％、女性4.3％だった生涯未婚率は、2020年では男性で28.3％、女性で17.8％に達している。[3] 若者の失業率は上昇し、非正規雇用で働く人の割合が高まった。高齢化が進めば、人生の最後には一人暮らしをする可能性が高い。「おひとりさま」という言葉にみられるように、単身世帯などで暮らし、やがては死を迎えることを必ずしも不安視しない価値観も生まれている。[4] かつてのような「標準的」な人生の定番コースが揺らぎ、個人の選択の余地が大きい社会に近づいているのは確かである。

　一方で、望まない形でひとりぼっちになってしまうのではないかという不安も広がっている。それが本書で主題とする孤立の問題である。

1　社会的孤立への注目

孤独・孤立というキーワードの登場

　不登校、若年無業者（ニート）やひきこもり、高齢者の孤立死、自殺、また近年に話題になったヤングケアラーなどは、いずれも孤立に関連する社会問題である。しかしそれらは多様な分野で別々に議論されてきたこともあり、各テーマへの関心は浮かんでは消えていくのが実情といえる。問題の解決を待たずに、テーマや言葉がいつしか話題にのぼることがなくなってしまうのである。

　それに対して近年、社会的孤立という新しい観点から、前述したさまざまなテーマを捉えようとする動きが生まれてきた。

　日本で社会的孤立や孤立死が注目を集めた時期は1970年代にさかのぼる。当時は、若者も含めた「孤独死」が報道されていた[5]。90年代には阪神・淡路大震災後の仮設住宅での孤立死が注目され、2000年代には団地の高齢化に伴う孤立の防止が取り組まれるようになった。10年代はNHKによって無縁社会の報道がなされたのを機に、社会的孤立に関する関心が広がった[6]。21年2月には内閣官房に孤独・孤立対策担当室が設置され、孤独・孤立担当大臣が任命され、22年4月には内閣官房孤独・孤立対策担当室による「人々のつながりに関する基礎調査（令和3年度）」の結果が発表された。それによると、孤独であると感じることが「しばしばある」人、「常にある」人の合計は4.5％だった[7]。

　さらに2023年には孤独・孤立対策推進法が成立、公布された（2023年5月31日成立、6月7日公布。24年4月1日から施行された）。同法は「孤独・孤立に悩む人を誰ひとり取り残さない社会」「相互に支え合い、人と人との「つながり」が生まれる社会」を目指し、日常生活や社会生活で孤独を覚えたり、社会から孤立したりしている者への支援に関して、基本理念や孤独・孤立対策推進本部の設置などについて定めている。

孤立に関連する生活課題

　孤独・孤立に直接注目した調査研究のほかに、人生のなかで直面するさま

第1章　社会的孤立の概念————39

ざまな生活課題を孤立の視点から捉えることが可能である。他者との交流の乏しさがもつ意味は、たとえば若者と高齢者とでは大きく異なる。「家族以外の人と週何回会話をしたか」という標準的な基準だけでは、それぞれの孤立の意味は十分に捉えられない。また個人が置かれた生活状況によって、「育児を手伝ってくれる人がいない」「高校を中退した」「災害により住み慣れた家を離れ仮設住宅での生活を余儀なくされている」など、孤立問題はさまざまな具体像を伴って表面化する。

　国の資料では「様々なライフステージに応じた「孤独・孤立対策」に関する支援施策」として、児童虐待や子どもの貧困、いじめ・不登校などに始まり、自殺対策、犯罪被害者支援、高齢者の一人暮らし・フレイル（健康な状態と要介護状態の中間の状態）・介護などの多様な分野の対策が挙げられている[8]。本章の後半では、ライフコースでの孤立問題の具体例を海外と日本の例から取り上げる。

2　孤立と孤独の概念

　社会的孤立や孤独は、対人的交流や相互扶助の衰退の証しであるとともに、個人の生活の質を低下させ、健康や生命に影響を与える可能性が懸念されている。すでに述べたように、孤立は他者との会話や対人的援助など量的に把握できるような客観的側面に着目する。一方、孤独は人とのつながりが欠けていることについて、個人の主観的感情に着目する概念である。

　すでに触れたように、海外の研究でも社会的孤立のどのような面に注目するか、どの程度の孤立が問題になりうるのかなどの基準はさまざまである[9]。

　多くの研究では、社会的孤立や孤独がストレスになったり、サポートが衰退することで個人の死期を早めるなど、健康に及ぼすリスクの大きさに注目してきた。ジュリアン・ホルト゠ランスタッドらによる著名な研究では、148の論文から30万人分以上のデータを総括し、社会的関係を通じてサポートを得られる人や十分なネットワークのなかにいる人は7.5年後の生存率が50％増加することを明らかにした（研究開始当初の平均年齢は63.9歳で、平均7.5年にわたって追跡調査し、期間内に平均29％の参加者が死亡した）。乏しい社会的関係しかもっていない人の死亡リスクは、1日に15本のタバコを吸

うことに匹敵するという[10]。

社会学や社会的ネットワーク論による孤立研究

社会学や社会的ネットワークに関する研究は、主に客観的な社会的孤立の影響に関心を寄せ、特に1970年以降、社会的孤立の健康への影響に関する知見が積み重ねられてきた。

個人は適度な運動など健康を向上させる行動、また過度の喫煙のように健康を悪化させる行動をとることがあるが、そうした行動は他者とのつながりによって左右される。たとえば他者からの対人的な援助（ソーシャルサポートと呼ぶ）は直接健康を向上させる可能性がある。また他者からの影響によって望ましい行動が選択される場合や、他者への愛着によって自暴自棄に陥ることが防がれる場合もあるだろう。

社会学的な孤立研究は、健康や病気に社会的要因がどれだけ影響するかという探究や社会疫学という研究分野にも関連し、発展を続けている。個人の健康状態は、単に生物学的要因だけでなく、社会経済的地位、教育、職業、社会的ネットワーク、生活環境などの社会的要因によっても大きく影響を受ける。たとえば国ごとの平均寿命の違いは、各国内の経済的不平等に影響されることが指摘されている。経済的な貧困などと並んで社会的なつながりの欠如がどのように健康に影響するのか。逆に、疾患をもつことが社会経済的な地位にどう影響するのかなどが検討課題になる。

心理学的な孤独研究

心理学的な研究は、主観的な孤独感に焦点を当てることが多い。人間は古来、他者とつながることで安全を維持してきた。そのため、孤立した状態に陥った人の心は孤独感として危険信号を受け取る。それは熱したフライパンに触ったときに指に鋭い刺激を感じることにたとえられている[11]。人間の認知機能は、孤独を不快に感じる方向へと進化してきたと想定されている[12]。

孤独に陥った人は他者や周囲に対して警戒感を高めており、その状態が続くと心身に負荷がかかる。その結果として、睡眠の質の低下や慢性疾患が引き起こされることがある[13]。「孤独感は人の行動を変えるだけでなく、ストレスホルモンや免疫機能、心臓血管の機能の数値にも反映される。長期的には、こうした生理的変化が組み合わさり、大勢の人の寿命を縮めかねない」[14]

第1章　社会的孤立の概念————41

心理学的な孤独研究は、「社会神経科学」などの学際的な研究領域と結び
付きながら発展してきた。[15]孤独感は慢性的ストレス反応を誘発し、免疫機能
の低下や炎症の増大、認知機能の低下などを引き起こし、うつ病や心血管疾
患のリスクを高める可能性がある。このように孤独感は個人の心理面だけに
とどまる現象ではなく、神経系や免疫系などの生物学的基盤に影響し、個人
の生活の質全般を悪化させることが懸念される。

　孤独の捉え方は多様だが、主観的な孤独感の測定にはUCLA孤独感尺度
という20の質問で構成される尺度や、3問に簡潔化した短縮版が用いられ
ることが多い。[16]

3　孤独・孤立の弊害と支援の困難

　孤独や孤立はどのような意味で問題なのか、どのような場合に社会的対策
が必要なのかは常に議論になる論点である。

心理的な孤独に関する支援

　客観的な孤立にせよ、主観的な孤独にせよ、不安やストレス、さらには抑
うつなどの精神的疾患、心臓や血管の疾患につながりうる。しかし孤独に陥
った人は他者への警戒心を強める傾向があり、自ら孤立を深めてしまうこと
がある。他者とつながろうとする一方で、見知らぬ人に警戒感をもつ仕組み
も人間の心には備わっており、孤独に陥るとこうした心理が過剰に作用する
と考えられる。[17]

　また孤独感は、抑うつ感（気分の落ち込みや空虚感など）と重なって生じる
ことが多い。こうした心理は、他者とのつながりを回復するために能動的に
行動するよりも、「何をしても仕方がない」といった無力感を強めてしまう。[18]

　このような警戒心や抑うつ感は、物の捉え方を変えるような心理的支援に
よって和らげられると期待されている。

　孤立の背景には、内向的な性格が関係している場合もある。内向的な人は、
外向的な人と違って、人との関わりから活力を得ることが難しく、対人不安
を強く抱いているかもしれない。一方で、内向的な人のなかには、少数の深
い関係を築き、その関係に満足感を得ている人もいる。孤独とは異なり、一

人でいることを肯定的に捉える言葉にsolitude（静謐な独居）やaloneness（独りでいること）などがある。[19] 本人が自ら選んだ孤立や、少数の人との関わりで満たされている状態と、望まない孤立を区別することは難しく、支援にあたっては慎重な配慮が求められる。

インターネットのモニターに登録している日本人を対象にした調査では、客観的な孤立よりも、むしろ「知覚された孤立」が孤独感につながり、それが抑うつ症状（気分の落ち込みや憂鬱さ）につながることが明らかにされている。[20] 客観的な孤立については本人がもつネットワーク（家族、友人、近隣など）の大きさや他者との接触頻度などを基準として調べ、「知覚された孤立」は「あなたは社会のなかで孤立していると思いますか？」（"Do you consider yourself isolated in society?"）という質問によって尋ねられている。

こうした研究からは、客観的な孤立よりもむしろ、孤立していると認識していたり孤独感を抱いているなどの主観的側面について本人の苦しさを和らげたり、捉え方を柔軟にしたりするような取り組みが必要であることも示唆されている。

孤立をめぐる社会的不平等

一方、どのような人が客観的な意味での孤立状態に陥っているかを探ることで、孤立する人の分布が社会的・経済的不均衡を反映していることも明らかになる。[21]

内閣官房孤独・孤立対策室が実施した「人々のつながりに関する基礎調査（令和4年）」の報告書では、「孤立に関する指標」を試案として提示している。家族や友人たちとの交流頻度が「週に1〜2回未満」以下の者を、コミュニケーション頻度からみた孤立状態にある可能性が高いと考えられる者とした。[22] 対象者全体では8.8%が孤立状態に該当する。以下ではこの調査をもとに、属性ごとの孤立の状況を確認する。なお、「人々のつながりに関する基礎調査（令和4年）」の調査結果の2次分析にあたっては内閣官房から調査票情報の提供を受けた。

性別・年齢層別にみると、男性・女性いずれの場合も80歳以上になると15%以上の人が孤立状態に該当する（図1、図2）。一方、男性全体で10.9%、女性全体で7.1%というように孤立する人の割合には性別による開きがある。女性の場合、高齢になるとともに孤立に該当する人は増えていく。それに対

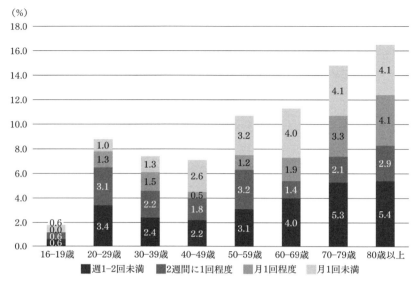

図1 年齢層別にみた交流頻度が低い人の割合（男性）
（出典：内閣府「人々のつながりに関する基礎調査（令和4年）」2022年〔https://www.e-stat.go.jp/stat-search/files?page=1&toukei=00000004&tstat=000001203300〕［2025年3月10日アクセス］をもとに筆者作成）

し、男性の場合には年齢を問わず6％に達するか、それ以上の人が孤立している（10歳代を除く）。交流の頻度が月1回未満の人も20歳代に1％に達し、年齢が高くなるほど増える傾向がある。

　配偶関係別にみると有配偶者の孤立者の割合が4.1％であるのに対して、未婚（14.4％）、死別（17.1％）、離別（23.7％）の場合に割合が高い。特に男性の場合は未婚23.8％、死別32.2％、離別41.7％というように配偶関係の影響が大きいことがうかがわれる。

　仕事の状況による孤立者の割合をみると、現在の仕事が正規の職員・従業員7.1％に対して非正規の職員・従業員7.2％、失業中14.1％、無職12.0％というように、働いていない場合に孤立する割合が高い。

　収入面でみると、年収100万円未満の人の孤立者の割合が18.1％であるのに対して、収入が増えるほど割合が下がり、年収1,500万円以上の場合1.4％だった。生活のゆとりでは、「大変苦しい」場合に14.7％、「大変ゆとりがある」場合に5.8％だった。

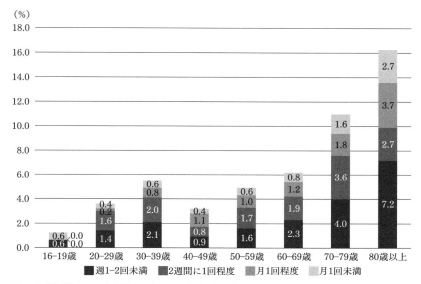

図2　年齢層別にみた交流頻度が低い人の割合（女性）
（出典：前掲「人々のつながりに関する基礎調査（令和4年）」をもとに筆者作成）

　健康状態別の孤立者の割合は、「よい」と答えている場合に4.4％、「まあよい」5.4％、「ふつう」9.1％、「あまりよくない」12.1％、「よくない」20.2％だった。
　以上のような調査結果から、どのようなライフスタイルの人が孤立しやすいのかの傾向が大まかにみえてくる。概して仕事に就いて収入を得る、また結婚して家族と同居するという生き方は孤立を防ぐという意味ではプラスに作用しているようだ。[23]
　すでに触れたように50歳時の未婚率は2020年に男性で28.3％、女性で17.8％に達している。標準的なライフコースの影響力が乏しくなったことを、社会学の分野では「個人化」と呼ぶ。[24]これらの変化は必ずしも個々人が望んだ結果ばかりではない。未婚化は必ずしも結婚を望まない人が選択した結果ではないことは、非正規雇用化などによって収入が低い層で未婚率が高いことに示されている。[25]正社員として働き、家族をもつことは誰にでもできる選択ではなくなったといえる。
　未婚化や非正規化が孤立をもたらしている面があるとはいえ、特定の生き

第1章　社会的孤立の概念────45

方だけを推奨し支援することは個人の自由の観点からいって望ましいことではない。仕事や結婚をすべきだと個人の生き方を型にはめることは、多様性の推進に逆行するおそれがある。

問題は、経済的・社会的な不平等が、表面的には個人の自由にみえるような人生の選択にひそかに影響していることだろう。たとえば子ども期までの貧困が孤立に結び付いているとすれば問題ではないか。さらに、どのような人生を選択した人でも安心して暮らせるよう、経済面だけでなく人とのつながりに関するセーフティネットを整備することが求められる。

個人化は人々が自由を求めた結果でもあり、強いられた出来事でもある。個人の自由が見かけ上は拡大したようにみえても、実際には既存の集団から外れた位置にある人ほど孤立しやすいことがうかがわれる。個人の自由は尊重しながら、孤立を予防したり、孤立に陥った人の安心を取り戻したりする支援が求められる。このように孤立対策は複雑な課題といえる。

4　ライフコースと孤立

人の誕生時から死亡まで、それぞれのライフステージには固有の孤立のリスクがある。一つのステージで生じた孤立は、次のステージに引き継がれるなど、残りの人生に引き続いて影響を及ぼす可能性がある。

日本に先んじて孤立対策を進めるイギリスのユニバーシティ・カレッジ・オブ・ロンドン（UCL）で2015年にとりまとめられた資料では、ライフコースを通じた孤立の背景を表1のように列挙している。[26]

この資料で重視されているのが、孤立を高齢期だけに限らず、ライフコースを通じて検討することである。以下では、資料で紹介している文献を手がかりに、ライフステージごとの社会的孤立を概観していく。必要に応じて、同じテーマの研究に関する最近の研究例も参照する。

妊娠期や幼少期

妊娠期や幼少期の孤立は、生まれる前から始まっている不平等や逆境に関係している。

研究では、母親のうつ病が幼児の発達を損なうことを示している。社会的

表1　ライフコースを通じた社会的孤立の課題

妊娠期	幼少期	児童・青年期	壮年期	老年期
・不適当な社会的ネットワーク ・母性抑うつ	・小児期逆境体験（トラウマ、ネグレクトなど） ・いじめを受けること ・若年介護者（ヤングケアラー）であること ・若年無業者（ニート）であること	・失業していること ・人間関係の破綻経験 ・乏しい社会的ネットワーク ・介護者であること	・死別 ・運動機能の喪失 ・生活環境の質の貧しさ ・介護者であること

（出典：斉藤雅茂『高齢者の社会的孤立と地域福祉——計量的アプローチによる測定・評価・予防策』〔明石書店、2018年〕193ページから一部抜粋）

孤立は世代を超えた不利益の伝達と、ライフコース全体にわたって健康状態に格差が生じる原因になってしまう可能性がある。

　幼少期の発達は、虐待やネグレクトなど子ども時代の不利な経験の影響を受ける可能性がある。家庭内暴力やその目撃、薬物やアルコールの誤用、精神障害、犯罪などが発達に影響する。

　イギリスの1958年の出生コーホート（同年に生まれた集団）を使用した研究は、45歳になったときの対人関係とメンタルヘルスに対する子ども時代の逆境の影響を検証した。この研究では、子どものころの逆境の測定には、ネグレクト、母親の不在、父親の不在、両親以外による養育、親の離婚、および親による身体的・性的虐待が含まれていた。この研究では、子どものころの逆境は、45歳での親密な関係やネットワークの規模での否定的な側面、メンタルヘルスの低下に関連していることが明らかになった。[27]

学齢期

「ひきこもり」という言葉は、前述のように、日本では自宅や自室に閉じこもる子どもや若者を指して使われている。一方で、アメリカではケネス・H・ルビンらによって精力的に「対人的閉じこもりsocial withdrawal」の研究がおこなわれてきた。この言葉は、子どもが仲間関係のなかで内気で消極的であることを意味し、シャイであることや抑制的であること（inhibition）と近い課題を示す言葉として用いられている。social withdrawalについては、第3章「海外の孤立研究は何を明らかにしてきたのか」で詳しく検討する。

調査結果は、子ども時代の社会的孤立が成人期の過体重や血圧上昇などの健康リスクに永続的な影響を与える可能性があることを示唆している。

学校から仕事へ

教育や訓練から雇用への移行は、その後の人生への発達を支える基幹となる時期だが、青年期の社会的孤立によって危険にさらされやすいタイミングでもある。幅広いソーシャルネットワークは雇用機会を提供することができる。友人をつくり、ソーシャルネットワークを構築する能力を含むソーシャルスキルは、個人とその雇用者にとっての資産である。

教育、雇用、訓練を受けていない若者（NEETとして知られている）であることは、幸せで生産的な生活を送る可能性に悪影響を及ぼすという。NEETであることはスキルと経験を開発する機会を逃すことを意味する。スキルや経験がないために安定した雇用が得られず、失業によって所得がなくなることもあるし、人間関係に悪影響を及ぼして社会的孤立の可能性を高めることもある。これらの不利な点はすべて蓄積され、ライフコース全体で健康状態が悪化するリスクが高まる。

このような成人期への移行、またNEETの背景については第3章で詳しく検討する。

本書では、若年層に偏ってイメージされる日本型ニートの議論に関する限界を踏まえ、国内の無業者については無業者と表記する。また海外の議論に触れる際はNEETと表記する。

生産年齢の成人

社会的孤立の研究で、労働年齢の成人（16－64歳）はほかのグループよりも注目されていない。イギリスで孤独を感じる人の割合を調べた調査では、25歳から64歳の成人は65歳以上の人々よりも「いつも、あるいはほとんど孤独だ」と感じる人の割合は低い。[28] ロンドンのロイヤル・ソサエティ・オブ・アートが刊行した報告書は、地域での社会的ネットワークの欠如が特に男性に影響を与えていると報告している。また失業者の50％が社会的に孤立しているという調査結果を紹介しているが、それが所得の剥奪によるものなのか、失業による接触の喪失によるものなのかは不明としている。[29]

48

引退とその後の生活

　老年期は、仕事でのプレッシャーが軽減され、個人が社交やスポーツ、ボランティア、芸術などに取り組む時間ができるため、退職後は幸福感が増す時期になる可能性がある。しかし現実をみると、一部の退職者や高齢者は社会的孤立のリスクにさらされている。これには3つのライフイベントが関連する。つまり退職による同僚とのつながりの喪失、病気による行動範囲の制限、配偶者が亡くなったり施設に入所したりすることなどである。

　イギリスの老化の縦断研究の結果は、恵まれない社会経済的グループの人々は、より恵まれた仲間よりも社会的活動やボランティアに参加する可能性が低く、身体的および精神的機能のより大きな制限に直面する可能性が高いことを示している。

5　「参加」の欠如と「交流」の欠如

　以上、ユニバーシティ・カレッジ・オブ・ロンドンの報告書が紹介する海外の孤立研究を概観してきた。しかし、この研究ではライフコースを通じた孤立への関心が存在する一方で、扱われるテーマは必ずしも一貫した視点から選ばれているわけではない。まず孤立を捉えるための用語や概念はさまざまであり、ピックアップされている論文はisolated（隔離された）やdisconnected（断絶した）などの言葉に注目して選ばれているが、その内実は仲間集団での「引っ込み思案」から、高齢による社会活動の不活発化まで幅広い。

　さらに、失業など「生産」の場面に関わる社会的排除と、余暇活動での交際など「消費」の場面に関わる孤立が概念的に区別されているわけではない。この点は、海外でも社会的孤立と社会的排除は別々の論者によって議論されており、必ずしも研究上の相互交流が進んでいないことが関連している[30]。

　また社会的孤立を物事の「原因」として捉えるのか、「結果」として捉えるのかについても明確ではない。孤立が個人の生活や人生に影響を与えることを論じる研究がある一方で、幼少期の逆境的な経験が成人後の孤立をもたらす研究では、孤立は原因ではなく結果として扱われている。

社会的孤立の研究の難しさは、すでに触れたように基準となる行動が多様であり、ものさしを統一しづらい点にある。どの程度の社会的接触があれば十分なのかは、年齢や社会的立場にも関連する。絶対的な孤立よりも、相対的な比較のうえで孤立がクローズアップされることも多い。どのような孤立が注目されるかについて統一的な基準はなく、そのつどの社会的関心事に左右される。

　日本での社会的孤立の代表的な研究者である石田光規[31]や斉藤雅茂[32]は、他者との会話や相談相手の有無などの標準的な指標を用いて、孤立を統計的に分析している。それに対して、不登校やひきこもり、孤立死など既存の社会問題を孤立の視点から再検討する研究は未着手といえる。それらの問題には、何らかの地位や役割の喪失と他者との交流の問題が分かちがたく結び付いていると考えられる。

　今後の議論のために、ここで社会的孤立を「参加の欠如」と「交流の欠如」という２つの側面に分けて整理しておきたい。

　国内の社会的排除や孤立に関する研究例では、孤立を「社会的参加」に関する側面と「対人的交流」に関する側面に分けて議論している（表2）。社会的参加については、学校や職場などの帰属先がない、もしくは「不確か」であること、「無業」であることなどが例に挙がる。一方で対人的な交流の欠如は、「参加の欠如」「孤立」という言葉で捉えられている[33]。

　岩田正美は「不確かな帰属」という用語で、個人にとって所属や帰属の場が揺らぐことを焦点化している。一方で「参加の欠如」という用語で、他者とのつながりの喪失に焦点を当てる。わかりやすいイメージで表現すると、前者は個人が帰るべき「ホーム」、後者はホームを出た個人が広げていく活動範囲やネットワークに相当するとされる[34]。

　本書では「社会的参加」としては、個人に帰属先や身分、役割をもたらすような活動について論じる。一般的には就労や就学などが当てはまるだろう。一方で「対人的交流」は、会話や外出のように個人にとって他者とのつながりやネットワークをもたらすような活動について論じる。「参加」あるいは「交流」の喪失は相互に関連しあうが、社会的孤立の異なる側面を構成するものとして区別しておく[35]。

　表3のように、社会的参加が欠如した状態は「無業」や「社会的排除」と表現される。一方、対人的交流が欠如した状態は「社会的孤立」と表現され

表2　社会的参加と交流に関する分析軸（筆者作成）

	社会的参加に関する側面	対人的交流に関する側面
岩田正美	不確かな帰属	参加の欠如
玄田有史	無業	孤立
石田光規	排除	孤立

（出典：岩田正美『社会的排除——参加の欠如・不確かな帰属』〔有斐閣 insight〕、有斐閣、2008年、玄田有史『孤立無業（SNEP）』日本経済新聞出版、2013年、石田光規「都市に沈みゆく声なき孤立者たち」「中央公論」2021年7月号、中央公論新社）

表3　社会的参加と対人的交流（筆者作成）

	社会的参加	対人的交流
具体例	就学や就労など	会話や外出、サポートの授受など
欠如した状態	無業、社会的排除	社会的孤立

る。社会的孤立は、基本的には対人的交流の欠如を示す概念である。海外でも社会的孤立と排除に関する研究領域は分かれている。一方、若者の自立や成人期への移行を論じるためには社会的参加と対人的交流の双方を視野に入れる必要がある。本書では対人的交流の欠如を中心的テーマにしながら、社会的参加の欠如についても必要な範囲で触れる（詳しくは第3章を参照）[36]。

6　日本の孤立問題

　ここで日本の問題に目を転じよう。海外の研究に関しても述べたとおりだが、社会的孤立は統一的な尺度から把握されることは少なく、日本でも時代ごとの社会的な関心から孤立に関するさまざまな社会問題が個別に浮上し、議論がおこなわれてきた。孤立死やひきこもりもその例である。

　内閣官房の「孤独・孤立の実態把握に関連する調査項目を含む統計調査等」[37]では、「若者」（学生、少年、子供等）、「成人（高齢者以外）」（労働者、保護者等）、「高齢者」「全世代」「特定の対象」に対する調査がリストアップされている。数え上げればその調査報告は81に及ぶ[38]。

　多様な社会的孤立課題について網羅的に取り上げることは難しいため、以下では8050問題を念頭に、そこに至るライフコース上の課題を例示してい

第1章　社会的孤立の概念————51

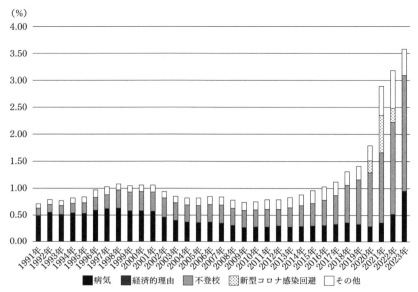

図3　小学校を長期欠席する児童の割合（1991年‐2023年）
（出典：文部科学省「学校基本調査」および文部科学省「児童生徒の問題行動・不登校等生徒指導上の諸課題に関する調査」各年版をもとに筆者作成）

く。具体的には不登校、無業、ひきこもり、孤立死、セルフ・ネグレクトである。

　それぞれの問題は相互に関連づけて論じられることは少ない。ここでも、一貫した視点から体系的に論じることは難しく、やや断片的な列挙にとどまることになる。そのうえで、社会的参加の問題と対人的交流の欠如という視点から各問題の理解を試みる。聞き慣れた社会問題のキーワードに社会的孤立の観点から再度光を当てることで、従来の議論ではみえなかった側面を浮かび上がらせることができると思われる。

　便宜上、人生前半に始まる孤立と後半に始まる孤立に分けて論じるが、本来はライフコースの各段階に存在するリスクは互いに関連しあう。また人生前半の課題と思われがちな「ひきこもり」についても、いったん既存の用語を解体し、対人不安や親子間の葛藤などの年齢層にも当てはまる概念として再構成することが必要だろう（第2章を参照）。以下は本格的な議論を進める前の概観である。

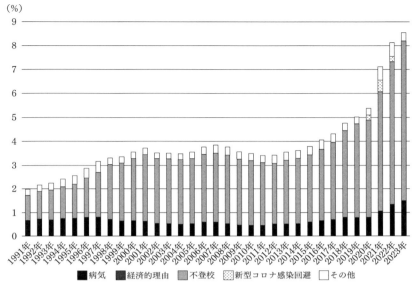

図4　中学校を長期欠席する生徒の割合（1991年‐2023年）
（出典：前掲「学校基本調査」および「児童生徒の問題行動・不登校等生徒指導上の諸課題に関する調査」各年版をもとに筆者作成）

人生前半に始まる孤立

①長期欠席・不登校

　2023年度の小・中学校の児童・生徒の総数は932万1,243人、そのうち30日以上の長期欠席者は合計49万3,440人に及ぶ（全児童・生徒の5.3%に相当）。以下、文部科学省公表の調査結果をもとに内訳や背景を概観していく。[39]

　長期欠席の理由として病気が10万5,838人、経済的理由が34人、不登校は34万6,482人（小学校で13万370人、中学校で21万6,112人）である。不登校が全児童・生徒に占める割合は3.2%（小学校では2.1%、中学校では6.7%）である。またその他の長期欠席が6万2,307人になっている。

　不登校児童・生徒が「指導の結果登校する又はできるようになった」割合は30.2%、「指導中」は69.4%というように、年度内に登校が開始される割合は少ない。

　学校内外の機関などでの相談・指導を受けた人数は小学校で4万7,507人、中学校で6万9,882人、養護教諭やスクールカウンセラーの相談・支援につ

第1章　社会的孤立の概念―――53

いては小学校で6万324人、中学校で9万1,330人である。一方、学校内外での指導を受けていない人数は小学校で4万7,343人、中学校で8万7,025人である。これは小学校の不登校児童・生徒のうち36.3％、中学校では40.3％に相当する。[40]

　ひとくちに不登校といわれるが、子どもが学校になじめず、場合によっては別の学びの場を求めるという側面（社会的参加の揺らぎ）と、不登校状態のなかで対人的な交流が失われている可能性（交流の喪失）が含まれる。前述のように、長期に欠席するだけでなく学校内外での指導を受けていない児童・生徒が30％から40％存在し、交流の機会が狭まっていることをうかがわせる。

　不登校の背景については、「不登校児童生徒について把握した事実」が図5のように集計されている。大きく分ければ、学校への適応に関する項目（友人関係や教職員との関係、学業の不振など）、家庭環境に関する項目（家庭生活や親子関係など）、心身の健康に関する項目（生活リズムや不安、障害など）が挙げられている（図5）。

　第9章では社会的孤立の背景を生物・心理・社会アプローチから考える。その視点からみれば、社会的参加や対人的交流の困難の背景を探るため、クロス集計などによってこうした調査結果をさらに掘り下げることが望まれる。たとえば「学校生活に対してやる気が出ない等の相談」は、生活リズムや障害に関わる悩み、または家庭生活に関する悩みとどう重なるのか探る余地がある。[41]

　また長期欠席を「病気」や「経済的な理由」と「不登校」に分ける視点そのものを見直す必要もあるだろう。18歳未満の子どもがいる世帯の貧困率が11.5％に達するなかで、[42]「経済的な理由」による長期欠席は全国で40人弱という数は現実を反映しているとはいえず、子どもの貧困と不登校の関連を視野の外に置く結果につながる。[43]「経済的理由」による欠席や「心理的理由」による欠席を二者択一的に考えるのではなく、経済的困窮が学校生活への意欲の低下などにつながる状況を複眼的に捉えることが望まれる。[44]

②若年無業者

　若年無業者は就労を通じた社会的参加の機会が乏しい状態と考えることができる。

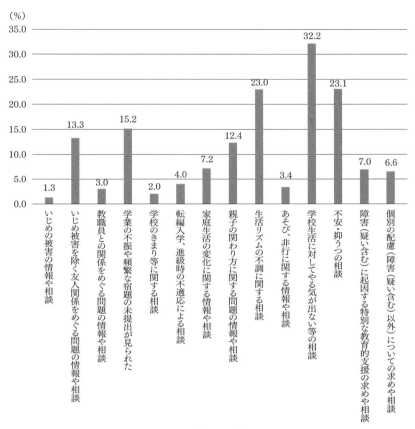

図5 不登校児童生徒について把握した事実（複数回答）
（出典：文部科学省初等中等教育局児童生徒課「令和5年度 児童生徒の問題行動・不登校等生徒指導上の諸課題に関する調査結果について」2024年10月31日〔https://www.mext.go.jp/content/20241031-mxt_jidou02-100002753_1_2.pdf〕〔2025年4月1日アクセス〕をもとに筆者作成）

　厚生労働省は「労働力調査」をもとに「若年無業者」数を発表しており、その際の定義は「非労働力人口のうち家事も通学もしていない者」としている。この定義をもとに、『労働経済白書』には若年無業者（15-34歳）、35歳から44歳の無業者に分けて人口比の推移（2010年から20年）を掲載している。同様に『令和4年版 子供・若者白書』では、15歳から39歳までの若年無業者の推移（2000年から21年まで）を掲載している。
　図6は、「労働力調査」をもとに2000年から23年までの無業者の割合を

第1章　社会的孤立の概念————55

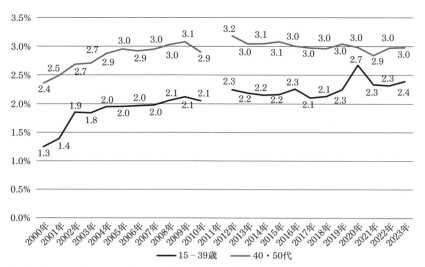

図6　15－39歳の若年無業者、40代・50代の無業者の推移
（出典：総務省統計局「労働力調査」各年版〔https://www.e-stat.go.jp/stat-search/files?page=1&toukei=00200531&tstat=000000110001〕〔2025年3月10日アクセス〕をもとに筆者作成）

表4　年齢層別の就業状態（2023年、男性）

男性	労働力			非労働力			合計
	従業者	休業者	完全失業者	通学	家事	その他	
15－19歳	17.7%	0.7%	0.7%	78.4%	0.4%	2.1%	100.0%
20－24歳	70.0%	1.3%	3.4%	21.6%	0.6%	3.1%	100.0%
25－29歳	88.5%	1.5%	3.9%	2.4%	0.6%	3.0%	100.0%
30－34歳	90.5%	1.8%	3.4%	0.6%	0.6%	3.1%	100.0%
35－39歳	92.0%	1.4%	2.5%	0.3%	0.8%	3.0%	100.0%
40－44歳	92.7%	1.3%	2.3%	0.0%	0.8%	3.0%	100.0%
45－49歳	92.7%	1.1%	1.9%	0.0%	0.9%	3.4%	100.0%
50－54歳	91.3%	1.4%	2.1%	0.0%	1.0%	4.1%	100.0%
55－59歳	90.0%	1.5%	2.4%	0.0%	1.2%	4.9%	100.0%
60－64歳	82.3%	1.9%	2.7%	0.0%	2.4%	10.8%	100.0%
65－69歳	59.5%	2.2%	2.2%	0.0%	3.4%	32.7%	100.0%
70－74歳	40.2%	2.1%	0.7%	0.0%	3.1%	53.8%	100.0%
75－79歳	24.9%	1.2%	0.3%	0.0%	2.7%	70.9%	100.0%
80－84歳	13.6%	0.8%	0.0%	0.0%	2.5%	83.1%	100.0%
85歳以上	5.6%	0.5%	0.0%	0.0%	1.9%	92.1%	100.0%

（出典：総務省統計局「労働力調査」〔2023年〕をもとに筆者作成）

表5　年齢層別の就業状態（2023年、女性）

女性	労働力			非労働力			合計
	従業者	休業者	完全失業者	通学	家事	その他	
15－19歳	21.6%	0.7%	0.4%	75.1%	0.7%	1.5%	100.0%
20－24歳	70.7%	2.6%	3.3%	18.4%	3.0%	2.0%	100.0%
25－29歳	79.8%	5.1%	3.5%	1.3%	8.3%	1.9%	100.0%
30－34歳	71.4%	8.7%	2.3%	0.6%	15.1%	1.9%	100.0%
35－39歳	72.6%	5.5%	2.0%	0.3%	17.6%	2.0%	100.0%
40－44歳	78.4%	2.1%	1.6%	0.3%	15.9%	1.8%	100.0%
45－49歳	80.4%	1.3%	1.5%	0.0%	14.8%	2.0%	100.0%
50－54歳	77.9%	1.3%	1.7%	0.0%	17.1%	2.1%	100.0%
55－59歳	73.2%	1.5%	1.7%	0.0%	20.9%	2.7%	100.0%
60－64歳	62.6%	1.3%	1.3%	0.0%	28.4%	6.4%	100.0%
65－69歳	41.9%	1.1%	0.5%	0.0%	36.1%	20.4%	100.0%
70－74歳	25.7%	0.6%	0.2%	0.0%	35.3%	38.1%	100.0%
75－79歳	14.5%	0.5%	0.0%	0.0%	31.0%	53.9%	100.0%
80－84歳	6.5%	0.3%	0.0%	0.0%	23.2%	70.1%	100.0%
85歳以上	2.0%	0.2%	0.0%	0.0%	9.9%	87.9%	100.0%

（出典：同調査をもとに筆者作成）

表6　非求職者と非就業希望者（15－39歳）の割合（2022年度）

	非求職者	非希望者	非求職者＋非希望者
男性	1.3%	1.8%	3.1%
女性	0.8%	1.2%	2.0%
男女計	1.1%	1.5%	2.6%

（出典：総務省統計局「令和4年就業構造基本調査」〔https://www.e-stat.go.jp/stat-search/database?tclass=000001151423&cycle=0〕〔2025年3月10日アクセス〕をもとに筆者作成）

推計したものである。40代・50代の無業者は、3%ほどの水準で推移していることがわかる。

　労働力調査をもとにした無業者の定義は、前述のように「非労働力人口のうち家事も通学もしていない者」である。各年齢層の人口全体の労働力人口、非労働力人口の分布をみると表4、表5のとおりである。無業者は「その他」に分類される人を指す。

　5年に1度実施される「就業構造基本調査」では、「労働力調査」よりも詳しく就業の意向などを尋ねている。

表7　就業希望の若年無業者（15－39歳）が求職活動をしない理由（2022年度）

	15－19歳	20－24歳	25－29歳	30－34歳	35－39歳	総数
探したが見つからなかった	0.5%	6.6%	5.6%	5.6%	5.7%	5.5%
希望する仕事がありそうにない	7.1%	6.5%	6.2%	6.4%	3.0%	5.6%
知識・能力に自信がない	15.6%	13.9%	13.0%	12.5%	11.7%	12.9%
出産・育児のため	1.4%	1.2%	3.3%	3.3%	2.6%	2.5%
介護・看護のため	0.0%	0.4%	0.5%	0.6%	1.5%	0.7%
病気・けがのため	12.3%	25.9%	36.5%	37.5%	35.5%	32.6%
通学のため	4.2%	0.0%	0.1%	0.1%	0.0%	0.3%
学校以外で進学や資格取得などの勉強をしている	18.4%	8.9%	5.3%	2.9%	3.2%	5.9%
急いで仕事につく必要がない	17.5%	11.8%	5.3%	4.2%	6.1%	7.5%
その他	23.1%	24.5%	23.4%	24.7%	29.8%	25.5%
総数	100.0%	100.0%	100.0%	100.0%	100.0%	100.0%

（出典：前掲「令和4年就業構造基本調査」をもとに筆者作成）

　「就業構造基本調査」では、無業者のうち通学にも家事にも当てはまらない「その他」の人は、仕事を希望する「求職者」「非求職者」、そして仕事を希望しない「非希望者」に分けられる。このうち非求職者と非希望者の合計が、若年無業者に近い集団として理解される[47]。非求職者は約33万3,000人、非希望者は約48万2,000人、合わせると81万5,000人になる（15－34歳に限ると約61万5,000人）。

　表7は就業を希望する若年無業者が求職活動をしない理由を調査・集計したものである[48]。病気やけがを理由とする人が総数で約3分の1を占めており、年齢ごとでは年齢が上がるほどその割合が大きくなる。労働政策研究・研修機構は、非求職者の増減はフリーターとは異なり景気の動向に左右されないと指摘しており、個人の心身の健康に関連する背景をうかがわせる[49]。

　表8は、就業を希望しない若年無業者の非就業希望理由の集計結果である[50]。非求職者と同様に「病気・けが」を理由とする人が全体の約3分の1を占める。

表8　就業を希望しない若年無業者（15 - 39歳）の非就業希望理由（2022年度）

	15 - 19歳	20 - 24歳	25 - 29歳	30 - 34歳	34 - 39歳	総数
出産・育児のため	0.2%	0.7%	1.3%	1.7%	1.4%	1.1%
介護・看護のため	0.0%	0.7%	0.0%	0.1%	1.5%	0.5%
家事（出産・育児・介護・看護以外）のため	0.0%	0.1%	0.0%	0.0%	0.0%	0.0%
通学のため	29.1%	5.8%	1.6%	0.1%	0.0%	5.4%
病気・けがのため	13.2%	26.9%	34.7%	37.7%	43.9%	33.2%
高齢のため	0.0%	0.0%	0.0%	0.3%	0.0%	0.1%
学校以外で進学や資格取得などの勉強をしている	22.1%	6.1%	2.6%	1.2%	2.1%	5.4%
ボランティア活動に従事している	0.2%	0.0%	0.0%	0.3%	0.2%	0.1%
仕事をする自信がない	3.0%	8.5%	11.3%	9.4%	7.4%	8.3%
その他	17.7%	29.1%	32.7%	31.0%	24.1%	27.5%
特に理由はない	14.3%	21.2%	15.1%	17.2%	18.4%	17.5%
総数	100.0%	100.0%	100.0%	100.0%	100.0%	100.0%

（出典：前掲「令和4年就業構造基本調査」をもとに筆者作成）

　都道府県別にみると、非希望者と非求職者の合計が高い県として、男性の場合は高知県、山形県、青森県、女性の場合は高知県、青森県、沖縄県などを挙げることができる（表9）。

③無業者概念の登場とその経緯

　イギリスの若者政策に由来するNEET概念に基づいて、日本の統計を分析した結果が日本版ニートの統計として2000年代から公表されるようになった。「労働力調査」では、非就業者のうち仕事も家事もしていない者が「その他」に位置づけられる。これを無業者とみなしている。

　小杉礼子らは、16歳から18歳までを対象にしたNEETの年齢層を拡大し、15歳から34歳までの「ニート」人口を推計した。また玄田有史は「就業構造基本調査」を用いて、就業の希望はあるが求職活動をしていない「非求職型」ニート、就業の希望自体がない「非希望型」ニートについて問題提起を

表9　非求職者と非希望者の割合（2022年度。男女別、都道府県別、15－39歳）

	男性			女性		
	非求職者	非希望者	非求職者＋非希望者	非求職者	非希望者	非求職者＋非希望者
北海道	1.7%	2.5%	4.2%	0.9%	1.2%	2.1%
青森県	1.8%	2.8%	4.6%	1.3%	2.1%	3.4%
岩手県	1.0%	2.7%	3.7%	0.6%	1.4%	2.0%
宮城県	1.3%	1.3%	2.5%	0.8%	1.1%	1.9%
秋田県	1.4%	1.7%	3.2%	0.5%	1.1%	1.5%
山形県	2.2%	2.6%	4.9%	1.2%	1.7%	2.9%
福島県	1.1%	2.2%	3.3%	0.9%	1.5%	2.4%
茨城県	1.1%	2.2%	3.3%	0.8%	1.5%	2.3%
栃木県	1.3%	1.8%	3.1%	1.0%	1.2%	2.2%
群馬県	1.1%	1.4%	2.5%	0.8%	1.4%	2.2%
埼玉県	1.2%	2.1%	3.3%	0.8%	1.1%	2.0%
千葉県	1.4%	1.7%	3.0%	1.0%	1.3%	2.3%
東京都	1.1%	1.3%	2.4%	0.8%	1.0%	1.8%
神奈川県	1.0%	1.5%	2.6%	1.0%	1.0%	2.1%
新潟県	1.5%	1.9%	3.5%	0.9%	1.5%	2.4%
富山県	0.7%	2.2%	3.0%	0.8%	1.1%	2.0%
石川県	1.0%	1.5%	2.4%	0.8%	1.4%	2.2%
福井県	1.1%	1.5%	2.6%	0.8%	1.0%	1.8%
山梨県	0.8%	1.9%	2.7%	0.8%	1.7%	2.4%
長野県	1.2%	2.3%	3.5%	0.6%	1.0%	1.6%
岐阜県	0.9%	1.6%	2.5%	0.7%	0.9%	1.6%
静岡県	1.3%	1.3%	2.6%	0.9%	0.9%	1.8%
愛知県	1.1%	1.6%	2.7%	0.8%	1.1%	1.9%
三重県	1.2%	1.7%	2.9%	0.9%	1.3%	2.1%
滋賀県	0.9%	1.5%	2.4%	1.0%	0.7%	1.7%
京都府	1.1%	1.6%	2.7%	0.9%	1.3%	2.2%
大阪府	1.6%	1.7%	3.3%	0.6%	1.5%	2.1%
兵庫県	1.5%	2.1%	3.6%	0.9%	0.9%	1.8%
奈良県	1.9%	2.4%	4.3%	1.1%	1.8%	2.9%
和歌山県	2.0%	1.5%	3.5%	0.6%	1.5%	2.1%
鳥取県	1.0%	2.1%	3.0%	0.5%	1.3%	1.8%
島根県	0.8%	1.9%	2.7%	0.7%	1.2%	1.9%
岡山県	1.1%	1.5%	2.6%	1.1%	0.7%	1.8%
広島県	1.3%	1.8%	3.2%	0.6%	1.3%	1.9%
山口県	0.7%	2.0%	2.7%	0.6%	1.5%	2.1%
徳島県	1.7%	2.8%	4.5%	0.9%	1.6%	2.6%
香川県	1.0%	2.6%	3.7%	1.2%	1.6%	2.8%
愛媛県	1.3%	2.3%	3.6%	1.0%	1.4%	2.4%
高知県	1.8%	3.6%	5.4%	0.7%	3.1%	3.8%
福岡県	1.5%	2.7%	4.1%	0.7%	1.1%	1.8%
佐賀県	0.7%	2.9%	3.6%	0.9%	1.3%	2.1%
長崎県	1.3%	2.4%	3.6%	0.7%	1.4%	2.1%
熊本県	1.0%	1.9%	2.9%	1.1%	0.7%	1.8%
大分県	0.9%	2.0%	2.9%	0.9%	0.7%	1.6%
宮崎県	1.2%	2.2%	3.4%	0.8%	1.6%	2.4%
鹿児島県	1.5%	2.9%	4.3%	0.5%	1.8%	2.2%
沖縄県	1.8%	2.4%	4.2%	1.6%	1.4%	3.0%
全国	1.3%	1.8%	3.1%	0.8%	1.2%	2.0%

（出典：前掲「令和4年就業構造基本調査」をもとに筆者作成）

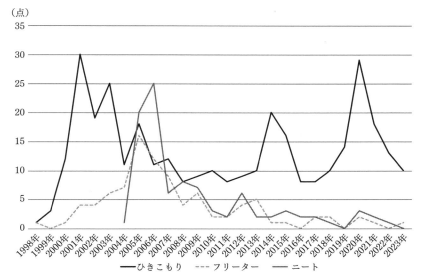

図7 「ひきこもり」「フリーター」「ニート」をタイトルに含む図書の刊行点数（1998－2023年）
出版社を通さずに発表される研究所の報告書、雑誌の特集号、ひきこもりとは異なるテーマで比喩的にタイトルに引用している図書などを除いた。
（出典：「CiNii Books」〔https://ci.nii.ac.jp/books/〕［2025年3月10日アクセス］をもとに筆者作成）

おこなった。[51]

　これまでみてきたように若年無業者人口は依然として減少していないが、2000年代初頭に比して無業者に対する関心は低下している。図7からは、「フリーター」や「ニート」に関する図書の刊行点数がそれぞれ2005年と06年にピークに達して、以降は急速に減少していることがわかる。それでも10年代の初頭までは多様な若者問題への関心は持続していたといえる。一方でひきこもりに関する図書の刊行が10年代中盤、さらに20年に、00年前後に匹敵するピークを迎えている。対照的にフリーターやニートが新刊図書のタイトルに掲げられる機会は激減した。社会問題としての相対的な存在感でいえば、若者問題の多角的な論点が提示された時期が終わり「ひきこもり」一強の時代に移ったといってもいい。

　フリーターやニートのような若年雇用問題への関心が低下した理由は明らかではないが、2010年代に大卒者の就職率が改善し、若年者の雇用に関する議論自体が低調になったことは否めない。

第1章　社会的孤立の概念————61

また研究者の間では、日本版のニート概念に疑問も提起されていた。対象とする年齢層の拡大の是非や、ニートの定義に主婦層を含むのかどうかなどの点が問題になった。また政策上、イギリスで課題になるような社会的に周辺化された層と高学歴層のいずれを焦点化するかなど、ニート層をどう捉えるべきかで議論は分かれた。現在から振り返れば、これらの論点は多様な若者の困難を腑分けして理解し、対応するきっかけになりえたといえる。実際に、若者の社会的排除の現状がニートの調査を通じて明らかになった例もある。しかしニートが「意欲のない若者」を揶揄する言葉としてメディアで消費されるようになると、研究対象を示す用語としての関心も短期間のうちに衰退した。

　ヨーロッパでは2010年に入っても継続的にNEETの統計的把握や研究が続き、一面的な理解を乗り越えるような類型化の試みがおこなわれている（第3章を参照）。

④非労働力人口の推移

　無業者よりも範囲を広げ、世代ごとの非労働力人口（男性）の割合を集計したのが図8である。「60-64年生まれ」は1980年代前半に20代を迎えた60年生まれから64年生まれの人を指す。以降、5年ごとに「90-94年生まれ」までの状況をみると、30代前半で60年代生まれ世代が順調に就業していたのに対し、70年代生まれ世代は水をあけられているのがわかる。「85-89年生まれ」については多少変化の度合いは小さくなるが、就業率の低下は止まっていない。

　1975-79年生まれ世代や80-84年生まれ世代は、先行する世代に比べて20代後半の非就業者の増加幅も大きい。85-89年生まれ世代になるとその幅が小さくなり、90-94年生まれ世代は非就業率が反転してその前の世代よりも低くなるが、なお6.0%の人が非就業になっている。

⑤就職氷河期世代

　バブル経済崩壊後の雇用環境が厳しい時期、1993年から2004年ごろに就職活動をしていた人を就職氷河期世代と呼ぶ。高卒者は25年現在、およそ39歳から50歳、大卒者は43歳から54歳になる年齢層である。

　就職氷河期世代は2000年代前半からロスジェネ世代などの名称で呼ばれ

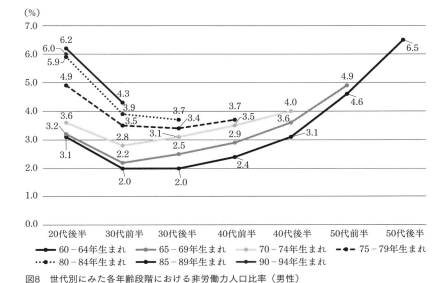

図8 世代別にみた各年齢段階における非労働力人口比率（男性）
(出典：前掲「労働力調査」各年版をもとに筆者作成)

表10 就職氷河期世代への支援の分類

支援内容	解説
安定就職に向けた支援	ハローワークでは不安定な就労状態にある方が利用できる専門窓口を設置し、無料で受講可能な職業訓練の提供と安定就労に有効な資格習得支援をおこない、求人とのマッチングの上、就職・正社員化の実現を目指します。
就職実現に向けた基盤整備	地域若者サポートステーション（サポステ）では、何らかの理由により現在仕事をしていない方を対象に、就職のための準備から職場定着・ステップアップまでの継続的な支援をおこないます。
社会参加に向けたプログラム	ひきこもりの専門的な相談窓口であるひきこもり地域支援センター、身近な生活全般の相談窓口である自立相談支援機関などが関係機関と連携して、就労のみならず居場所づくりなど社会参加の支援をおこないます。

(出典：厚生労働省「就職氷河期世代の方々への支援について」[https://www.mhlw.go.jp/shushoku_hyogaki_shien/about/]［2025年3月10日アクセス］をもとに筆者作成)

顕在化していたが、10年代後半になって政策課題化され、就職氷河期支援プログラムなどが策定された。(56)

ウェブサイトでは、「不安定な仕事に就いている（正規雇用を希望していながら不本意に非正規雇用で働いている）」「仕事に就いておらず（無業状態である）就職に向けてお悩みの方」「ひきこもり状態にあるなど、社会参加に向

表11　「ひきこもり」定義の該当者の割合

	全国（内閣府調査）	大阪市	横浜市
15－39歳まで	2.05%	2.07%	1.39%
40歳以降	2.02%	2.64%	0.90%

（出典：内閣府政策統括官〔政策調整担当〕『こども・若者の意識と生活に関する調査』内閣府政策統括官〔政策調整担当〕、2023年、大阪市健康局「生活状況に関する調査報告書」2021年〔https://www.city.osaka.lg.jp/kenko/cmsfiles/contents/0000535/535868/0_chousakekkanogaiyou.pdf〕、横浜市「子ども・若者実態調査　市民生活実態調査　報告書」2023年〔https://www.city.yokohama.lg.jp/kosodate-kyoiku/ikusei/kyogikai/chousa2022.files/0003_20230118.pdf〕〔いずれも2025年3月10日アクセス〕をもとに筆者作成）

けた支援を必要とする方」というように対象者像を分けている[57]。これらは2000年前後に登場した若者の自立に関する問題、つまり非正規雇用者、無業者、ひきこもり状態の人に重なる。

　若者の自立問題のなかでも非正規雇用者や無業者は、2010年代に新卒者の就労に関する状況が落ち着いたのと軌を一に、報道や政策の焦点になることが少なくなった。一方、すでにみたように無業者数は減少しているとはいえず、新卒時以降に課題が隠れているようにも思われる[58]。

　不登校への対策だけでなく、その後には社会的自立を支援する必要があり、そのニーズは高まっている。就職氷河期支援の枠組みにみられるように、就職に近い人から遠い人までを包括的な枠組みで支援する体制を整備することが求められるだろう。一方、無業者の減少がみられないことから、氷河期世代に限らずに幅広い世代の無業者の課題を把握するべきだと考える[59]。

⑥ひきこもり

　ひきこもりは、社会的参加の喪失と対人的交流の欠如が重なった状態を示す言葉といえる。1990年代初頭から、児童相談所の不登校に関する支援の報告や、民間の施設の実践報告などにこの言葉が使用されはじめた。90年代後半には斎藤環による『社会的ひきこもり』[60]の刊行など支援方法論の体系化が始まり、2003年には厚生労働省によるガイドラインが公表された[61]。

　厚生労働省による調査は、メディア報道などでもひきこもり状態の人がどれだけいるのかという統計資料として取り上げられた。2010年には内閣府が調査を実施し、これが主要な統計として参照されるようになった。この調査の方法を踏襲して、主要都市などで同様の調査を実施している（詳しくは

第4章「内閣府ひきこもり調査の検討」で論じる）。

　表11のように大阪市や横浜市でも内閣府と同様の手法で調査し、対象者中のひきこもり該当者数を把握している。しかし実際の該当者数は人口のおよそ1％から2％であり、実数は数十人にすぎないため、どのような人々なのかを十分に検討することは難しい。定期的に実施される調査ではないため、経年比較も難しい。また実施の時期や手法の詳細が異なるため、結果を都市間で比較することも難しい。各都市でも、おおむね全国と同じ水準の該当者が存在することを確認するにとどまっているのが実情といえる。

　また、公式統計でひきこもりについて就業や世帯の状況などと紐づけた分析が実施されることが少ないことも問題である。社会的参加と対人的交流の問題のうち、社会的参加に関しては就業の統計からある程度の実態をつかむ余地がある。だが、ひきこもりの概念は双方について課題を抱えた人だけを対象にしていて、どの部分が社会的参加の問題で説明されるかがわからない。

　以上から、ひきこもりを単独で理解するだけでなく就業や労働に関する統計と紐づけて理解することが求められる。同時に、対人的交流の側面については、社会的参加の有無にかかわらず困難を抱える人がどのように分布しているかを捉える必要があるだろう。これは孤独・孤立に関する調査の役割と重なる。たとえばフルタイムで就労していても、どのような人が孤独や孤立を感じているのかなどの視点で調査研究をおこなう余地があるといえる。

人生後半に始まる孤立

①孤立死

　孤立死は「誰にもみとられることなく死亡し、かつ、その遺体が一定期間の経過後に発見されるような死亡の態様」と定義される。政府の発表によれば、2024年の1月から3月に自宅で亡くなり、警察への通報や医師からの届け出で警察が取り扱った一人暮らしの人の遺体（自殺も含む）が全国で計2万1,716人確認され、うち65歳以上の高齢者は1万7,034人だった（年間では約6万8,000人と推計）。[62]

　東京都監察医務院で取り扱った自宅住居で亡くなった異状死の統計からは、単身世帯で65歳以上の人に限っても年間4,000人を上回る人が孤立死の状態で亡くなっていることがわかる（表12）。

　2009年の東京都監察医務院の事例をもとに全国の孤立死の事例数を推計

第1章　社会的孤立の概念————65

表12　自宅住居で亡くなった異常死の件数

	単身世帯		複数世帯		計
	男性	女性	男性	女性	
15－64歳	1,504	385	462	270	2,621
65歳以上	2,702	1,505	1,146	958	6,311
計	4,206	1,890	1,608	1,228	8,932

（出典：東京都監察医務院「東京都監察医務院で取り扱った自宅住居で亡くなった単身世帯の者の統計（令和2年）」〔https://www.hokeniryo.metro.tokyo.lg.jp/shisetsu/jigyosyo/kansatsu/kodokushitoukei/kodokushitoukei-2［2025年3月10日アクセス］をもとに筆者作成）

した結果では、死後2、3日目までに発見される事例が全国で2万7,000人、死後4日から7日目までの事例が1万6,000人、死後8日以上経過して発見された事例が9,000人だった[63]。

　孤立死（誰にも看取られることなく亡くなったあとに発見される死）を身近な問題だと感じる（「とても感じる」と「まあ感じる」の合計）人の割合は、60歳以上の全体では34.1％であり、一人暮らし世帯では50.8％と5割を超えている[64]。

　人生前半に始まる孤立については「ひきこもり」が大きな注目を集めているが、後半になると孤立問題を代表するようなキーワードは見つけにくい。孤立死は、そのなかで孤立を象徴的にイメージさせる問題として、しばしば報道や調査の対象になる。

　死後に一定の時間が経過して発見される死が社会的関係の乏しさなどから「孤立死」と呼ばれるわけだが、死に至る前の孤立を表現する言葉は統一されていない。死をもってはじめて孤立が顕在化するともいえる。

　孤立死よりも規模の小さい統計だが、国の人口動態統計による2022年中の「立会者のいない死亡」は全年齢の総数が4,231人、全死亡の0.3％を占める（男性で0.4％、女性で0.1％）。このような形態での死亡数は70代で最も多いが、全死亡に占める割合でみると、男性の場合50代で最も大きく1.4％になる（図9）。

「死後に相当期間放置された」ことを基準とする孤立死の調査（582例）では、死後発見されるまでに独居者は5.4日（男性6.8日、女性2.4日）、家族同居者は0.6日（男性0.8日、女性0.2日）が経過していた[65]。

　年齢別にみると、死後発見されるまでの日数は50代で最も長く、高齢に

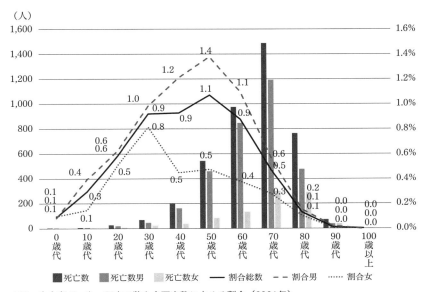

図9 立会者がいない死亡の数と全死亡数に占める割合（2021年）
（出典：厚生労働省「人口動態調査」［https://www.mhlw.go.jp/toukei/list/81-1a.html］［2025年3月10日アクセス］をもとに筆者作成）

表13　孤立死事例の発見までの日数（年齢別）（日）

	男性	女性	合計
49歳まで	4.3	1.1	3.5
50代	6.3	2.3	5.7
60代	6.2	1.7	5.1
70代	4.1	1.7	3.3
80代	1.4	0.8	1.2
90代	2.1	1.0	1.3
合計	4.2	1.3	3.2

（出典：Satomu Morita, Katsuji Nishi, Satoshi Furukawa and Masahito Hitosugi, "A survey of solitary death in Japan for shortening postmortem interval until discover," *Prilozi*, 36(1), 2015をもとに筆者作成）

第1章　社会的孤立の概念　　67

なるとむしろ日数が短くなるのは見守りが手厚い傾向があると推測される。

　なお孤立死・孤独死の背景として一人暮らしが重視されていたが、家族に看取られない死は一人暮らしの高齢者に限らず、老々介護のなかで疲弊した介護者と要介護者がともに亡くなるケースや、同居の親族が数日家を空けている間に亡くなるケースなども無視できない。[66]

　次に述べるように、孤立死の背景として自己放任（セルフ・ネグレクト）の問題も指摘されている。

②セルフ・ネグレクト

　セルフ・ネグレクトは「健康、生命および社会生活の維持に必要な、個人衛生、住環境の衛生もしくは整備又は健康行動を放任・放棄していること」[67]とされる。孤立死事例の約80％では、生前に何らかの形でセルフ・ネグレクトがみられたという。[68]

　2011年発表の調査では、セルフ・ネグレクトとして考えられる34項目に該当する人のうち、社会的孤立を示す「他人との関わりを拒否していた」「近隣住民との関わりがなかった」は約70％を占め、「閉じこもり状態であった」が60％を超え、「近隣住民との間でトラブルが発生していた」が過半数だった。また、事例の属性として「独居」が70％を占め、「別居家族の支援がない」者が約70％、「家族以外の支援がない」者が約60％を占めていた。さらに独居以外、つまり家族などと同居していても、「同居家族からの支援がない」者が50％を超え，家族がいながらも「家庭内孤立」の状態にある高齢者の存在が明らかになった。[69]

③一人暮らし

　一人暮らしであることも社会的孤立を示す状態の一つである。単独世帯の割合は2020年の38.0％から、50年には44.3％に上昇するという。実数は20年の2,115万世帯から36年に2,453万世帯まで増加し、50年には2,330万世帯になると予測されている。

　65歳以上の人のうち、一人暮らしの人の割合は女性で22.1％、男性で15.0％（2020年）に達している。[70]

　今後、65歳以上男性の独居率は2050年に26.1％、女性は29.3％に上昇するとされている。20年の統計では女性の独居率が高いが、今後男性の独居

表14　セルフ・ネグレクトの調査における孤立の状況

調査名	調査実施者	調査対象期間	分析事例数	社会からの孤立の状況（概要）
東京都特別区実態調査	野村祥平	東京都内の一つの区の地域包括支援センター 2006年12月	26事例	22事例に社会からの孤立がみられた。閉じこもり状態7事例、人との関わりを拒否する4事例、一部の人とだけ関わりをもつ5事例、近隣との関わりがない2事例
セルフ・ネグレクトに対応する介入プログラムの開発と地域ケアシステムモデルの開発	岸研究班	全国の地域包括支援センター 2009年12月-2010年1月	846事例	閉じこもり状態だった＝552事例、他者との関わりを拒否していた＝590事例、近隣住民との関わりがなかった＝618事例、近隣住民との間でトラブルが発生していた＝437事例。ある、ややあるの合計
全国地域包括支援センター事例	野村祥平	全国の地域包括支援センターから系統的無作為抽出法で抽出された1,190機関 2010年2-3月	239事例	社会との関わりが少ない＝176事例、閉じこもり状態である＝30事例、他者との関わりを拒否する＝19事例、近隣住民との関係が悪化している＝26事例
セルフ・ネグレクトと孤立死に関する実態把握と地域支援のあり方に関する調査	ニッセイ基礎研究所全国調査	全国の高齢者福祉及び生活保護担当課への孤立死事例の悉皆調査 2010年12月	765事例	孤立死事例の約80％にセルフ・ネグレクトの兆候がみられた。また、重回帰分析の結果、フォーマルサービスの関わりが多い事例ほど死亡から発見までの経過日数が短い傾向にあることが明らかになった。
セルフ・ネグレクトや消費者被害等の犯罪被害と認知調との関連に関する調査	あい権利擁護支援ネット	全国の市町村高齢者福祉担当課及び地域包括支援センターへのセルフ・ネグレクトに関する悉皆調査。2014年10月-11月	市町村から354事例、地域包括支援センターから1,452事例	市町村からの事例における、深刻度1の事例211事例中36.0％の事例、深刻度2の126事例中39.7％の事例が地域からの孤立に該当。地域包括支援センターからの1,452事例中、深刻度1の867事例中42.4％の事例が、深刻度2の480事例中50.5％の事例が地域からの孤立に相当 深刻度1＝高齢者自身の生命に影響、深刻度2＝高齢者自身の生命・身体・生活に著しい影響

（出典：野村祥平「セルフ・ネグレクトと孤立・孤立死」、岸恵美子編著『セルフ・ネグレクトのアセスメントとケア――ツールを活用したゴミ屋敷・支援拒否・8050問題への対応』所収、中央法規出版、2021年、38ページ）

率が高まり男女差が縮小すると予測される[71]。

　一方で、高齢単独世帯に占める未婚者の割合は男性が高い。男性は2020年の33.7％から50年の59.7％に、女性は同時期に11.9％から30.2％に高まると推計されている[72]。

　高齢者が一人暮らしであることをただちに孤立の要因とみなすべきではなく、斉藤は独居高齢者の70％程度が看病や世話、心配事や悩み事で頼る相手をもっていることなどを挙げている[73]。

　一方、同じ独居高齢者でも「結婚、子育て、配偶者との死別」という標準的なライフコースを歩んだ人に比べて、未婚のまま長く独居を続けてきた人、子どもがなく配偶者と離死別後に独居に至った人では、孤立のリスクが大幅に高くなるという。高齢期に始まる短期孤立、高齢期以前から始まる長期孤立を区別すると、非標準的なライフコースを歩んできた人は短期孤立のリスクが約4倍から6倍、長期孤立のリスクが11倍から15倍程度高まると推計している[74]。

　このように高齢期の独居や孤立という「静止画」に注目した理解だけでなく、人生初期からの性別や学歴、婚姻歴などの影響を含めて、孤立リスクの累積に注目する意義が大きいといえる。

④8050世帯

　40代・50代で未婚の人が増えるとともに、そのなかで親と同居する人、さらにそのなかで非就業の人が増えている。2020年では、40代・50代の未婚者3,424万9,000人のうち、79万4,000人（2.3％）が親と同居かつ非就業者に相当する（図10）。

⑤日本の孤立問題に関するまとめ

　1990年代から不登校児童・生徒が増加し、2000年前後からはフリーターや若年無業者、ひきこもり状態の若者への注目が集まった。これが一連の子ども・若者支援施策に結び付いたといえる。

　さらに、2008年ごろからは子どもの貧困という視点でさまざまな課題に焦点が当てられるようになった。

　ただし、若者の自立問題を理解する枠組みは必ずしも整っていない。新卒者の就職状況が改善するのと軌を一にして、労働問題としてのフリーターや

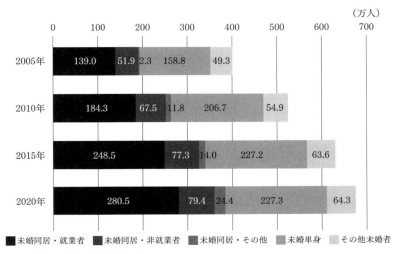

図10　40代・50代の未婚者の動向
(出典:「国勢調査」各年版〔https://www.e-stat.go.jp/stat-search/files?page=1&toukei=00200521〕
〔2025年3月10日アクセス〕をもとに筆者作成)

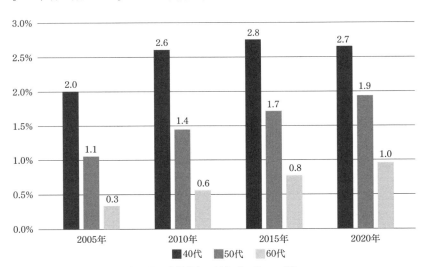

図11　年齢層ごとの未婚・親同居・非就業者の割合 (40代 – 60代)
(出典:「国勢調査」各年版をもとに筆者作成)

無業者に関する議論は下火になった。それでも、無業者の割合が決して減っていないことは検討したとおりである。一方、ひきこもりが報道や政策の主な対象になる状況が続いている。

「社会的参加」と「対人的交流」という枠組みでいえば、双方の区別が曖昧なまま、全体がひきこもりという用語によって漠然と捉えられているのが実情だ。特に、雇用の動向によって左右される「社会的参加」の部分に注意が払われることがないまま、統計調査や政策が実施されている（第2章と第4章を参照）。もしもひきこもりの状態にある人の人口やその増減に関心を向けるのであれば、関連する雇用や無業の問題が議論されるべきだろう。

不登校や無業という課題の背景にある貧困などの議論も十分ではない。主に心理的な理由で対人的交流に困難を抱える人に焦点が当てられるため、経済的な背景に注目されることは少ない。だが、人との関わりは経済的な事情によっても制限される。貧困や虐待など、出身家庭に由来する不利な条件を抱えた人の孤立も見逃せない。

若者の自立と関連させて捉えられるひきこもりではなく、壮年期の孤立に焦点化した概念も必要だろう。

次章ではこれらの課題のうち、特にひきこもり概念の限界を掘り下げて論じる。

注

（1）リベルタス・コンサルティング『少子化が我が国の社会経済に与える影響に関する調査報告書』内閣府、2023年、5ページ
（2）完結出生児数は1940年の4.27人から72年には2.20人まで減少し、以後大きな変化はなく、2020年には1.90人になっている。前掲『少子化が我が国の社会経済に与える影響に関する調査報告書』7ページ
（3）同書5ページ
（4）上野千鶴子『おひとりさまの老後』法研、2007年
（5）斉藤雅茂『高齢者の社会的孤立と地域福祉——計量的アプローチによる測定・評価・予防策』明石書店、2018年
（6）石田光規『孤立の社会学——無縁社会の処方箋』勁草書房、2011年
（7）内閣府孤独・孤立対策推進室「人々のつながりに関する基礎調査（令和4年）」2022年（https://www.e-stat.go.jp/stat-search/files?page=1&toukei=00000004&tstat=000001203300）［2025年3月10日アクセス］

（8）内閣官房孤独・孤立対策担当室「第3回 孤独・孤立対策に関する連絡調整会議」（令和4年4月26日）配布資料（〔https://www.cao.go.jp/kodoku_koritsu/torikumi/suishinkaigi/dai3/pdf/siryou.pdf〕〔2025年3月10日アクセス〕）から。

（9）ニコル・K・ヴァルトルタらの論文は、孤独感や孤立の測定方法を包括的に評価して分類する試みの一つである。Nicole K. Valtorta, Mona Kanaan, Simon Gilbody and Barbara Hanratty, "Loneliness, social isolation and social relationships: what are we measuring? A novel framework for classifying and comparing tools," *BMJ Open*, 6(4), 2016, e010799.

（10）本文で示したように、ジュリアン・ホルト゠ランスタッドらによる2010年の論文は、社会的関係の乏しさを1日15本の喫煙と比較することなどを通じて大きな影響力をもった。Julianne Holt-Lunstad, Timothy B. Smith, J. and Bradley Layton, "Social Relationships and Mortality Risk: A Meta-analytic Review," *PLoS Medicine*, 7(7), 2010, e1000316.

　一方、ホルト゠ランスタッドらが2015年に発表した論文は、社会的孤立や孤独により特化して70本の論文を検討している。その結果によれば、「社会的孤立」（社会的接触あるいはコミュニケーション、社会的活動への参加、または親しい友人の広範な欠如）が29％、「孤独」（孤立、つながりの欠如、所属の喪失の感覚があること）が26％、「独居」が32％、それぞれ死亡リスクを上昇させた（研究開始当初の平均年齢は66.0歳で、平均7.1年にわたって追跡調査された）。Julianne Holt-Lunstad, Timothy B Smith, Mark Baker, Tyler Harris and David Stephenson, "Loneliness and Social Isolation as Risk Factors for Mortality: A Meta Analytic Review," *Perspectives on Psychological Science*, 10(2), 2015.

（11）John T. Cacioppo and William Patrick, *Loneliness: Human Nature and the Need for Social Connection*, W. W. Norton & Company, 2008.（ジョン・T・カシオポ／ウィリアム・パトリック『孤独の科学――人はなぜ寂しくなるのか』柴田裕之訳、河出書房新社、2010年）

（12）Murthy, *op.cit.*（前掲『孤独の本質 つながりの力』70ページ）

（13）*Ibid.*（同書80ページ）

（14）Cacioppo and Patrick, *op.cit.*（前掲『孤独の科学』26ページ）

（15）Murthy, *op.cit.*（前掲『孤独の本質 つながりの力』66ページ）

（16）アディティア・バネルジーらは、孤独に関して最も引用される機会が大きい100の論文をレビューしている。Aditya Banerjee, Sarabjeet Kaur Chawla and Neena Kohli, "The 100 Top-Cited Studies on Loneliness: A Bibliometric Analysis," *Cureus*, 15(4), 2023, e37246.

(17) Cacioppo and Patrick, *op.cit.*

(18) *Ibid.*, Murthy, *op.cit.*

(19) Murthy, *op.cit.*（前掲『孤独の本質 つながりの力』42 ページ）

(20) Natsuho Kushibiki, Miyuki Aiba, Haruhiko Midorikawa, Kentaro Komura, Daichi Sugawara, Yuki Shiratori et al., "How do social networks, perception of social isolation, and loneliness affect depressive symptoms among Japanese adults?" *PLoS ONE*, 19(4), 2004, e0300401.

(21) 心理的な孤独感の健康に対する影響に関する研究の蓄積は豊富であるのに対し、社会的な孤立は基準自体が多様であり、また孤立の原因や結果も多岐にわたるため、さらなる研究の進展が期待される分野といえる（前掲『孤立の社会学』77 ページ）。

(22) 具体的には「同居していない家族や友人たち」と①直接会って話す、②電話、③SNS および④電子メールやショートメールという手段でコミュニケーションする頻度、または「同居している人たち」と直接会って話す頻度（同居人がいる場合）が「週2〜3回未満」と推計される人を孤立状態とみなしている。

　同じ報告書では、交流頻度のほかに「他者からの支援状況からみた孤立状態」についても提案している。行政機関やNPO（民間非営利団体）からの支援を受けていないうえに、不安や悩みが生じた場合の相談相手がいない人は調査対象者の7.4％だった。50歳代男性での該当率の高さ（14.1％）、主観的な孤独感との関連の強さなどが注目される。

(23)「生活と支え合いに関する調査」（2017年実施）に関する分析結果の報告書では、人との会話の頻度が2週間に1回以下の「会話欠如型」の孤立者は全体で2.2％、男性で3.0％、女性で1.4％だった。年齢や配偶関係と孤立の関係に関する報告のほか、生活保護を受けている人のなかで孤立者が22.1％であるのに対して受けていない人は1.9％であることなどが報告されている（みずほリサーチ＆テクノロジーズ社会政策コンサルティング部『社会的孤立の実態・要因等に関する調査分析等研究事業報告書』みずほリサーチ＆テクノロジーズ社会政策コンサルティング部、2021年）。

(24) Ulrich Beck and Elisabeth Beck-Gernsheim, *Individualization: Institutionalized Individualism and its Social and Political Consequences*, Sage Publications, 2001.（ウルリッヒ・ベック／エリーザベト・ベック＝ゲルンスハイム『個人化の社会学』中村好孝／荻野達史／川北稔／工藤宏司／高山龍太郎／吉田竜司／玉本拓郎／有本尚央訳、ミネルヴァ書房、2022年）

(25) 国土交通省編『平成24年度 国土交通白書』国土交通省、2013年、31−32

ページ

(26) 次の文献を参照。UCL Institute of Health and Equity, *Reducing social isolation across the lifecourse*, Public Health England, 2015. 斉藤の著書にも日本語で紹介されている。前掲『高齢者の社会的孤立と地域福祉』193ページ

(27) Elizabeth Ford, Charlotte Clark and Stephen A Stansfeld, "The influence of childhood adversity on social relations and mental health at mid-life," *Journal of Affective Disorders*, 133(1-2), 2011.

(28) この調査とは対照的に、若年層で孤独感が高いことを指摘する研究もある。第3章を参照。

(29) 失業が孤立に通じるかどうかについての研究例は補論3「参加の欠如が対人交流に及ぼす影響について」で紹介する。

(30) バーカードらによる論文では、以下で示すように「社会的排除」の4つの次元を整理しており、社会的排除と孤立の重なりを考えるうえで参考になる（Tania Burchardt, Julian Le Grand, David Piachaud, "Degrees of Exclusion: Developing a Dynamic, Multidimensional Measure," in John Hills, Julian Le Grand and David Piachaud eds., *Understanding Social Exclusion,* Oxford University Press, 2022, p. 31.）。4つの次元のなかで、「生産」は本書でいう社会的参加、「対人的相互作用」は社会的交流との関連が深い。

消費（consumption）：商品やサービスを購入する能力。指標は、等価化された世帯純収入が平均収入の半分未満であること。

生産（production）：経済的または社会的に価値がある活動への参加。指標は、雇用もしくは自営をおこなっておらず、教育訓練も受けておらず、家族の世話もしていないこと（つまり、失業中、長期療養中もしくは障害者、早期退職者、またはその他）。

政治的関与（political engagement）：地域または国レベルの意思決定への関与。指標は、総選挙で投票せず、運動団体（政党、労働組合、父母の会、入居者／住民協会）のメンバーでもないこと。

対人的相互作用（social interaction）：家族、友人、地域社会への統合。指標は、以下の5つの点のいずれかで支援してくれる人がいないこと（話を聞いてくれる、慰めてくれる、危機時に助けてくれる、一緒にリラックスできる、本当に自分を理解している）。

(31) 前掲『孤立の社会学』、前掲『孤立不安社会』

(32) 前掲『高齢者の社会的孤立と地域福祉』

(33) 石田は、非正規雇用または無職、女性は無配偶の人を「排除」、親しく、頼りにする友人・知人が0人または1人の人を「孤立」と位置づけている。

第1章　社会的孤立の概念————75

(34) 岩田正美『社会的排除——参加の欠如・不確かな帰属』（有斐閣 insight）、有斐閣、2008年

(35) 岩田がいう「不確かな帰属」を、本書で「社会的参加」の欠如として表現するのはややわかりにくいかもしれない。「社会的参加」を選択したのは、就労や就学という行動を「帰属」と呼ぶのはややイメージしづらいからである。「所属」なども代案になりうるだろう。一方、岩田の用語法にみられるように、就学や就労ではなく私的生活に関わりが深い「対人的交流」の側面を指して「参加」と表現することもあるため、注意が必要である。

(36) 社会的排除の研究は、教育、就労、政治などへの参加が阻まれる背景を、階層やジェンダー、エスニシティなどの幅広い背景から探究する点に特徴がある。本書の内容にも本来は排除という表現で検討していくべき点も多いが、一つには社会的排除の研究内容に本格的に踏み込む準備不足から、またテーマを包括する用語を複数使い分ける煩雑さを避けるため、孤立という用語を用いながら論じていく。

(37) 内閣官房「孤独・孤立の実態把握に関連する調査項目を含む統計調査等」（https://www.cao.go.jp/kodoku_koritsu/torikumi/pdf/toukei_tyosa.pdf）〔2025年3月10日アクセス〕

(38) これらの調査のうち社会的孤立そのものに特化した調査は少ないが、すでに触れたように、国立社会保障・人口問題研究所がおよそ5年に1度実施してきた「生活と支え合いに関する調査（旧：社会保障実態調査）」がこのリストに含まれる。この調査は「人々の生活、家族関係と社会経済状態および相対的剥奪状態の実態、社会保障給付などの公的な給付と、社会ネットワークなどの私的な支援とが果たしている機能を把握すること」を目的としている。社会保障実態調査の第1回は2007年、それを引き継ぐ生活と支え合いに関する調査は、第1回が12年、第2回が17年、第3回が22年に実施されている。

(39)「令和5年度 児童生徒の問題行動・不登校等生徒指導上の諸課題に関する調査結果について」から。

(40) 長期欠席の児童・生徒は、登校という形での「社会的参加」の機会が限られている。一方、学校内外での指導を受けた児童・生徒は家庭以外での「対人的交流」の場をもっている可能性がある。一方で、30%から40%の児童・生徒は家庭内外での指導の機会をもっていない。その場合でも、多くは教職員との継続的な相談・指導等の機会を持っていることが示されている。

(41) 本文で挙げた調査とは別の形で不登校児童・生徒の実態を探る調査として、文部科学省「不登校児童生徒の実態把握に関する調査（令和2年度）」

がある。この調査の結果では、不登校のきっかけとして友人関係や教職員との関係に関する問題を挙げる回答の割合が高い。2つの調査にみられる結果の乖離について、伊田勝憲によるコメントも参照。伊田勝憲「教育における生物・心理・社会（BPS）モデルの活用可能性──生徒指導上の諸課題についての理解から」、立命館大学教職教育推進機構編「立命館教職教育研究」第10号、立命館大学教職教育推進機構、2023年

(42) 小林正幸らは、「病気」を理由とする長期欠席の割合は地域ごとの差が大きく、「病気」の割合がほかの都道府県の2倍以上に達する地域もあると指摘している。長期欠席の子どもを「不登校」と「病気」のどちらに分類するかは相当に曖昧であることが推測される。それ以上に、不登校と病気が二者択一的な分類になっており、不登校のなかでの心身の健康の問題が等閑視されることが問題だといえる。小林正幸監修、早川惠子／大熊雅士／副島賢和編『学校でしかできない不登校支援と未然防止──個別支援シートを用いたサポートシステムの構築』東洋館出版社、2009年

(43) 厚生労働省「2022（令和4）年　国民生活基礎調査の概況」（https://www.mhlw.go.jp/toukei/saikin/hw/k-tyosa/k-tyosa22/index.html）［2025年4月1日アクセス］

(44) 広井らは、戦後の不登校に関する統計に含まれていた「怠学」というカテゴリーが廃止されたことに注目している。怠学と重なる貧困層の児童・生徒は現在も多く欠席しており、そうした子どもの存在が心理的な色合いの濃い「無気力・不安」（2022年度調査までのカテゴリー）のなかに吸収される形で不可視化されている可能性を指摘している。2023年度の調査でも、「学校生活に対してやる気が出ない」長期欠席者の存在を、背景まで踏み込んで探る余地があるだろう（広井多鶴子／小玉亮子『現代の親子問題──なぜ親と子が「問題」なのか』日本図書センター、2010年）。

　また梶原豪人は、広島県の子どもの貧困に関する調査データをもとに、貧困世帯の子どもが不登校になりやすい背景を分析している。貧困層の子どもほど進学への熱意が低いこと、学校での成績や授業の理解度が低いこと、学校の規則遵守への意識をもちづらいことなどから学校とつながるソーシャルボンド（社会的絆）が希薄であり、それが不登校につながる背景になることが報告されている（梶原豪人「なぜ貧困家庭の子どもは不登校になりやすいのか──不登校生成モデルを用いた実証研究」、日本教育社会学会編「教育社会学研究」第109巻、東洋館出版社、2022年）。

(45) 厚生労働省編『令和3年版 労働経済の分析──新型コロナウイルス感染症が雇用・労働に及ぼした影響』（『労働経済白書』）、全国官報販売協同組合、

2021年

(46) 内閣府編『子供・若者白書』（内閣府）の前身である『青少年白書』には2008年版に登場し、「「ニート」に近い概念」として若年無業者（15−34歳の非労働人口のうち，家事も通学もしていない者）の1993年から2007年までの推移を載せている。その後、『子供・若者白書 平成27年版』までは15歳から34歳まで、『平成28年版』からは15歳から39歳までの若年無業者の推移を掲載している。しかし若者支援がこども家庭庁の管轄になり、『子供・若者白書』は令和4年版（2022年）が最後になり、その内容は子育て支援や子どもの貧困対策を含む『こども白書』に統合された。新しい白書には若年無業者の統計は掲載されていない。

(47) 労働政策研究・研修機構の報告書では、「就業構造基本調査」をもとに「非求職無業者（ニート）」との表現を用い、無業で求職活動をしていない若者の人口を推計している。これを前述した「労働力調査」による若年無業者の定義に「ほぼ対応する」ものと位置づけている。労働政策研究・研修機構編『若年者の就業状況・キャリア・職業能力開発の現状③──平成29年版「就業構造基本調査」より』（JILPT資料シリーズ）、労働政策研究・研修機構、2019年

　ただし既婚者や在学中の者を除くなどの点で、各種の白書に掲載される若年無業者数の集計方法とはやや異なっている。公表されている統計データではこうした複雑な集計方法は困難であるため、本章では採用しなかった。結果として、報告書に掲載される非求職無業者よりも範囲が広い人を無業者として集計している。

(48)「男女、配偶関係、年齢、就業希望理由、非求職理由、就業希望時期、就業状態・仕事の主従別人口（就業希望者（非求職者））−全国」（第12600表）から作成した。なお内閣府編『子供・若者白書 令和4年版』（内閣府、2022年）でも「平成29年 就業構造基本調査」をもとにした求職しない理由の回答結果を掲載している。

(49) 前掲『若年者の就業状況・キャリア・職業能力開発の現状③』2ページ。小杉は失業率が高い都道府県で必ずしも非求職者の割合が高いわけではなく、両者の関係についてはさらなる検討が必要だと述べている。小杉礼子「若年無業者増加の実態と背景──学校から職業生活への移行の隘路としての無業の検討」「日本労働研究雑誌」第46巻第12号、労働政策研究・研修機構、2004年

(50)「男女、配偶関係、年齢、教育、非就業希望理由、就業状態・仕事の主従別人口（非就業希望者）」（第12900表）をもとに作成した。15歳から39歳

の非就業希望者の合計は33万3,300人になった。

(51) 小杉礼子編『フリーターとニート』勁草書房、2005年、玄田有史『働く過剰——大人のための若者読本』（日本の〈現代〉）、NTT出版、2005年

(52) トゥーッカ・トイボネン「ニート——カテゴリーの戦略」、ロジャー・グッドマン／井本由紀／トゥーッカ・トイボネン編著『若者問題の社会学——視線と射程』所収、井本由紀監訳、西川美樹訳、明石書店、2013年

(53) 小杉はインタビュー調査をもとに、ニートの若者に「刹那を生きる」「つながりを失う」「立ちすくむ」「自信を失う」「機会を待つ」というパターンがあることを見いだした。これらの分類は本人がニートに陥る経緯をもっぱら心理的動機から理解しており、社会的環境との相互作用を視野の外に置く効果をもつように思われる。他方で同書ではニートの背景を階層上位層や下位層に分け、また階層には帰せられない複雑な課題に分けて理解する視点も示している。海外のNEETの研究でも一部で心理的な動機に偏った理解がみられる。第3章を参照。前掲『フリーターとニート』

(54) 一面的なイメージを背負いメディアで多用される用語として、ニートを引き継いだのがひきこもりだといえるだろう。包括的な議論がおこなわれずに高年齢層や主婦層へとそのつどの関心に基づいて恣意的に対象が拡大されることや、特定の階層に議論が偏ることなどはニートに共通している。第2章を参照。

　本田由紀らもまた、ニートの一部である「非意欲型」の人が抱える問題が過剰に強調され、（フリーターや「求職型」の人に示されるような）労働問題全般と混同される議論の状況を批判的に論じた。このことは現在、ひきこもり状態の人の一部の姿が幅広い若者問題や孤立問題の理解のために過剰拡張される状況と類似している（第2章を参照）。本田由紀／内藤朝雄／後藤和智『「ニート」って言うな!』（光文社新書）、光文社、2006年

　しかし、本田らが社会構造の問題を強調し、若者の心理面に関する議論を事実上拒絶したことで、若者問題をバランスよく論じる道も閉ざされてしまったように思われる。心理面に偏った若者理解としてひきこもり問題が再度存在感を大きくしていることを顧みると、無業者に関する問題提起を多面的な若者理解のために活用するべきだったといえる。その点で、本田らがニート概念を通じた問題提起そのものを否定したことはやや早計だったのではないか。

(55) 下田裕介による図を参考に作成した。たとえば1960年代前半生まれの人が25歳から29歳を迎える年（1985 – 89年）での当該年齢層の非労働力率を平均して集計した。それに対して下田は団塊世代、団塊ジュニア世代などの

世代ごとに集計している。下田裕介『就職氷河期世代の行く先』（日経プレミアシリーズ）、日経BP日本経済新聞出版本部、2020年、112ページ

(56) 厚生労働省「厚生労働省就職氷河期世代活躍支援プラン」2019年、就職氷河期世代支援の推進に関する関係府省会議（内閣官房）「就職氷河期世代支援に関する行動計画2021」2021年（https://www.cas.go.jp/jp/seisaku/shushoku_hyogaki_shien/keikaku2021/pdf/211224honbun.pdf）［2025年3月10日　アクセス］

(57) 厚生労働省「就職氷河期世代の方々への支援について」（https://www.mhlw.go.jp/shushoku_hyogaki_shien/about/）［2025年3月10日アクセス］

(58) 近藤絢子は、労働力調査のデータをもとに「バブル世代」（1987–92年卒）、「就職氷河期前期世代」（1993–98年卒）、同「後期世代」（1999–2004年卒）、「ポスト氷河期世代」（2005–09年卒）を比較し、若い世代ほど、また学歴が低い層ほどニートの割合が高いことを確認している。また、親と同居する未婚の非正規雇用者や非就業者について、男性については近年に近くなるほど増加する傾向を確認している。このように景気にかかわらず困難を抱える層が増えていることが示唆される。近藤絢子『就職氷河期世代――データで読み解く所得・家族形成・格差』（中公新書）、中央公論新社、2024年

(59) 学齢期の課題と成人期以降の課題を連続的に表現するために、「不登校・ひきこもり」という表現が用いられることが多い。不登校状態の人が、学齢期を過ぎるとひきこもり状態に移行するという含意もある。しかし、不登校状態を区分すれば参加と交流の喪失があり、必ずしもひきこもり状態の人ばかりではない。もともと不登校は学校という参加先に焦点化した言葉であることを考えると、「ひきこもり」という言葉よりは、無業者の概念と連続させるほうが理にかなっているともいえる。

　若者を対象とする追跡調査では、小・中学校や高校で長期欠席を経験した人が就業・在学をしていない割合（23.1％）は、そうでない人（約7％）の3倍から4倍に達した（横井敏郎「学校長期欠席者のその後」、前掲『危機のなかの若者たち』所収）。

(60) 斎藤環『社会的ひきこもり――終わらない思春期』（PHP新書）、PHP研究所、1998年

(61) 厚生労働省『10代・20代を中心とした「ひきこもり」をめぐる地域精神保健活動のガイドライン――精神保健福祉センター・保健所・市町村でどのように対応するか・援助するか』2003年（https://www.mhlw.go.jp/topics/2003/07/tp0728-1.html）［2025年3月10日アクセス］

(62) 「高齢者の孤独死、推計年間6.8万人」「朝日新聞」2024年5月14日付

(63) ニッセイ基礎研究所『セルフ・ネグレクトと孤立死に関する実態把握と地域支援のあり方に関する調査研究報告書』ニッセイ基礎研究所、2011年、2ページ

(64) 内閣府『令和3年版 高齢社会白書』2021年（https://www8.cao.go.jp/kourei/whitepaper/w-2021/html/zenbun/index.html）［2025年3月10日アクセス］

(65) Satoru Morita, Katsuji Nishi, Satoshi Furukawa and Masahito Hitosugi, "A survey of solitary death in Japan for shortening postmortem interval until discover," *Prilozi*, 36(1), 2015. 森田沙斗武／西克治／古川智之／一杉正仁「高齢者孤立死の現状と背景についての検討」「日本交通科学学会誌」第15巻第3号、日本交通科学学会、2016年

(66) 前掲『セルフ・ネグレクトと孤立死に関する実態把握と地域支援のあり方に関する調査研究報告書』。斉藤もまた同居家族がいても互いの交流がない世帯の孤立リスクの高さを指摘している。前掲『高齢者の社会的孤立と地域福祉』84ページ

(67) 岸恵美子「セルフ・ネグレクトの定義と概念」、前掲『セルフ・ネグレクトのアセスメントとケア』所収、4ページ

(68) 岸恵美子「わが国のセルフ・ネグレクトの特徴」、同書所収、17ページ

(69) 岸恵美子「セルフ・ネグレクトに対応する介入プログラムの開発と地域ケアシステムモデルの構築　研究成果報告書」2011年、21ページ

(70) 内閣府『令和6年版 高齢社会白書』11ページ（https://www8.cao.go.jp/kourei/whitepaper/w-2024/zenbun/06pdf_index.html）［2025年3月10日アクセス］

(71) 国立社会保障・人口問題研究所『日本の世帯数の将来推計（全国推計）（令和6（2024）年推計）──令和2（2020）～32（2050）年』13－14ページ（https://www.ipss.go.jp/pp-ajsetai/j/HPRJ2024/hprj2024_gaiyo_20240412.pdf）［2025年3月10日アクセス］

(72) 同書13－14ページ

(73) 前掲『高齢者の社会的孤立と地域福祉』

(74) 対象者全体では10.7%が孤立（他者との交流が月に1回程度以下、または親しい人が1人もいないこと）に該当した。同書83ページ

第2章　ひきこもり概念の意義と限界

1　「ひきこもり」概念のどこに問題があるのか

　ひきこもりに関する図書の表紙や記事の挿絵などで描かれるのは、決まって部屋のなかで膝を抱えている子どもや若者の姿である。部屋にいるのは、たいていは男性の子ども、または若者である。ときに、部屋の外から心配してのぞき込むような両親の姿が描かれることもある。

　このようにひきこもりは、「両親がいる家庭のなかでひきこもる子ども」としてイメージされてきた。

　国によるひきこもりの定義を確認すると、厚生労働省のガイドラインでは、ひきこもりは「社会的参加（義務教育を含む就学、非常勤職を含む就労、家庭外での交遊など）を回避し、原則的には6カ月以上にわたって概ね家庭にとどまりつづけている状態（他者と交わらないような外出をしていてもよい）を指す現象概念[1]」と定義している。

　この定義には年齢や性別に関する限定は設けられていない。そのため、たとえば一人暮らしのうえ他者との交流がない人、子育てをしている母親・父親で家族以外との接点がなく孤立している人（ひとり親で子育てをしている場合を含む）、または路上で他者と関わらずに生活するホームレス状態の人なども定義上は「ひきこもり」に該当しうる。

　だが、一般社会のなかでひきこもりに関する議論がおこなわれる場合、前述のような典型的なイメージに縛られて展開されることが多い。そしてその典型例から外れるケースは驚きや意外性をもって受け止められることになる。8050問題に関連して「高年齢のひきこもり」「ひきこもりの長期化」と語ら

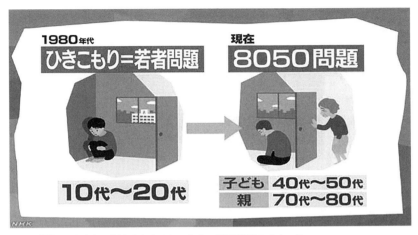

図12 「親と子ども」に限定されたひきこもり・8050問題のイメージ
(出典：NHK公式サイト「「8050問題」求められる多様な支援」、記事公開日2018年8月23日〔https://www3.nhk.or.jp/news/special/hikikomori/pages/articles_07.html〕〔2025年3月10日アクセス〕)

れたり、また孤立して子育てをしている女性などに注目して、「女性のひきこもりも本当は多いはずだ」と主張されたりする。

このようにひきこもりのイメージを狭く限定しておきながら「意外な人たちもひきこもっている」という発見を繰り返すだけでは、場当たり的な議論になりかねない。実態を的確に把握して分析・研究するためには、はじめから年齢や性別を問わずに通用する概念を用いて社会的孤立を理解することが妥当である。第1章では、幅広い層に当てはまる社会的孤立の概念を検討し、そのうえでライフスタイルごとに孤立はどのような姿をとるのかを考えてきた。

一方で、1990年から2000年ごろにかけて日本に登場した「ひきこもり」という言葉は、それ以後に政策上も研究上も多用されるようになり、社会的孤立の代表格のような位置を占めてきた。しかし、すでにみたように社会的孤立をひきこもりという言葉で語ることの弊害が現れ、ひきこもりという言葉が独り歩きすることの功罪を論じるべき時期に至っていると考えられる。本章ではそのようなひきこもりの概念に批判的な検討を加えていく。序章で述べたように、ひきこもりという言葉に一括することなく、社会的な参加と対人的交流の喪失などの側面から子ども・若者のライフコース上の課題を検

討することがその目的である。結論部分では、ひきこもりという用語を限定的に用いるにあたっての提案もおこなう。具体的には、対人的交流の欠如、特にその心理的な背景に限ってひきこもりという用語を使って表現することが適切である。

2　ひきこもりの「過剰拡張」と「見過ごし」

　厚生労働省の定義でも、ひきこもりは就学や就労をしていないこと、交遊をしていないこと、家庭にとどまっていることと、複数の観点から捉えられている。

　第1章ですでに論じた「社会的参加」と「対人的交流」の枠組みで理解すると、「ひきこもり」は、社会的参加と対人的交流を双方とも欠如させている状態、つまり極端な孤立を示す概念だということができる。ただし、ひきこもりの内部にも孤立の深刻度の違いがある。厚生労働省のガイドラインには他者と交わらないような外出をしている層を含むことを付記している。内閣府によるひきこもりの調査では、狭義のひきこもりを自宅や自室からほとんど出ない人とする一方、「近所のコンビニ」や「趣味の用事」のために外出する人を含めたものを広義のひきこもりと定義している。

　以下では、大まかに2つの課題に注目して考えていきたい。

　まず、ひきこもりの過剰拡張という課題である。家庭に閉じこもる人だけではなく、さまざまな場所に外出が可能な人を含めることで、無業者層とほぼ変わらない実態をもつ人をひきこもりの概念に含めることになる。一方、ひきこもりが過剰に注目されるのと比較して、無業者が報道や研究の対象になることは少ない。すでに述べたように子ども・若者が「自立に至っているかどうか」をひきこもりという言葉に集約してしまうため、無業者に向かうべき関心までがひきこもりに集中していることが懸念される。逆に「ひきこもり」という言葉で論じられる際には対人的交流の欠如を中心にイメージされ、就学や就労を通じた社会的参加の支援が考慮されにくくなる。

　もう一つは、社会的参加と対人的交流の双方を失っている中核的なひきこもり状態の人であっても、その内部に見過ごされた層が存在することである。後段で詳しく検討するように、ひきこもり状態の人のなかでも心理的に葛藤

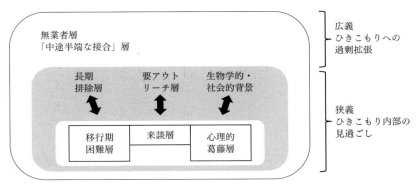

図13　ひきこもりの「過剰拡張」と「見過ごし」（筆者作成）

を抱えた層、学校から社会への移行期に困難を抱えた層、支援組織などに積極的に来訪して相談する層が中心に認識され、そうでない人々は潜在化されがちになる（図13）。

　もちろん、どのような事柄にも氷山の一角といわれるように水面下に存在する対象者は存在し、物事をトータルに把握することは難しい。しかし、ひきこもりの場合にはひきこもりという概念それ自体にバイアスを作り出す作用があるのではないか。この問題を本章で究明していく。あらかじめ議論の概要を図示する（図13）。

3　ライフコースの視点からみたひきこもり

　前述のように、ひきこもりの定義には年齢や性別に関する言及はないため、あらゆる年齢の人が定義に該当する可能性がある。しかし、個人が人生で困難を抱え、社会の周辺に追いやられる時期にはいくつかのパターンがあり、ひきこもりの典型的イメージに合致しない孤立もある（図14）。

　一般的に、ひきこもりは②の移行期困難層の時期に重なるものと考えられてきた。不登校から引き続き社会参加が難しくなる、あるいは学校を卒業して就労するタイミングで困難を抱えることが、ひきこもりの悩みに結び付くわけである。

　移行期困難層に特徴的なのは、両親が相談することによって問題が表面化

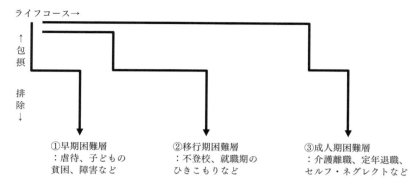

図14　ライフコースにおける包摂と排除
(出典：社会的排除リスク調査チーム「社会的排除にいたるプロセス──若年ケース・スタディから見る排除の過程」〔厚生労働省、2012年〕〔https://www.mhlw.go.jp/stf/shingi/2r9852000002kvtw-att/2r9852000002kw5m.pdf〕〔2025年3月10日アクセス〕をもとに筆者作成)

することだろう。子どもや若者の移行の困難は親にとって大きな関心事になる。不登校や高校中退、また高校入試や就職の失敗は、家庭から社会へ子ども・若者を送り出そうとしている家庭にとって異変として感じ取られる。最終学歴となる学校の卒業や就職は、「子育て」の総仕上げの意味合いがあり、親としての強い責任を感じることだと想像される。学歴や進路に関心が高い層であればなおさらだろう。

　移行期の困難が悩ましい点として、学校や職場の問題に帰すことが難しく、責任は「親の子育て」に直接負わされかねない。社会の批判的な視線が直接本人や親に向かわざるをえないのである。実際に我が子のひきこもりを経験していない人も、「いざ自分の子どもが挫折してしまったら」という不安は痛切に共有しているように思われる。(3)

　ところが、同じようにひきこもり状態に該当しても、移行期の困難と異なる形態でひきこもりが生じ、相談や支援に結び付きにくい例がある。まず①早期困難層では、移行期を待つまでもなく家庭の貧困などの事情で子どもが孤立している場合がある。教育ネグレクトといわれるように、学校に通うことが困難であっても親が「不登校」として問題を認識することがなく、相談や支援の窓口を訪れることがないという場合である。

　こうした家庭事情がある場合には、②移行期に就職に失敗しても親が子育ての問題として捉えることがなく、放任することも不思議ではない。③のよ

うに、いったん社会に出た若者が無業状態になるという場合には、その困難が親の責任なのかどうかも曖昧になる。

ライフステージごとの社会的孤立と、それを取り巻く家庭の背景について、社会的排除を論じた岩田正美の議論を参考に詳しく検討したい。[4]

岩田は、ホームレス状態やネットカフェ難民の若者のライフコースに関する調査をもとに、社会的排除の過程を「社会からの引きはがし型」と「長期排除型」に区別している。引きはがし型とは、いったんは社会のメインストリームにしっかり組み込まれた人々が、そこから一気に引きはがされて参加先を失うような形態である。

こうした引きはがしという形態に対して、長期排除型は引きはがされるようなメインストリームへの参加それ自体を十分に経験していない。途切れ途切れの不安定な就労が唯一の社会参加のチャンネルであって、結婚もしていないし多くは自分の住居の形成も不確かで地域を転々としている人も少なくない。

こうした場合、参加先の喪失は社会からの引きはがしではない。そもそも社会への参加が中途半端である状況の延長線上にある。岩田は、こうした不安定な社会へのつながりを「中途半端な接合」と呼んでいる。

ひきこもりと重ねると、引きはがしは移行期の困難と呼ぶことができるだろう。一方で、「中途半端な接合」がひきこもり状態に重なることもある。また、長期排除型というように孤立がいつ始まったのかは明確ではなく、むしろ生まれた家族のなかですでに孤立が始まっているような例もある。

人生初期の孤立

すでに述べたように岩田は、ホームレス状態やネットカフェ難民の若者のライフコースについて、メインストリームに組み込まれた層の「引きはがし」とは対照的に、人生の初期から長期に排除された様相を見いだしている。

ホームレス状態の若者の例では、実家それ自体が経済的にも家族関係のうえからも不安定である。あるいは家族関係から本人が排除されており、学校は義務教育修了か高校中退であることが多く、本人の就業も最初から不安定で切れ切れの非正規雇用を転々としている。その末に家出し、友人宅などを経てネットカフェに至る。さらに、女性の場合は不安定な異性関係が含まれるという。

第2章　ひきこもり概念の意義と限界————87

社会に出る以前から実家の経済状態も家族関係も不安定で、おそらく十分保護された子ども時代を経験していないことが推測される事例が少なくない。さらに、保護されないどころか、DV（ドメスティックバイオレンス）など家族関係から逃れたい状況にある場合さえある。

　学校についていえば、社会に出る「移行期」というよりも、学校に入学してすぐといった早い時期から困難が生じる例もある。勉強がわからないことやそもそも家庭に問題があって学校に出られないなどで、脱落型不登校といわれる。

　学校に通う子どもにひきこもりが生じると、不登校と重なる。子どもの貧困への関心が高まるとともに、「養護型不登校」などの用語で、不登校と家庭環境やネグレクトとの重なりも指摘されはじめている[5]。板橋区では、生活保護受給世帯で中学生の不登校発生率が一般世帯の4倍以上であることが報告されるなど、自治体レベルでは貧困と不登校の関連を探る試みがある[6]。困窮した家庭では、子どもを学校に送り出す力が弱まる。林明子の生活保護家庭に関する研究では[7]、親を支えることが子どもの役割になることで、さらに学校との距離が遠くなり、子どもは残った自己存在感をなおさら家庭のなかに求めていく過程を浮かび上がらせている。

　成育家庭の経済的な困難などの課題は、特定の時点というよりも生活史のほとんどの期間常態的に存在したと考えるべきである。岩田はこれを中途半端な接合の常態的再生産と位置づけている[8]。

成人期困難層

　こうしたケースとは別に、社会人への移行期に親の期待と子どもの選択の間に葛藤が生じ、ホームレス状態に至ったとみられる例があるという。子ども自身にとっても就職の失敗として自覚されるような就労の不安定さに対し、親が「キレる」、あるいは本人が気づまりを感じてしまう。岩田はこの背景に、不安定職の増加に至る就労環境の変化を読み取っている。

　ただし、岩田は日本では親が子どもの寄生を容認して不安定な社会人への移行を家族が支える、またはその不安定を家族が隠すという事が少なくないと指摘している[9]。子どもを自立させることについて親が責任を感じ、支えたり隠したりする方向で行動するのである。これは前述した「移行期困難」型のひきこもり事例に近い。その場合でも、親子で感情的な葛藤が生じ、親が

若者を支えることをやめてしまうことでホームレス状態へとつながっていくのである。

　このように、成人に達した若者に対して家族がどの程度寛容に接するかによって「パラサイト・シングル」のように実家暮らしを続けるか、あるいはホームレス状態に至るような関係の決裂に至るかが決まってくる。この実家暮らしとホームレス状態の中間には、好むと好まざるにかかわらず実家を頼らざるをえないような、多様な若者の実情がある。岩田は、若者たちが「親がいない時間を見計らって実家に出入りしている」という例を挙げている。服の着替えを実家に取りにいく、母親から「迷惑だからもう来ないでくれ」と言われながらも実家がある地域のネットカフェにとどまっている、親の健康保険証を使っているなどが挙げられる。実家は実は若者にとって生活拠点の一部にせざるをえない場所であり、葛藤を抱きながらもそこにしか彼らが参加する場所はなく頼るところがない、と岩田は総括している。

　実家暮らしの若者が実家から離れていく方向の動きだけでなく、仕事のために大都市に移住した若者が、人生の中盤から後半にかけて実家に戻ることもある。それは「大阪などの大都市で仕事を転々としてきた」若者も、実際には「移動の中継地のように」故郷の実家に戻るというように、家族が依存先の一つとして意識されるからだろう。こうした例が最終的には、8050問題の一部として認識されることになる。つまり「高齢の親と同居する無職の子ども」というライフスタイルには、断続的に、あるいは最終的に実家を頼った成人子たちの選択も関係していると推測されるのである。[10]

4　狭義ひきこもり層内部の「見過ごし」

　あらためて、典型的なひきこもりとして認識されやすい層はどのような人々なのか、逆にそこからこぼれ落ちるのはどのような層なのかを考えていこう。

　ひきこもりについて積極的にSOSを発するのは、子どもの課題に高い優先順位を置いて積極的に相談するような親たちである。特に移行期の困難は、親の責任と感じられやすい。

　逆に見過ごされやすいのは、幼少期から家族全体が困窮あるいは孤立して

いたり、移行期や成人期になって成人子の孤立や無業が生じても、親が責任を感じなければ、成人子のネグレクトとなって本人がホームレス化するか、またはやむにやまれぬ依存状態が続くような層である。いずれにせよ、ひきこもりとして問題化することは少ないといえる。

　2022年に刊行された原未来の『見過ごされた貧困世帯の「ひきこもり」(11)』は、ひきこもりの認識をめぐる階層的バイアスに本格的に言及した数少ない研究である。これまでのひきこもりに関する研究や支援論は、本人や家族が中層や上層に属する例に焦点化し、貧困層を視野の外に置いてきたと指摘する。

　本章で述べてきたように、中層や上層に属し、家族自体が孤立や貧困を抱えていなければ、本人の困難が家族にとっての主要な課題として意識されることも想像できる。それと対照的なのが、長期排除型に属する孤立者たちである。特定の時期に生じた困難をきっかけにしてSOSを外に出すことがない。孤立や貧困は子どもの人生の初期から、あるいは出生前から常態化している場合もある。

　このように、まず親たちが問題を感じるかどうかが鍵になる。さらに相談を受ける側の専門家のバイアス、ひきこもる当人の心理的葛藤に焦点化するバイアスの2点を、原は指摘している。

来談型支援の限界

　不登校問題についてみると、不登校という事態を前に、医療機関や相談機関に出向くという選択肢の存在に気づき、実際にその場に出かけていくことができるような相対的に高い階層に属する人たちの積極的な行動が、神経症的不登校という概念を成立させる背景にあった。

　かつては貧困層の長期欠席が注目されたが、それが社会的に恵まれた自らの層の内部にも現れてくると、貧困層とは別種の問題として位置づけられることになったのである。確かに神経症や、「行きたいのに行けない」などの新たなタイプの不登校の出現という事情はあったにせよ、それまで同じ長期欠席を継続していたほかの層の子どもたちについては、登校拒否の定義に含まない、あるいは少年非行問題という別の枠で社会防衛的に対処する方向をとった。

　時代が下り、1990年代にひきこもりが表面化した際の主な論者は、民間

支援機関、医療機関の者たちであり、事例の多くが社会的・経済的地位が高い家庭の若者やその家族だったために、そうした事例からの臨床研究・発信が多くなった。他方、支援の場に自ら訪れることが少ない社会的地位が低い階層の人々の無業や孤立は存在しないものとされ、中・高階層に多いひきこもりという言説のもとに不可視化されつづけた。「支援実践も研究も、目の前の「声をあげる」中上位層の無業や孤立を語り、発信するなかで、結果的に低階層の人々のそれを等閑視することに加担してきたのである[12]」

　原は、そのように「声を上げる」ことに応える支援を「要求応答型」と呼ぶ。要求応答型では、若者や家族が支援機関に相談するという自主的行動を発端とする。それに対して、本人や家族が支援機関に赴くのを待つのではなく、支援機関側から支援を要すると思われる若者にはたらきかけていく体制を、原は「支援機関アプローチ型」と呼ぶ。それは2010年前後から展開され、主に学校との連携によっておこなわれるものと、生活保護制度をベースにするものがあるという。

　本書では原がいう要求応答型支援に相当する支援を「来談型」支援と呼び、支援機関アプローチ型支援を「アウトリーチ型の支援」と呼んでおく。

心理的葛藤の自明視

　ひきこもりやその回復はさまざまな角度から捉えられ、移り変わってきた。しかし、どのような立場の論者からも一貫して示されてきたのは悩んでいる本人の葛藤だった。ところが、そのような議論から理解することが難しい例も目立つようになった。低階層孤立者に関わっていく支援現場はその一つだ。「困り感がない」という言葉で、事例の実情や支援者の葛藤が表現されている。

　自ら支援ニーズを表明するような社会経済的に中上位に位置する階層の人々を対象にした議論では、本人が葛藤し、悩んでいることが前提になる[13]。「人と関わりたいのに関われない」「ひきこもりから抜け出したいけど抜け出せない」と本人が感じていることこそが、支援の必要性と正当性の土台になり、それを解消する支援のあり方を規定している。

　確かに、偏見が寄せられがちなひきこもり状態の人に対し、内面を推し量り「本当は本人も苦しんでいる」ことが理解できれば、「怠けている」という見解を修正して悩んでいる本人たちへの共感をもたらすことができる。ま

た本人が社会規範によるプレッシャーに悩んでいる場合、就労などの目標を
あらためて示すことは、むしろ固定的な価値観を強化してしまい逆効果にな
りかねない。理想像としてこだわることが苦しさをもたらしているのならば、
それを緩和することが望まれる。このように支援方法でも葛藤に注目するこ
とが有意義である。

　しかし、ひきこもり状態にある人がすべて葛藤を経験しているわけではな
い。メインストリームの社会に組み込まれている人であれば、困難の結果と
して「社会に参加したいのに参加できない」という思いをもつ。だとしたら、
長期排除層に含まれる人々はメインストリームへの参加それ自体を十分経験
しておらず、「自分はこうあるべきだ」という規範を内面化していない可能
性がある。それは単に無気力なのではなく、一面では、社会的に不利な立場
に置かれた結果として身につけた姿勢だといえるだろう。そのため、そうし
た人々に「支援が必要ない」と考えることは早計なのである。

　原はここから、自ら支援を求めない人をどう支援することができるのか、
はたして支援することは必要または正当なのか、という問いに考察を進める。
この問題については、第3部「多元的包摂への展望」の支援論で扱いたい。

　以上のように、時系列的にいえば親が問題を感じる、専門家がそれを拾い
上げる、本人も葛藤を抱えて支援の枠組みに乗ることが、ひきこもり問題を
顕在化させる条件である。それぞれ、逆の場合には社会的に潜在化した層と
して見過ごされやすい。

5　広義ひきこもりへの「過剰拡張」——無業者の辺縁化

　すでに述べたように、家庭に閉じこもる人だけではなくさまざまな場所に
外出が可能な人を含めることで、無業者層とほぼ変わらない実態をもつ人を
ひきこもりの概念に含めることになる。実際には自宅や自室にひきこもる人
は、内閣府の調査によるひきこもり層のごく一部といえる。このように典型
的なイメージにそぐわない人々まで「ひきこもり」の範囲に含めることで、
それぞれの実態に合わせた理解や支援が進みづらくなることが懸念される。

　第1章では、社会的孤立の問題を社会的参加の喪失と対人的交流の欠如に
分けて論じた。孤立の問題をひきこもりのイメージに限定して捉えることは、

社会的参加に関わる課題を過小評価することにつながる。たとえば、子育てやケア責任を担っている人が、やむをえず仕事をしていない場合がある。また50代の男性に孤立死のリスクが高いが、その背景となる社会的孤立は必ずしもひきこもりに限定されるわけではない。

　実際には無業状態とひきこもり状態は明確に線が引けるわけではなく、両者のどちらともつかない、あるいは両者を移り変わるような状態の人も多い。一見したところ無業の期間が長い人でも、「自分は仕事をして生きてきた」というように自分の経歴を理解し、現状についても「次の仕事を探している」と解釈している人は少なくない。そうであれば、その人のアイデンティティはひきこもりではなく、また無業者でもなく、仕事をする機会や条件が整えば働いている「社会人」だとしてもまったく不思議なことではない。

　働き盛りと思われる人が就業を通じた参加先を失い、孤立していることを示す言葉は乏しい。「ミッシングワーカー」は、就業のチャンスを失っているにもかかわらず失業者にカウントされない人に焦点を当てている[17]。ひきこもりの支援現場からは、「コンビニは通える引きこもりたち」として、医療的な支援よりもむしろ就労支援が有効である若者がいることが示唆されている[18]。

　第3部で支援現場を対象にした調査をもとに論じるが、必ずしも長期ひきこもりではない人の孤立死のリスクがあり（第7章「生活困窮者窓口のひきこもり支援と「命の危険」」を参照）、自宅や自室へのひきこもりではなく無業者に近い層で虐待などの課題も深刻化している（第8章「地域包括支援センターでの8050事例への対応」を参照）。

　このあとの章で触れるが、海外では、ひきこもりではなくNEETの概念を用いて若者を取り巻く社会政策の課題を多角的に表現している。「失業NEET」や「失望NEET」は、職業教育の不足や既存の労働者を保護する硬直的な労働市場の問題であり、「ケア責任NEET」は家族に対する育児や介護サービスの不足を物語っている。「障害NEET」は障害者に対する所得補償や障害年金などの政策と関連している。社会的孤立の問題をひきこもりとしてひとくくりにすることは、このように政策的な背景を論じることを難しくさせるだろう。

　第1章で触れたように、日本の公式統計からも非求職型や非意欲型の無業者の実態を捉えることができる。それに対し、自治体の子ども・若者で話題

になるのはもっぱらひきこもり状態の人についてである。実際にはひきこもりの調査を実施したりひきこもり人口を推計することは難しく、内閣府による全国調査をもとに自治体ごとのひきこもり人口が推計されることが多い。労働統計から無業者の人口を推計することはそれに比べて容易であるはずだが、実施されることは少ない。

　社会的参加と対人的交流の問題のうち、もっぱら対人的交流の問題だけを焦点化することは、実態の把握だけでなく支援の実施でも選択肢を狭めてしまう。人と関わりたいのに関われないというような心理的な課題に限定することで、支援もカウンセリングなどに限定されがちだ。また、すでに本人が十分に社会的なプレッシャーを受け、自分自身の状態を苦にしていると支援者が理解すると、「本人が動きだすのを待つ」というように受容的な支援が中心に置かれる。この場合、社会参加に関する積極的・多角的な提案はおこなわれにくい。第3部では、支援ガイドラインを検討することで、より幅広い支援の方法について検討する。

6　自立をめぐる親子間の葛藤

　序章でもみたとおり、客観的な概念としてのひきこもりはあらゆる年齢の人に該当する一方で、子ども・若者が自立する過程での困難を捉える際にひきこもりという言葉が用いられる場合がある。

　2010年に発表された厚生労働省のガイドラインでは、「思春期の自立過程における挫折」とひきこもりとの関連を次のように表現している。

　　思春期の自立過程とは思春期年代における親離れと自分探し・自分作りの過程の結果得られる自己の自律性と独立性の確立を意味しており、ひきこもりはその確立経過を押しとどめ、停滞させます。その結果、退行が生じ、家族内人間関係へのしがみつきと万能的な自己中心性が強まり、ひきこもりをますます強固なものにしてしまいます。背景の精神障害が改善しても、環境が修正されても、この悪循環を止めるのは容易ではありません。[19]

表現は少し難解だが、子どもが親から自立する過程で困難に直面した結果、親に過度に依存したり発達的に前の段階に逆戻りしたりすることを述べている。ひきこもり事例ではしばしば、親に過度の期待をかけられたり望む進路を妨げられたりした結果、親に依存しながら、親を強く批判するような振る舞いを見せる例が紹介される。親のほうでも、依然として子どもに強い期待を寄せるため、「一人前」になるまで親元から手放すことができず、依存を受け入れて世話を続けざるをえないことがある。親たちは、ひきこもる子たちに接する際に、「自立してほしい」と口では言いながら、実際は子どものためにかいがいしく世話を焼きがちだと指摘される[20]。

　このような意味でのひきこもりとは、単に客観的な意味での対人的交流の欠如や外出の限定ではなく、自立をめぐる親子の葛藤を指しており、子どもがしがみつく家庭や自室はその象徴になっている[21]。ただし、親の過保護と表現できるような状態像は経済的に余裕がある層を中心としており、貧困や困窮ゆえに社会的参加が困難になるような事例が少なくないことにも注意しなければならない。

　従来のひきこもり支援の主流は就労支援や居場所の提供だが、それらを利用する場合も親が子を経済的に支え続けることが暗黙の前提になっている。訓練を受けながら給付を受けるなどの積極的労働施策が日本では欠如し、就職氷河期世代などの課題を増幅させてきた。移行期を支える家族以外の社会制度が欠けているために、皮肉にも、親たちは移行を自分の責任と捉えざるをえないのである。本来は社会問題であるはずの成人子の貧困は、親が支えることで不可視化されてしまう[22]。それが人生の終末期に孤立や困窮として露呈するのが8050問題だといえる。

7　「ひきこもり」の限定的な用法

　過剰拡張や見過ごしという課題を受けて、ひきこもりという用語をどのように再考すればよいだろうか。あらためて従来のひきこもり概念の難点と、それに代わる用語法について論じる。

第2章　ひきこもり概念の意義と限界————95

従来のひきこもり概念の難点

　社会的孤立は、社会的参加と対人的交流の双方から理解できる。一方、「ひきこもり」という概念で社会的孤立の全体を理解しようとすると、理解できる範囲が狭められてしまう。まず、参加と交流の双方を失っている人を対象にすることで、社会的孤立の一元的な線引きがおこなわれる。このことで極端に孤立した人に焦点化することが可能になるが、参加あるいは交流の片方だけが狭められている人の存在や、極端な孤立に至る前のプロセスにいる人がみえにくくなる。

　また学齢期・若年期に困難が生じる人に注目することで、そのほかの時期の課題がみえにくくなる。「自立に至っているかどうか」に注目したひきこもりの線引きは、孤立を親子問題に還元してしまう効果がある。親が子どもを自立させる責任を感じている人たちにとって、ひきこもりは深刻な課題になるが、親に子育て責任を過剰に背負わせてしまうことになり、解決を遠ざけてしまうことが懸念される。さらに「ひきこもりに悩む親」の姿を強調することは、親自身が困窮や孤立に陥り、子どもの孤立問題についてSOSを発することがない家族の、より深刻な孤立を潜在化させてしまう。

　孤立に関する多様な背景のなかでも、心理的背景が強調されがちである。人と関わりたいのに関われないという典型的な心理状態の理解が促進されるのは歓迎すべきだが、そのように孤立に陥っていく過程の心理が、客観的に孤立している人の心理とそのまま重なるわけではない。「人と関わりたい」という希望自体を失って孤立している人の理解も促進されるべきだし、逆に葛藤を抱えている人に対しては孤立を深刻化させる前に支援することも望まれる。

　加えて、ひきこもりを自覚する人の経験が、典型的な「ひきこもり」のイメージとして広められやすいことも、孤立の理解を一面的なものにしてしまう。ひきこもるという動詞に関連するひきこもりという言葉は、ひきこもることが自覚的で能動的な選択という意味合いを連想させる。[23]たとえば「こもりびと」という表現は、あえてひきこもることを選択するような人物像の存在を示唆する。[24]

　しかし、ひきこもりを状態として理解するのであれば、本人の意図と関係なくその状態に陥る場合や、孤立を強いられている場合について十分に考慮

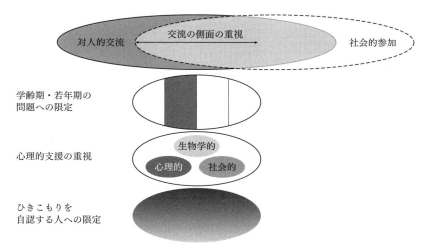

図15 ひきこもり概念による社会的孤立理解の限界（筆者作成）

する必要があるだろう。また、ひきこもり状態はその人の本質や最優先課題を示すわけではなく、そのほかの「状態」（困窮や健康上の課題、外出を伴わない社会参加など）と複合する。

ひきこもりというキーワードだけを通じてその人が抱える困難の内容を理解することで、問題が単純化されたり支援の方法が狭められたりすることは避けなくてはならない。

表15ではあらためてひきこもりの「典型的」なイメージを列挙した。しかし、このような例が典型だという合意が存在するわけではないし、こうした例が「多数」を占めるという意味合いはないことに留意されたい。

問題なのは、ひきこもりの公的な定義とは別に、暗黙のうちに一定の「ひきこもりらしさ」が共有され、ひきこもりとそうでない人の線引きがおこなわれることである。ただし、ここでは「典型的ではないひきこもりの人もいるので、もっと幅広くひきこもりのことを考えるべきだ」と主張する意図があるわけではない。むしろひきこもりという用語自体が、「ひきこもりらしい」人とそうでない人を生み出してしまう効果をもつため、孤立を理解するための一般的用語としてひきこもりを用いること自体に限界があることを指摘したい。代替案として、ひきこもりと呼ばれてきた状態を社会的孤立の一部分として限定的に位置づける用法について次に論じる。

第2章　ひきこもり概念の意義と限界———97

表15 「典型的」なひきこもりイメージ（筆者作成）

対人的交流の問題への偏り	社会的参加と交流の双方が欠如している人を指す。なかでも交流の部分の支援が重要視され、社会的参加（就労や就学）の支援と二項対立的に位置づけられる。
学齢期・若年期への偏り	学齢期・若年期の問題、特に親元から自立していない人の問題とみなされる。
心理的背景への偏り	多様な背景のなかで、心理的背景が重要視され、生物学的背景や社会的背景が関連する人はひきこもりと別問題とされる。
自覚度や専心度の高さによる偏り	ひきこもりであることを自覚して悩んでいたり、ひきこもりの相談に専念できたりする人が典型とされ、そのほかの人が見過ごされる。

新たな用語法の提案

　限定的な理解に代えて、社会的参加と交流の片方、またその双方が狭められた状態を幅広く理解するためのイメージを図示する（図16）。

　若年期に現れる心理的課題は、典型的なひきこもりの事例に当てはまる（図16の①。また、補論1「社会的に孤立する人の支援エピソードの検討」の事例1に対応する）。しかしこうした事例についても心理的背景だけに理解を限定する必要はなく、社会的・生物学的背景の可能性もあわせて検討するべき場合がある。たとえば幼少期からの貧困などの不利な条件、発達障害なども若年期の自立の困難に関連していることがある。自立をめぐる葛藤は、親からの高い期待に関連する場合がひきこもりの典型例として示されるが、それに対して親から進路への支えや指針を得られないケースは見過ごされやすい（図16の②、事例3）。

　幼児期から若年期にかけて、交流だけが失われている状態を海外ではsocial withdrawal（対人的閉じこもり）などの概念で焦点化し、参加と交流の双方を失ってからではなく、早期の対応が必要とみなされている（図16の③、事例18）。

　一方で学校から社会への移行は、産業や雇用の変化にも影響を受け、十全な支援を必要とする領域である。そのほか、職場環境の変化、女性が負いやすいケア責任、また壮年期以降の離死別、定年退職などはいずれも社会参加のあり方に影響を与えるイベントである。つまり、個人が担う役割の揺らぎや喪失に関わる。中高年のひきこもり、主婦のひきこもりという捉え方では

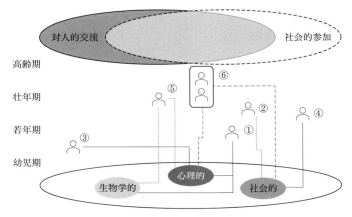

図16　幅広い社会的孤立の理解（筆者作成）

なく、前述のように社会的な次元の問題として的確に捉えることが望まれる（図16の④、事例4）。

　壮年期の社会的孤立の課題は、子どもや若者を中心にイメージされてきた「ひきこもり」と一律に区別されるわけではない。ひきこもりの概念で示されてきたような交流の限定、その心理的背景として対人不安を抱えている人は壮年期にも確かに存在する。だが、それらを総称して「ひきこもり」と呼ぶ必要はなく、孤立の状況やその背景について多面的に理解を進めることが望まれる（図16の⑤、事例7）。

　孤立の線引きは自立に至っているかどうかでは判断できない。ひきこもりという言葉を用いて「ひきこもりになる」「あの人はひきこもりだ」と表現するとき、自立に至っていない人を特定の人物像や心理状態と結び付けて理解してしまうおそれがある。

　一方、自立度の高さはさまざまな状態の人に対して検討可能である。家庭内の閉じた自助や共助が共依存の関係になり、ケアする人の自己犠牲や虐待の加害・被害につながったり、限界を迎えたりすることがある。ここでは依存先の分散という形での自立を進める余地がある。高齢の親が子どもを支える、逆に子どもが親を支えている場合についても、多面的に困難を理解し、支援の方策を考える余地がある（図16の⑥、事例12から17）。

　表16では、「ひきこもり」の用語を社会的孤立一般と同一視せず、その用

表16 「ひきこもり」状態の限定的な用法

社会的孤立の状態像	対人的交流の喪失の一種としての「外出の限定」（外出頻度の低さや行動範囲の限定）
社会的孤立の背景	孤立の背景（心理的側面）の一種としての「対人不安」（対人的閉じこもりやシャイネス）
自立をめぐる葛藤	子ども・若者が自立に至るまでに経験する社会的参加や対人的交流の課題。またそれをめぐる親子間の葛藤。依存や放任の問題

＊海外では、外出を基準としたひきこもりや閉じこもりが社会的孤立の指標として用いられる例は少ない。斉藤雅茂は、高齢者の社会的孤立を念頭に、外出頻度の乏しさによって定義される「閉じこもり」と対人的交流の乏しさとの関係を検討している。調査の結果によると両者が重なる度合いは低く、それぞれは異なる状態像であるという。国際的にも高齢者の閉じこもりを扱った研究は多くないことから、外出頻度への注目は日本固有の背景や価値観に基づく可能性を示唆している。
（出典：前掲『高齢者の社会的孤立と地域福祉』16−17ページ）。

語で示されていた内容を別の用語に置き換えて、社会的孤立の状態像や背景を検討するために限定的に用いる方向性を提案している。

　社会的孤立の状態像として、ひきこもりは対人的交流の欠如、特に内閣府の調査で指標とされているような外出の限定を示すと考えられる（第4章で紹介する内閣府調査などを参照）。また、社会的孤立の背景のうち、ひきこもりは海外の対人的閉じこもりやシャイネスの研究で述べられるような対人不安に置き換えることができる。

　従来ひきこもりという用語で語られてきた悩みのなかで、自立をめぐる葛藤が占める大きさも無視できない。「ひきこもり」や無業の状態の子どもを親が経済的・精神的に支えるなかで、「いつまで子の面倒をみればいいのか」「不本意だが実家に依存せざるをえない」などの葛藤が生じる。しかし、この捉え方では子ども期の貧困などの結果、自立の時期にも「親に頼れない」若者の問題はみえてこない。逆に、親の側に世話を続ける余裕があるために依存が長期化し、若者の自立問題が外部から不可視化されてしまう。その結果、親子双方の自立を損なうような共依存や、家族間の虐待に至る例がある。第1章の冒頭で述べた8050問題は、こうした自立をめぐる葛藤が、人生の後期や終末期の親子関係まで持ち越された状況とみなすこともできる。

注

（１）前掲『ひきこもりの評価・支援に関するガイドライン』

（２）ひきこもりという概念の限界を指摘した議論の例として、序章でも紹介した小野善郎の論考がある（前掲「「ひきこもり」という記号の限界」）。小野の問題提起に同意しながら、本書の見解はいくつかの点で小野と異なる。特に、高年齢層に対象を広げる以前からこの用語に問題が含まれていたと考えるからである。

（３）フィクションではあるが、2021年のベストセラー『小説8050』もこうした不安の心理を突いた作品といえる（林真理子『小説8050』新潮社、2021年）。表題に反して小説では8050世帯の親子ではなく、ひきこもる20歳の息子が将来8050問題に到達することを恐れる父親の葛藤がつづられている。精神疾患の可能性などもわずかに触れているが、生きづらさの焦点は中学生時代のいじめに集約されていく。

（４）前掲『社会的排除』

（５）保坂亨『学校を長期欠席する子どもたち――不登校・ネグレクトから学校教育と児童福祉の連携を考える』明石書店、2019年

（６）子どもの貧困白書編集委員会編『子どもの貧困白書』明石書店、2009年

（７）林明子『生活保護世帯の子どものライフストーリー――貧困の世代的再生産』勁草書房、2016年

（８）前掲『社会的排除』105‐106ページ

（９）同書99ページ

（10）山田昌弘によると、離婚後に自分自身の親と同居する人は女性で40％、男性で約30％に達する（山田昌弘『ここがおかしい日本の社会保障』〔文春文庫〕、文藝春秋、2012年）。

（11）原未来『見過ごされた貧困世帯の「ひきこもり」――若者支援を問いなおす』大月書店、2022年

（12）同書67ページ

（13）原は、ひきこもりの経験者が自身の経験を語ることについて積極的であり、高い言語表現力を持ち合わせており、さらにそれが多くの経験者に共通するという石川良子の主張に批判的に言及している（同書27、91ページ）。石川は、積極的に語らない経験者であっても、「一人でいる間にさまざまなことを考え尽くし疲れ果てて」いると推測している（石川良子『ひきこもりの〈ゴール〉――「就労」でもなく「対人関係」でもなく』〔青弓社ライブラリー〕、青弓社、2007年、18ページ）。このようにひきこもり経験者の言語性

第2章　ひきこもり概念の意義と限界―――101

や内省性の高さが自明視され、そうした特徴に当てはまらない対象者がいて
も認識の修正を必要としないような議論の構図がつくられている。

　このような視点の限定には、石川が研究対象者として「自らを「ひきこも
り」の当事者と定義している人々」を選んでいることも関係するだろう（同
書15ページ）。こうした対象者は、自らがひきこもり状態に該当するという
自覚性や、それを表現する言語性の高さを備えているといえる。石川はこの
ような対象者の選択方法が、ひきこもりを自称する人の「主観」に基づくこ
とを認めている。対象者が実際にひきこもり経験者であることも付記されて
いるが、ここでの研究の焦点はひきこもりという状態よりも「ひきこもり」
を自認し自称する人々の行動に当てられているといえるだろう（同書15－
17ページ）。

　なお、ある状態に属する人を「当事者」と呼ぶことがもたらす曖昧さや混
乱については、第11章「生きづらさを抱える人の支援活動における「当事
者」像の課題」で触れる。

（14）前掲『社会的排除』

（15）このようなルートに乗る場合であっても、親が隠す、保護するという選
択肢、また専門家が「本人を連れてきてください」などと親の悩みに向き合
わない場合、また専門家が積極的であっても最終的には本人が問題を感じず
に支援を受け入れないなど、事態が滞ることが多いことは確認しておきたい。

（16）低階層の若者や心理的な葛藤を抱えない層の見過ごしを論じた原は、「ニ
ートとひきこもりの混同」というように、無業者とひきこもり層を別の存在
として捉えている（前掲『見過ごされた貧困世帯の「ひきこもり」』25－26
ページ）。しかし、無業と孤立を同時に経験していることをひきこもり状態
と呼ぶ以上、少なくとも無業はひきこもりの前提条件ということになり、両
者は状態像として重なる。原が論じるような心理的な葛藤が薄い層であれば、
本人や周囲が「孤立」よりも「無業」を重視しながら困難を理解する傾向が
強くなるとも考えられる。

　その一方、（ひきこもることを苦にしているのに抜け出せないという）葛
藤とは別の形で対人的孤立の心理を探る余地がある。近年、親の離婚や暴力
といった子ども期の逆境体験（ACE）が注目されており（三谷はるよ『ACE
サバイバー——子ども期の逆境に苦しむ人々』〔ちくま新書〕、筑摩書房、
2023年）、若者の孤立への影響に関する知見の蓄積も期待される。一例だが、
「自分だけが頼りだ」「もう一度見捨てられたり傷つけられたりしたくない」
という思いから援助希求に消極的な若者の行動は、ACEに対する独特の対
処スタイルとしても理解できる（Doris Y. L. Leung, Athena C. Y. Chan,

Grace W. K. Ho, "Resilience of Emerging Adults After Adverse Childhood Experiences: A Qualitative Systematic Review," *Trauma, Violence, & Abuse,* 23(1), 2020.)。

(17) NHKスペシャル取材班『ミッシングワーカーの衝撃——働くことを諦めた100万人の中高年』（NHK出版新書）、NHK出版、2020年

(18) 久世芽亜里『コンビニは通える引きこもりたち』（新潮新書）、新潮社、2020年

(19) 前掲『ひきこもりの評価・支援に関するガイドライン』25ページ

(20) 斎藤環『家族の痕跡——いちばん最後に残るもの』（ちくま文庫）、筑摩書房、2010年

(21) 関水徹平もまた、ひきこもり問題の核心の一部を親元での閉じこもりに見いだし、成人子が頼ることができる福祉制度の脆弱さゆえに両親が受け皿になる問題を指摘している（関水徹平『「ひきこもり」経験の社会学』左右社、2016年）。ただし、関水が挙げるような中間層的な価値観に由来する福祉制度への拒否反応をひきこもりの本質とみなすとしたら、経済的に恵まれない層の孤立の問題を見過ごすことにつながるだろう。経済的な豊かさゆえに子どもを抱え込む場合ばかりでなく、貧困ゆえの人間関係の狭まりが親子間で連鎖しているような例も存在する。本文で触れた研究のほかに、施設や里親などのもとで社会的養護を受けて育った若者たちの自立を支援するNPOの報告書では、住まいの確保や正規職への就職に困難を抱える若者の困窮リスクや孤立について指摘している（ユニバーサル志縁センター編『明日への扉——若者に寄り添うNPOのチャレンジ』ユニバーサル志縁センター、2024年）。

(22) 次の文献を参照。樋口明彦「「ひきこもり」と社会的排除——社会サービスの不在がもたらすもの」、荻野達史／川北稔／工藤宏司／高山龍太郎編著『「ひきこもり」への社会学的アプローチ——メディア・当事者・支援活動』所収、ミネルヴァ書房、2008年、小野善郎／保坂亨編著『移行支援としての高校教育——思春期の発達支援からみた高校教育改革への提言』福村出版、2012年、前掲『ここがおかしい日本の社会保障』、藤田孝典『棄民世代——政府に見捨てられた氷河期世代が日本を滅ぼす』（SB新書）、SBクリエイティブ、2020年

イギリスをはじめヨーロッパの国々で積極的に無業者の推計がおこなわれる理由の一つに、単なる統計上の問題ではなく、NEETが支援に連動した用語であることも挙げられる。「就学や就労をせず、訓練を受けていない」というニートの定義にも表れているように、無業であることが訓練などの支援

の対象になりうる。つまり「本来は支援を受けられるのにその対象に含まれていない」という意味合いが含まれる。それに対して、日本の場合には働いたことがない若者には雇用保険の適用や、所得が低い若者に対する生活保護制度が存在しない（白川一郎『日本のニート・世界のフリーター——欧米の経験に学ぶ』〔中公新書ラクレ〕、中央公論新社、2005年、226ページ）。対策の乏しさが無業者への認識の乏しさにつながるという循環がうかがわれる。

(23) 厚生労働省の資料「ひきこもり支援施策について」（第166回市町村セミナー資料、2023年5月26日〔https://www.mhlw.go.jp/stf/newpage_33289.html〕〔2025年3月10日〕アクセス）では、ひきこもりは現象や状態像であって、その人そのものではない」と述べながら、そのすぐあとには「本人は"生きるため"にひきこもり状態にならざるをえない」「いつか元気になって、自分もできることをしたい、働きたい、活躍したいなどひきこもっている間、悩み、考え、苦しんでいる」「"生きるため"のエネルギーを貯めている「充電期間」と捉えることが大切」という言葉が強調されている。こうした表現はひきこもりのマイナスイメージの払拭を意図しているようにも思われるが、ひきこもりとは生きるエネルギーに乏しい人物であるかのような予断の存在をうかがわせる。結果として、正当な動機や心情を備えた「ひきこもりという人そのもの」を、一人ひとりの状態の理解に先立って仮構してしまっている。

(24) 「「ひきこもり」でなく「こもりびと」　独自呼称の市が条例を制定へ」（「朝日新聞」2022年9月25日付）では、神奈川県大和市での「こもりびと支援条例」制定を報じている。

(25) たとえばホームレスという言葉を、具体的な人を意味して用いる用法がある（「駅のコンコースにホームレスが寝ている」のように）。しかしホームレスは人ではなく「状態」であり、典型的なホームレスにみえない人や状況（ネットカフェへの宿泊など）や、人をホームレス状態に至らしめる背景を含めて理解する必要がある（稲葉剛『ハウジングプア——「住まいの貧困」と向きあう』山吹書店、2009年）。このように社会的排除や孤立について理解を進めるうえで、典型的な個人のイメージに焦点化することで多様な背景の理解を妨げるだけでなく、個人の置かれた状況の単純化につながることが懸念される。

補論1　社会的に孤立する人の支援エピソードの検討

　補論1では、社会的孤立事例に関する実際の支援例を紹介する。

　本書では社会的孤立を総称する概念としての「ひきこもり」という言葉を用いず、「孤立」という広い傘のもとで個々の課題を多面的に理解することを目指している。

　以下で挙げる事例の多くは、「ひきこもり」に関する支援事例という趣旨で集めたものである。少なくとも一時的には、社会的参加と交流の双方を欠如させた例といえる。しかし、ひきこもりという単一の概念からの理解には限界があり、参加と交流のどちらの支援を必要としているのかなどの力点は事例ごとに異なる。また、孤立の背景も生物学的・心理的・社会的背景など幅広く理解することが望まれる（第9章）。

　前章で位置づけた社会的孤立という枠組みのなかでこれらの事例を位置づけ、多面的に理解していく。前章の図もあわせて参照してほしい。

「典型的」なひきこもりの相談支援

　最初に、「ひきこもり」または「ひきこもり支援」という言葉から連想されやすい事例を取り上げる。このような例が「ひきこもり状態」や孤立の多様性を代表するわけではないことは、注意しておきたい。

●事例1　短期解決を焦る両親に窓口が助言

　20代の男性は、専門学校卒業後、数カ月ほど会社に勤めていたが、突然欠勤して仕事を辞めた。両親から仕事探しを急かされ、自室に閉じこもるようになった。両親はひきこもり地域支援センターを訪れ、対応方法を学んだ。

　その後、両親は本人との会話や関わりを増やすよう努め、家のなかの緊張感が和らいだ。男性は仕事を欠勤した際の不眠や意欲減退、慢性的な疲労感を打ち明けた。

精神科を受診し治療を続けた結果、本人は睡眠リズムが回復し、家事をする回数も増えた。仕事を始める前段階として、地域若者サポートステーションで就職活動の相談をすることになった。

　この例では、両親の本人への強い期待を和らげ、短期間での解決を望まないように助言している。両親からの高い期待があるために離職が「異変」として捉えられ、相談へと結び付いているといえる。このように自立へ向かう時期に課題が生じていること、「ひきこもり」という認識の強さがある点では、幅広い社会的孤立のなかでもひきこもり相談につながりやすいケースといえる。
　支援のポイントは休養と家族の理解であり、家族が過度のプレッシャーをかけずに本人を見守ることが重要視されている。本人も相談のルートに乗って医療機関、若者向けの就労支援の窓口を訪れている。のちに触れるような段階的な支援のステップをたどるように医療的な評価、中間的な居場所へと進んでいる。
　ただし現実的には、こうした条件に当てはまらないケースも多い。困難が生じる時期が就労を始める時期とは異なり、自立問題としてのひきこもりのイメージに当てはまらない場合、心理や医療面の課題が前面に現れない場合などである。孤立していることを本人が課題視していない、また社会参加や交流に取り組む余裕がなかったり、それがいちばんの関心事ではなかったりすることも多い。
　典型的なひきこもり事例に当てはまる場合でも、本人が相談の場に行くことに同意しない、家族関係が悪く会話自体が難しい、社会参加する段階になると本人の対人不安が強いなどで暗礁に乗り上げるケースは多い。そのような意味で、事例1のようなケースは典型的なひきこもりケースのなかでもやや理想的な経過をたどったモデルケースといえる。
　以下では、典型的なひきこもり事例から外れるケースをみていく。

孤立問題として浮上しない孤立事例

●事例2　交通の不便な公営住宅に取り残される高齢の母と40代のきょうだい
　70代後半の高齢の母のもとで、40代の男女のきょうだいが暮らしている。

きょうだいも母も知的な理解に課題があるようにみられ、長らく社会参加はしていない。きょうだいは高校を出たあと、一時働いた経験はあるが、その後は家庭で生活している。母に入院して手術する必要がある病気が見つかり、数十日間家を空けることになった。そこで「きょうだいのことをどうしたものか」と生活困窮者の自立相談支援窓口に相談した。

一家は母の月10万円の年金で暮らしている。男性（弟）は家のなかでも孤立していて、食事も一人でとる。住居は公営住宅であり、都市部から遠く交通が不便で、建物も老朽化している。

きょうだいは就労準備支援の制度を利用した。2人とも知的な理解に課題があるため、療育手帳を取得し、障害年金の受給を始めた。母が退院したあと、2人は障害者の通所施設に通うことになった。

自立相談支援窓口で見守りを続けていたところ、母は再度の入院をすることになった。要介護状態になり、自宅ではそれまでの生活ができないことがわかった。落ち着き先を探していたところ、都市部で生活困窮者を支援する高齢者向けアパートが見つかり、そこに入って生活保護を受けることになった。高齢者サービスを使って、デイサービスやヘルパーによる支援を開始した。

2人の子どもは、通所先の障害者支援の法人が運営するグループホームへの入居の手続きを取った。また生活保護の申請、住まいも生計も母と離れて自立するめどが立った。

この事例では家族全体の貧困や知的障害の課題がうかがわれる。ライフコースを通じた孤立の課題として、子どもの自立の時期に始まる課題だけでなく、幼少期の貧困やネグレクト、障害に由来する困難が、その後も引き続き影響を与えている可能性が指摘される（第2章を参照）。事例では、きょうだいの若年時に一度始まった就労が途絶えているが、中学校や高校を卒業する際に家族が子どもの進学や就職活動を十分に支えられない例もある。

順調に子育てをしていた家庭では、就職の失敗などで子どもの自立に問題が浮上したとき、両親がそれを「ひきこもり」などの問題として捉えるきっかけになる。しかしこの事例では、長期に排除されているためにSOSを出すような困り事として認識されず、その方策もなかったと推察される。

補論1　社会的に孤立する人の支援エピソードの検討————107

つながり（交流）の回復が優先課題ではない場合

　ひきこもり支援については、コミュニケーションの場や居場所などを提供することによって対人的交流を取り戻すことがイメージされる。しかし孤立を参加や交流の欠如としてより幅広く捉えると、生計を立てるための仕事、生活を立て直すための福祉、または自己実現のための役割の獲得など、参加の側面が優先されるべき場合もある。第2章でみた「中途半端な接合」のように、不安定または不十分な社会参加が孤立をもたらしている側面がある。

　すでに触れたように「自立に至っていない」子ども・若者というイメージに反して、就労経験がある人も多い。いったん就労して長く働き続けた人が孤立し、ひきこもりの定義に該当する場合でも、必ずしもその言葉で自身を理解したり、ひきこもり支援を必要としたりするわけではない。非正規雇用を転々として働いた人など、社会的参加が揺らいでいることが課題であり、誰もが交流の回復を求めるかどうかはケースバイケースである。交流に課題を抱える人でも、人に会わずにできる仕事、生活の再建などが関心事かもしれない。

参加への社会的支援

●事例3　弟から暴力を受けている40代の女性

　実家で両親、弟と同居している40代後半の女性である。弟も同じような状況で、その弟から暴力を受けている。「こんな思いをするくらいなら何とかして自立したい」という思いから自立相談支援窓口に相談した。当初、父親の介護を担当するケアマネジャーを通じて連絡があった。

　両親は住み込みの仕事を転々として生活してきた。本人以外にもきょうだいが多く、暮らしに余裕がなかった。本人はコミュニケーションが苦手な傾向があるようで、高校を中退後に就労経験はあるが、人からの指示に「いっぱいいっぱい」になりどうしていいかわからなくなることが多く、続かなかったという。

　両親が高齢で、どちらも要介護状態、母は認知症の症状が進行中である。それぞれに通所のサービスを使っている。

　本人は就労準備支援事業に参加した。イラストが得意で、イベントで売り上げが出たことで自信をつけた。少額だが報酬が出ることでやりがいを感じ

ることができた。清掃作業のジョブトレーニングも経験し、しっかり通い続けることができたので周囲からも信頼された。清掃の会社に求人が出ていたので応募して面接もしたが、経歴を理由に不合格になった。それでも諦めずに介護の資格を取得、介護の事業所に応募（支援員が面接に同行）、合格した。現在、働いて1年半以上になる。いまの目標は介護福祉士の資格を取ることによって給料を上げて、ゆくゆくは家から出て自活することである。

　自立相談支援窓口では、残されている課題は本人の弟と考えている。本人は、働きながら両親を支え、弟からのストレスも受け続けていて、窓口では本人を囲んだ支援会議を開いて支えている。いずれ両親の要介護状態が進んだ場合に施設に入所するかどうかを検討するため、入所の目安などを話し合うことで将来の展望を開こうとしている。

　経済的に苦しい家庭で自立に困難を抱えた人が、きょうだいから暴力を受けるようになり、自分の意志で相談するに至った。「典型的なひきこもり」のイメージに沿った事例では、両親から高い期待をかけられた子ども・若者が燃え尽きる姿が描かれることも多い。しかしまったく逆に、社会参加のための十分な機会を与えられていない人の多くは両親が主体的に相談することもなく、陰に隠れてしまいやすい。

●事例4　長らく医療機関に通ったが変化がなく、社会的参加の機会を紹介されたことが転機になった男性
　本人は大学3年時の就職活動の時期に心因性の体調不良になり、自宅中心の生活になった。見かねた両親が「せめて治療だけでも」といやがる本人を説得し、病院にだけは行くようになったが、薬を処方してもらうだけで進展はなかった。両親は「働くことが難しければ、まずはボランティアでも何でもいいから動いてみてはどうか」と本人に提案したが、何の反応もなかった。支援者は家族から、本人がプロ野球の中日ドラゴンズのファンだと聞いていたため、そうした話を盛り込んだ手紙を送ったが返信はなかった。しかし半年後、試合観戦に誘う手紙を再度送ってみたところ、本人は同意した。
　球場に到着すると、試合をよそに本人が語り始めた。「本当は自分も働きたいが、自分にとってはアルバイトでさえもハードルが高い。親に「どうするの？」と言われるたびに答えに困ってしまった」。支援者は障害福祉サー

補論1　社会的に孤立する人の支援エピソードの検討————109

ビスの利用を提案した。就労系の日中活動サービスを利用すればいくらかお金をもらえることや、障害者手帳を取得すれば交通費が無料になることなどに引かれたようで、「そんな制度があるなんてまったく知りませんでした。早速手続きしたいと思います」と本人は応じた。次の日には地域自治体の福祉課に出向いてサービスの利用申請をおこなった。医師にも手帳の取得を願い出たところ、診断書を書いてもらえることになった。

　長らく医療機関に通っていたが、本人の現状に見合うような提案がなかった。医療的な評価、治療、また休養は重要だが、社会的な参加や交流の回復はそれによって自然に実現するものではなく、支援者から本人への積極的な提案を要することがある。

交流への心理的支援

●事例5　自助グループが社会との接点になり福祉サービス受給へ橋渡しした例

　銀行に勤めていた本人は、厳しいノルマのプレッシャーから不調に陥り、不眠を訴えるようになった。退職後は実家で生活し、心療内科に通い始めたものの、次のステップが踏み出せないまま時間が経過した。医者からはさまざまな提案を受けたが、長期間家族以外との交流がなかったため億劫になっていて、過去の就労への重圧も影響していた。また、医者から回避性パーソナリティ障害の可能性についても告げられた。

　父がくも膜下出血で倒れ、高次脳機能障害のため認知機能が急速に衰えたことをきっかけに、母が息子のことを保健師に相談し、医者を交えたケース会議が提案された。会議では、母の介護負担軽減のために介護保険制度によるヘルパーの導入と障害年金の申請が提案され、本人も父を支援するために介護制度の利用を了承した。しかし、障害年金の受給は難しく、本人は障害福祉サービスの利用も拒否した。

　そこで、地元の自助グループを紹介され、本人は目標を立てずに参加できることに魅力を感じて通い始めた。しかし、週1回の開催では時間をもてあましてしまう。自助グループのつながりから、弁当販売をおこなう困窮者支援団体でボランティアをすることになり、調理や仕入れ作業を手伝うことでやりがいを感じるようになったが、もっと稼ぎたいという思いも抱いていた。

父にヘルパーがつくようになり、本人とヘルパーは世間話をするほど親しくなった。本人が就労への希望をヘルパーに相談すると、ヘルパーは保健師に相談し、保健師から生活困窮者自立支援制度に基づく就労準備支援や障害福祉サービスの就労移行が提案された。本人は年齢を考慮し、障害者手帳を活用した就労移行支援に進むことを決意した。父の状況は悪化しているが、ヘルパーやケアマネジャーの支えによって本人の負担にはなっていない。

　就労支援より先に、対人的交流を重視する自助グループの支援が本人にマッチした例である。銀行に勤めていた時期からすでに対人関係に苦手感や不安を抱えていた可能性もうかがえる。この例では、ひきこもり支援という切り口ではなく、父の介護をきっかけにしたケース会議や、ヘルパーとの直接の会話が本人の選択肢を増やしている。
　居場所型の支援と就労支援が二者択一的に捉えられ、「ひきこもり」といえば居場所が優先されるかのような議論がおこなわれることもある。しかし「週1回の自助グループでは時間をもてあます」「もっと稼ぎたい」というように、本人の意思は固定的なものではない。自助グループの経験をもとに就労支援に進んでいく場合や、逆に就労を希望していても居場所型の支援が必要になる場合がある。

●事例6　父親と没交渉の本人に、内職を通じて家族会がアプローチした例
　50代の男性は、15年前に会社を退職し、80代の父と二人暮らしをしている。父は定年後、家族会やひきこもり地域支援センターに相談したが、本人は支援を拒否し、親子のコミュニケーションは途絶えていた。
　本人は家事を分担し、月に5万円の生活費を受け取り、規則正しい生活を送っていた。あるとき、本人の飼い猫の体調が悪化し、家族会員の助けを借りて動物病院に通うようになった。その過程で、本人と家族会員の間で世間話ができるようになった。
　本人は就労への気持ちはあるものの、就労相談などには抵抗があった。そこで、家族会の内職を手伝うことになり、自宅で作業ができるようになった。父は本人の社会参加を望んでいるが、本人は内職で満足している様子であり、支援者は父の健康状態を見守りながら、本人の就労希望を探るタイミングを

補論1　社会的に孤立する人の支援エピソードの検討————111

見計らっている。

この事例では、最初は対人的な交流を回復させるための支援を本人が拒否したが、一見ひきこもりや社会的孤立と無関係な猫の病気をきっかけに、本人が家族以外の人と話すようになった。

対人不安への配慮

●事例7　対人不安が強い本人と丁寧に信頼関係を構築。負傷を機に窓口につながった例

40代男性が70代の母と同居している。ひきこもるきっかけになった学生時代のいじめ被害体験、また数十年のひきこもりから、対人不安、強迫性などの精神疾患を発症しているため、本人が外出することも支援者が訪問することも困難だった。本人に対しては、信頼関係構築のために定期的に電話相談をおこない、また同居の高齢母とも担当ケアマネジャーからつないでもらい、成育歴や家計状況の聞き取りをして、本人支援に協力してもらえるようお願いした。

本人が自宅内でけがをした際に本人から受診同行を依頼する相談が当窓口にきたことで、十数年ぶりの外出と本人との接触が実現できた。本人との信頼関係を築いていたことと、関係機関との連携によって家族ともつながっておけたことが、外出のきっかけが生まれた際に本人や家族からのSOSをキャッチすることにつながったと思われる。

対人不安に配慮しながら、本人がいざというときに連絡できるような相談先を伝えることによってSOSを拾い上げることになった例である。

生きづらさへの支援

●事例8　人間関係や手先の作業の苦手さを考慮した支援

50代の男性である。小・中・高と成績優秀で、他県の国立大学に進学したが、就職活動で失敗したことをきっかけに、大学卒業後から実家に戻って過ごした。30歳のときに将来をめぐって父親と対立し、警察沙汰になって両親と別居することになった。その後、父親は脳梗塞で他界した。

男性は実家を占拠し、家事をせず、食事は外食かスーパーマーケットの弁

当に頼るようになった。髪や髭は伸び放題で、庭にはゴミがあふれだし、生ゴミは袋に入れられているものの、ゴミ出しをしないため悪臭が漂っている。70代後半の母親が年金と老後の預貯金を切り崩して毎月仕送りしているが、訪問しても激しく罵倒され、顔を合わせて会話することができない状況が続いている。母親は過去に保健所に相談したが、有効な助言は得られなかった。近隣住民は注意をしても怒鳴り返されるため、何も言えずにいる。

　近隣住民と民生委員から民間支援団体を紹介され、母親も相談をおこなった。支援者と母親はアウトリーチの機会を探る方針を共有し、男性に支援員のことを伝えたところ、明確な拒否はなかった。支援員が現場を確認すると、玄関のなかはゴミ屋敷状態で、庭には大量のゴミ袋が放置されていた。

　支援員は男性の好物であるチョコレートと手紙を届ける活動を繰り返した。お礼の手紙が届いたが、「自分は社会に出る気はない」と記されていた。あるとき、母親が心臓疾患で倒れたことで仕送りが途絶えたことを気にした男性から支援員に連絡が入った。

　その後、男性は仕送りをしてくれていた母の病気から経済的な危機感を覚え、生活保護や障害福祉サービスの説明を受けることにした。生活保護の受給は拒否し、文化的活動などをおこなう地域活動支援センターを通じて交流を図る場への参加を選んだ。しかし人間関係で衝突し、続いて提案された就労継続支援B型の事業所に通い始めた。「社会に出る気はない」とは言ったものの、その言葉の背景には両親が勧める進路や人生に対する強い反発があり、本人自身は仕事をしなければという思いをもっていた。その意味でB型の事業所で淡々と作業をすることが本人の意向にも沿っていた。

　ただ、作業の結果が思わしくなく不良品を出してしまうことで本人は落ち込んだ。手先の不器用さから発達障害の診断を受けた。また最終的には生活保護の受給を検討することにした。

　この例では、母の病気による経済的な危機感が、支援者の提案の受け入れにつながっている。「社会に出る気はない」という言葉は母に当てたものだと思われるが、第三者があらためて意向を聞くことで本人の別の顔がみえてくることがある。本人の生きづらさを理解し、参加できる場所を複数提案して試行錯誤している。

福祉制度の利用

●事例9　拒否的な態度が生活を支える支援で変容した例

　面談でも本人の情報を開示せず、説明に対して反発する様子だったが、社会福祉協議会による緊急小口資金の借り入れや、フードバンクによる食料支援など関係機関が目にみえるようにして関わりを続けた。次第に本人の態度も和らぎ、自分自身の事情を話すようになった。

　関係機関からの支援に対しても、当初は「自分なんかのために申し訳ない」と話していたのが、「支援を受けて頑張ろうという気持ちになった」と前向きに捉えるように意識が変わっていった。

　本人の姿勢は変化したが、体調不良などから就労には結び付かず、最終的には生活保護受給になった。窓口につながった当初は生活保護受給に否定的だったことを考えれば、本人の内面の変容は大きかったと考えられる。

　食料支援や配食弁当など、日常生活を支える支援が最初の糸口をつくり、支援について話し合える関係に至る例がある。

●事例10　父の負傷をきっかけに相談につながった。内職を希望するも困窮のため生活保護受給に至った例

　家族構成：50代女性。父70代と同居、母は死去。

　父と二人暮らし。収入は父の年金だけである。本人は精神疾患があり外出が難しいが、買い物以外の家事はすべておこなっていた。父が負傷し介護保険の手続きのため本人が来所。自宅での内職を希望していた。

　交通手段がないために長年通院できていなかった精神科を、相談をきっかけに受診した。

　その後、父の入院、通院の付き添いやそれまでできなかった買い物も本人がすることになり、制限は多々あるが外出ができるようになり、多忙になった。家財道具に買い替えが必要なものがあったが、父の医療費が必要になり購入できない。

　当初は時間をかけてでも本人の居場所づくりや社会参加就労などに向けての支援を計画していた。父の負傷で生活リズムが変わったことから内職は当面見送る。父の医療費が家計を逼迫した。本人も仕事がしたいなど自立に向

けて気持ちが動き始めたところだったが、自立支援では追いつかない家計状況になったため、生活保護受給になった。

　父の負傷がなければ、本人のひきこもり状態が支援につながることはなかった。もっと早期に支援が入れる体制になっていれば、父の負傷後も違った対応になっていた可能性はあったのではないかと考えられる。

　疾患のため外出が難しく、一見するところ典型的な「ひきこもり」のイメージに当てはまる事例だが、本人は潜在的に社会的参加の場を求めていた。

一人暮らしになる本人への支援

●事例11　家族と別居し、暴力がある本人に訪問を通じて関係構築した例

　50代男性は、小学生で不登校、中学卒業後は夜間定時制高校に通いながら工場勤めをしたが、高校中退後にひきこもり状態に。かんしゃく持ちで干渉を嫌う性格から家庭内暴力が始まり、10年前に両親が避難のため実家を出て、本人は一人暮らしに。家族とも疎遠になり、母の葬儀にも不参加。

　父は月1回生活費を渡していたが、半年前に暴力を受けてから中止。近所からは庭木の手入れで苦情があり、本人に無断で業者が入ったときに父に暴力。家族は再びのトラブルを心配しながら、本人の自立を望み、ゴミ屋敷状態の家の売却も検討。

　NPOの相談員と父、姉で面談し、生活困窮者窓口との連携を判断。支援会議で経済面の対応も検討。緊急訪問を実施し、本人から保険証再発行の相談があり、サポートすることになった。

　定期面談で本人の困り事が明確になり、歯科受診や健康診断を実施。発達障害の傾向が示唆された。古新聞運びを手伝い、感謝される経験を得た。本人からは「できることにチャレンジしたい」という発言も。就労については明確な意思はないが、部品工場なども視野に入れ、見学から徐々に提案予定。

　実家への愛着があり、他者の介入には消極的。父と姉の精神的負担が減り、今後に希望を見いだせるように。姉は婚活を始めた。

　このほかにも、暴力から家族が避難、両親が施設に入った、両親とも他界した、などによって一人暮らしをしている対象者への支援例がある。安否確認のための家庭訪問、本人の希死念慮を受けての訪問など、緊急的な介入が

補論1　社会的に孤立する人の支援エピソードの検討————115

必要になる場合がある。

家族内のケアの問題と「共依存」への対処

8050問題というように、高齢の親と成人子の同居によって生活課題が生じる場合には、ひきこもりの長期化や高年齢化と結び付けられることが多い。「ひきこもり」は本書で論じるようにさまざまなイメージと結び付けられている。社会的参加と交流が同時に狭められている状態像に加え、親元からの自立に至っていない子ども・若者というイメージも重ねられてきた。

しかし、これらのひきこもりのイメージとは独立した問題として、親子が互いに支え合い、介護や看護などのケアを必要とする関係にあることが8050問題の背景の一つになっている。ヤングケアラーのように子ども・若者期から、また介護離職のように壮年期から親を支える関係が続き、それが限界に達する場合がある。または第2章でみたように、不安定な雇用状態の子どもを断続的に支える親子関係も潜在的には強い不満を抱えていて、貧困や虐待などの問題へ発展するリスクがある。

親子が同居する世帯で、高齢の親が死亡後に子どもが取り残される例（遺体遺棄によって罪に問われている場合がある）、また双方が孤立死して発見される例がある。親子が支え合うなかで限界を迎え、最終的には社会的に孤立した状態に至っていると考えられる。

●事例12　離職し実家に戻った長男が母親を介護するが、支援を拒否し一人で抱え込んでいる例

40代の男性が本人は他都市で就労していたが疾病を発症し、自宅で療養を開始した。当初はかなり症状が悪化し、外出もままならない状態になったが、そのようなときでも身体疾患がある母親の世話は決して放棄していない。本人の体調悪化によって食事も作れない状態になっても、近くのコンビニエンスストアで母親の体にいいものを選んで弁当を購入してくるなど、献身的な生活を送っている。本人の生来の性格とも思えるが、一家の長男であるという自覚からこうした生活を自らに課しているようだ。

現在、本人の疾病が悪化し、母親もデイサービスを利用しているものの、最近では褥瘡もみられるような状態になっている。生活状況はさらに困難な様相を呈してきているが、本人は以前から支援を拒否し、社会的にもさらに

孤立してきている。外部からの提案を受け入れてもらうことは簡単ではないが、医療や福祉、行政などとの連携による生活全般にわたっての支援が必要になっている。

●事例13　娘が母のデイサービス通所を拒否、親子ともに連絡が取りづらい事例

　50代女性（未婚）と80代の母が同居している。50代女性は正規雇用で働いたことがあるが、現在は障害福祉サービスの事業所（作業所）に通っている。

　母親は入浴などができず、介護サービスとしてデイサービスを週1回利用するようになった。母はデイサービスを楽しみにしているので回数を増やしたいのだが、娘が拒否している。ケアマネジャーの月1回の訪問も拒否があり、会えないと実態把握ができないので大変だと包括支援センターに相談が入った。約束をとりつけても、いろいろと理由をつけて断られる状況である。本人が以前通っていた障害福祉サービスの作業所にもまったく行かなくなったことから、本人の話も聞けない。

　子どもが親を支えているが、自己の方針に固執して支援を受け入れなかったり、孤立した介護を続けて限界に至ってしまったりする例がある。

●事例14　50代の息子の世話を生きがいに感じる母親

　50代男性（未婚）と80代の母が同居している。母親は、おそらく本人が若いときに社会復帰できるよういろいろな手を尽くしてきたのだろうと思うが、現在となっては諦めているのか本人の意向に逆らうことなく共依存という形で生活している。自宅は本人の所有物であふれていて、支援者も玄関から奥へ入れない。しかし「あの子がいないと通院も買い物もできないし、助かっているから何も言えない。私の育て方が悪かったのよ」といつも話す。またこちらから「困り事があったら遠慮なく言ってください」と促しても、「大丈夫。本当に必要になったときは言うから」と話す。

　確かに、どんなに疲れていても、本人の食事やおやつを毎日用意していると聞くと、本人の存在が母親の生きがいになっていて、本人との関係性を崩したくないという気持ちが痛いほどわかる。いまは静観していて、状況によ

補論1　社会的に孤立する人の支援エピソードの検討————117

って介入できたらいいと考えている。

●事例15　子どもの暴力を恐れて支援者と筆談する90代の母
　家族構成：60代前半男性（既婚、就労歴不明。普段は家にいるが趣味の用事に外出）、母（90代）。きょうだい2人、子どもと同居。
　90代の母が、60代の子ども3人と同居している。高齢で体力もない母が、子ども3人分の家事をしている。きょうだい間では、けんかが絶えない。本人は近所の人への迷惑行為歴があり、警察が介入したことがある。また精神科入院歴がある。
　近所の人からは、母親の年金や貯金をあてにして、子ども3人が生活していると情報が入ったが、実際は不明。玄関からなかには入れてもらえない。母は警察に相談、警察と福祉課担当者とで同行して訪問した。様子を確認するが、本人とは面談できていない。母との面会時には、ほかのきょうだいがそばで監視している状況で、母だけとの面談が困難。母の真意を確認できない。
　母と筆談し、子どもたちにわからないように意向を尋ねたときに、「子どもに働いてほしい。私が死んだらどうなるか心配」と言われたことがある。

　日常生活の自立度が低い成人子を親が支えているケースでは、親が高齢になり衰えることで従来どおりの生活が成り立たなくなるリスクを抱えている。親が自分の金銭を自由に使えなくなる、介護を受けられなくなるという生活の制約などの比較的軽度なものから、さらに深刻化すると子どもによる親の搾取、言葉や身体による暴力などのリスクも潜在している。子が親に依存することそれ自体よりも、依存先が限られていることに課題があり、依存先の分散が望まれる。

●事例16　同居する息子から暴力を受ける70代の女性
　要介護3で、軽い認知症がある女性（Aさん）である。40歳代の一人息子と同居している。息子がデイケアなどの利用をいやがっていて、月数回ヘルパー訪問看護員が入っている。息子は就業しても長く続かず転職を繰り返していて、最近は就活自体を諦めている。またギャンブルにふけり、Aさんを脅かしては小遣いを搾取している。Aさんは自分の育て方が悪かったという

思いで息子に言われるままである。

　そうしたなかヘルパーはＡさんのあざを見つけ、息子からの暴力があると確信するようになった。暴力のきっかけはＡさんが息子に小遣いを渡すのを渋ることや、失禁することだった。ヘルパーから相談を受けたケアマネジャーが息子に会おうとするが、息子は拒否的で、Ａさんも自分で転んだと言って息子をかばっていた。その後、状況が悪化したのでＡさんに入院を経て高齢者施設に入所してもらうことになった。息子も抵抗したが説得して納得してもらった。

　しかし入所後のＡさんは「このような認知症の高齢者と一緒に暮らすのはいやです、息子のところに戻りたい」と必死で訴えた。仕方なく施設の退所を決めたが、息子と同居しはじめてしばらくすると元通りに虐待が始まり、施設入所、Ａさんの退所への訴えが繰り返された。ＡさんはSOSを出したかと思うとそれを覆し、援助職者を試すかのような行動を繰り返している。

　高齢者への虐待を「共依存」の視点から捉えた研究で紹介された事例である。この事例で、虐待の被害者はＡさんである一方、状況を「支配」しているのは息子とＡさんの双方だという見方が提示されている。Ａさん自身が息子を支えるという欲求を満たし続けるために、たとえ暴力を受けても元の関係に戻ってしまう。そこに援助者が巻き込まれ、虐待に介入しても元の木阿弥に戻るという「ゲーム」のような展開に陥っている。

　Ａさんの生命の危機が察知される場合は緊急対応が優先される一方、問題の解決のためには、遠回りであっても息子の自立が優先だと指摘されている。高齢者を支援するケアマネジャーやヘルパーと、息子の就労に関する支援者との連携が必要になるだろう。

　もう一つのポイントは、Ａさんがそのように生きてきた事実を認めることだという。亡くなった夫との関係、元家族などとの関係があってこそ、息子との関係性や共依存という生き方につながったと推察される。このことは、現在の客観的状況（虐待の被害者としてのＡさん）だけでなく、過去を含めた本人の主観的状況（家族との関係のなかで生きてきたＡさん）を捉えること、すなわち全方位型アセスメントの重要性をうかがわせる。

　このように本人の状況を理解し、Ａさんの親心（子どもがかわいい、守りたい、不利にしたくない）は認めながら、共依存との境界を明確にすることが

補論１　社会的に孤立する人の支援エピソードの検討────119

求められる。親としての役割を務めることは正当であるものの、息子への過
保護はむしろ自立の妨げになる。それはＡさん自身の共依存（依存される状
態への依存）、息子への支配の表れなのである。

●事例17　娘に支えられる一方、娘のアルコール依存を支えてしまう母の
例
　80代の女性（Ｅさん）は車椅子で生活していて、ヘルパー訪問看護員に来
てもらっている。二人暮らしをしている長女には軽度の知的障害があり、仕
事に就いても長続きしない。職場の人間関係などのストレスをうまく解消で
きずイライラするとアルコールを摂取して気を紛らわしている。数年前から
生活保護を受けている。離職するたびにＥさんが経済的に支えてきた。長女
は金銭管理や食事の準備などが苦手で、日常生活能力は高くない。
　Ｅさんは加齢とともに身の回りのことができなくなり、長女が世話をして
いたが、Ｅさんの認知機能が確かで気が強いため、長女にあれこれと要望し
てしばしば衝突した。ストレスから長女はアルコールの量が増えた。Ｅさん
は介護を受けている立場もあり、お金を渡して結果的にアルコール依存に手
を貸してしまっている。やがて長女はＥさんに食事を出さず必要な介助もし
ないというネグレクト状態になった。保健師が訪問しても、長女は知人しか
家に入れないためにＥさんと会うことができない。Ｅさんは徐々にやせてい
き、ヘルパーが長女をなだめて病院を受診してもらいそのまま入院になった。
　長女はＥさんが入院すると不安が強くなり何度も面会を希望したが、面会
すればＥさんに罵声を浴びせ怒って帰っていくことが重なった。県外に住む
長男、隣接市に住む次女も長女との関係が悪く支援できない。退院を機に、
Ｅさんは遠方の特別養護老人ホームに入所（市町村の措置入所）し保護された。

　知的な障害がある子どもとの親子関係が、高齢になり変化を迎えた例であ
る。長女は就業して社会生活を送ってきたが、離職後はアルコールに依存す
るなどの課題を抱えた。Ｅさんは、これまで経済的に支えてきた長女から介
護を受けることになった。
　親子は、両者ともに相手を支えながら依存するという状況に置かれている。
Ｅさんは世話をしてもらう負い目もあって長女の飲酒に手を貸している。長
女は母を介護しながらも生活能力が十分ではなく、結果的にネグレクトに陥

っている。

　親が子を支える形であれ子が親を支える形であれ、家庭内で支え合うことが必要な事情を抱えた人は多い。しかし支えることが自己目的化し、支えている相手の自立をかえって損なうことがある。また、支えている側の自立が保たれなくなること、さらには支え手自身が相手に依存すること（共依存）も懸念される。

　問題は子どもの側の就労やひきこもりだけに由来するわけではない。共依存は、親子それぞれの自立や依存を課題として捉えるための視点なのである。

海外の支援事例

　日本の不登校やひきこもりは参加（就学や就労）と交流の双方の喪失を意味していて、交流の喪失だけという人が支援の対象になることは少ない。それに対し、海外の例では、学校に通いながら友人との対人的交流が乏しい生徒を支援の対象としている。

●事例18　高校生の内気と引っ込み思案をきっかけに社交不安症のグループ療法に参加

　高校生のリサは、内気で引っ込み思案な性格であり、学校での孤立が問題視されていた。秋の保護者面談の際に、娘が学校で「内気であり孤立している」ことについて思春期問題の専門家に相談するよう助言された。リサは成績上の問題はまったくなかったが、昼食や休み時間の友達付き合いには引っ込み思案で、クラスの議論で発言しようとしない生徒だった。

　思春期問題の専門家に相談したところ、リサが社交不安症であることが明らかになった。リサは幼少期から対人不安を抱えていて、家族と離れたくないために保育園や学校の入学時に困難を経験していた。

　ごく少数の友人はもっていたが、対人不安からアルバイトに応募することをためらった。さらにグループでの付き合いを求められるだろうという予想から大学進学を諦めていた。社交的な姉と自分を比較して憂鬱になり、高校が始まると継続的なうつ状態に陥った。自分の部屋で夜ひとりになると涙を流した。「高校時代は人生の最良の時期といわれているのに。卒業後はどんなに悪くなるのだろう」

　リサは子ども研究センターの認知行動グループ療法に参加することになっ

補論1　社会的に孤立する人の支援エピソードの検討————121

た。グループは13歳から16歳までの男女6人で構成され、全部で20のセッションからなっていた。セッションでは、社交不安症をもつ青少年が苦手とする場面に少しずつ触れていく宿題が課され、短期的な目標を達成しながら、物事の捉え方を見直した。

　リサは学校での会話や以前は困難だった社交的場面にもうまく参加できるようになった。不安は続いていたが、あらかじめ自分自身の不安に取り組み、心のなかで状況に対して準備するようにトレーニングで学んだスキルを活用した。両親もグループ療法の成果に満足し、リサの成長を喜んでいた。

　心理療法に関する論文集のなかで、社交不安症を扱った章の事例である。[1]一見問題なく高校生活を送る生徒の「シャイ」や「引っ込み思案」であっても、外部機関に相談するよう保護者に助言している。社交的であることを当然視し、シャイであることを問題視する価値観に疑問をさしはさむ余地もあるが、ここでは日本の「ひきこもり」とは異なり、交流の狭まりが支援の対象になりうることに注目したい。

自立をめぐる親子間の葛藤

「ひきこもり」の典型的イメージには親元からの自立を果たしていない子ども・若者というイメージも含まれる。特に成人になった子どもの生活を精神面や経済面で支えることは、「なぜこの状態に至ったのか」「いつまで支えればいいのか」という葛藤を引き起こす。

●事例19　ゲームにはまる生活を15年続けた男性。カウンセラーとの出会いが転機になったようにみえた

　男性は高校に入学して3日目、筋トレをしたあとの体の痛みから学校を休んだ。痛みが取れても登校する気になれず欠席した。その後、15年ほど続く、自宅中心の生活の始まりである。ゲームにはまり、空腹になるとスパゲティなどを自分で作って食べる。寝る時間が徐々に後ろにずれていった結果、30日ほどで元に戻るという生活だった。家では2部屋、14畳分を占拠した。母は男性が小学生のときに父と離別していた。同居する母と祖母は「学校に行け。行かないなら働け」と男性を責めた。男性はいらだってゲーム機を壊したり、壁に穴をあけたりした。母を殴って前歯を折ったこともある。

25歳になったころ、祖母が知り合ったカウンセラーが家に訪問してきた。それまでに訪問した市の保健師が「もう大人なんだから自覚をもて」と遠回しに正論を説いてきたのに比べ、説教することもなく料理やゲームに関心をもってくれた。母も、訪問を受け入れるかわりに新しいゲーム機を買ってくれた。これまでとは「何か違う」と思った。母はカウンセラーとの出会いから、親の会に通うようになり、「子どもの気持ちを受け入れて。まずは親が変わらないと」という助言を受け入れて、男性を問い詰めるのをやめ、小遣いを増やすなど要望をなるべく受け入れるようにしたのだ。男性も、カウンセラーが訪問するのに合わせて生活リズムを調整するなど変化をみせた。

　しかし、それは3年ほどで「限界」がきたという。男性は次第に高価なゲーム機をほしがり、自分の状況は「お前のせいだ」と母親に当たるようになった。母親は、お母さんが悪かったと何度も謝った。

　「学校に行け。行かないなら働け」という言葉のように、家庭から自立すべき年齢の子どもや若者が期待どおりの行動をとらないとき、家族との間に衝突が起こりやすくなる。家族や専門家は正論を説いて立ち直らせようとするが、さらに関係を悪化させてしまうことも多い。この例の場合、途中から本人の望みを受け入れる方針で接した結果、本人との関係も変化した。しかし、際限がない受容が、家族のなかで閉ざされた依存関係を強めてしまったようにみえる。

　その後、母親はアルコール依存症の自助会を開いていた女性から「親が変われば、子どもが変わる、なんて思い上がりよ」と言われ楽になった。「私は私の人生を、相手は相手の人生を生きている」という女性の言葉が、長男との関係を変えるヒントになった。「自分のことは自分で考えなよ」という姿勢は、長男からすれば以前への「逆戻り」に映ったという。しかし長男はその後、無関係と思っていた依存症の自助グループに参加し、自分の気持ちを吐き出すようになった。30代で通信制高校に入学するなど、他者と関わりながら新たな道を歩みだした。

　ひきこもりは「自立に至っていない子ども・若者」と理解されることが多いことから、自立が困難な子どもを支えることが親の役割であると考えられることは多い。こうした価値観が親が積極的に相談や支援を求めて動くきっかけになるが、限度のない努力となる恐れがある。支えることを拒絶すれば

補論1　社会的に孤立する人の支援エピソードの検討————123

子どもからの反発を招き、逆に無際限な受容は、別の形でのアプローチを閉ざし、家庭内での依存関係を深刻化させる懸念がある。

　事例20は、カナダの大学に所属する研究者らが紹介している事例である。研究者は、問題を「成人子の根深い依存（Adult Entrenched Dependence）」と名付けている。背景にある子どものメンタルヘルスの問題は不安障害を基本としながら、学習障害、ADHD（注意欠如・多動症）、強迫性障害、うつ病、社交不安症、高機能自閉症、拒食症、統合失調症、行動障害など幅広い。しかし、個々の診断名よりも共通して表れる問題像（昼夜逆転、家庭内のスペースの占拠など）が重要だと考えられている[2]。こうした問題像は、日本のひきこもり問題のうち、「自立をめぐる葛藤」という側面と重なっているように思われる。

●事例20　10年間にわたり家族を巻き込んだ強迫神経症の女性に対する介入的支援

　アドリアナ（34歳）は、24歳のころまで普通の若者と変わらなかった。彼女は高校卒業後に演劇学校で学位を取得し、プロの劇団に入って演技をしはじめた。長く交際している男性もいた。しかし、その後アドリアナは強迫的に手を洗うようになり、トイレで異常に長い時間を過ごすようになった。自分の便によって汚染されるという恐怖にとりつかれ、その心配が彼女の人生の中心を占めるようになった。仕事を辞め、社交的活動から身を引き、起きている時間の大半をトイレでの「儀式」に費やすようになり、どんな治療も断固として拒否していた。

　アドリアナの不調が表れて6年後、母は夫と一緒の寝室を出て、娘の部屋の外に置いたソファで寝るようになった。それはアドリアナの夜間の儀式にすぐに対応できるようにするためだった。アドリアナは、母親に言葉や身体の暴力を加え、数時間以上一人にしておくと自殺をほのめかした。両親は娘のために大量のトイレットペーパー、水、石鹸を消費した。父は仕事に没頭し、できるだけ家にいる時間を減らし、時折、オフィスで夜を過ごすこともあった。彼の携帯電話の画面に娘の名前が表示されるたびに、脈拍が速くなり、胸に痛みを感じたという。

　母は数回のセッションに参加後、家で娘に対応するためだといってセラピーから離れた。父はアドリアナの姉と一緒に通い続けた。セラピーのメンバ

ーは数カ月の間、慎重に検討し、母が数週間家を離れ、看護スタッフや別の家族と交代するように提案した。母も同意した。次の日、父、姉、そのほかの親戚たち、精神科医、2人の看護師、セラピストを含む10人のグループが家に入った。精神科医は母に、看護師が彼女の職務を引き継ぐと伝えた。母は渋々ながら家を出ることに同意し、5分で荷物をまとめて出発。10年間にわたる卑屈な奉仕を終えた。

　1週間以内に母の気分、食欲、睡眠が改善した。彼女は趣味を再開し、失った時間を取り戻した。父母は一緒に賃貸アパートに引っ越した。父母は新たな夫婦生活を「セカンドハネムーン」と表現した。医療チームと親戚が交代でアドリアナの世話をし、新しい現実に適応させていった。6カ月後、夫婦はまったく新しい状況の家に帰った。母は、もう娘に奉仕しなくてよくなった。

　アドリアナの強迫性障害は緩和した。彼女は薬を服用し、心理療法に通った。母は「信じられない！　アドリアナが生きていて、私も呼吸できる！」と述べた。

　この例では、専門家の介入によって両親が成人子によって支配された生活から解放されるに至っている。ここで強調すべきなのは、子どもに奪われた生活の支配権を親が取り戻したことではなく、両親が「自分をコントロールする」ことができるようになった点である。

　共依存の事例でも述べたが、家族内で支え合う関係が、閉じた関係のなかでこじれると互いに縛り合う関係に陥りかねない。「この子は私がいなければ生きていけない」、「親が自分を支えないなら取り返しがつかないことが起きる」というように、生殺与奪を掌握したり報復をほのめかしたりなどの支配関係が現れる。その解決策は依存先を分散し、支援を家族のなかだけで閉じないことだろう。

　このようにひきこもりという言葉で漠然と示された問題の一部は、親と成人子の間に存在する自立と依存の問題、また共依存の問題として明確化される余地がある。

注

（1）Anne M. Albano, "Treatment of Social Anxiety Disorder," in Mark Reinecke, Frank M. Dattilio and Arthur Freeman eds., *Cognitive Therapy with Children and Adolescents: A Casebook for Clinical Practice*, Second Edition, Guilford Press, 2003.

（2）Dan Dulberger and Haim Omer, *Non-Emerging Adulthood: Helping parents of adult Children with Entrenched Dependence*, Cambridge University Press, 2021. この「成人子の根深い依存（adult entrenched dependence）」に加え、「巣立ちの失敗」（failure to launch）という用語を用いる論考もある（Eli R. Lebowitz , ""Failure to Launch"": Shaping Intervention for Highly Dependent Adult Children," *Journal of the American Academy of Child & Adolescent Psychiatry*, 55(2), 2016.）。

事例の出典一覧

●事例1
長野県ひきこもり支援センター『ひきこもりサポートブック 2版』長野県ひきこもり支援センター（精神保健福祉センター）、2012年

●事例2・3
KHJ全国ひきこもり家族会連合会『長期高年齢化したひきこもり者とその家族への効果的な支援及び長期高年齢化に至るプロセス調査・研究事業報告書』KHJ全国ひきこもり家族会連合会、2017年

●事例4
川北稔『8050問題の深層──「限界家族」をどう救うか』（NHK出版新書）、NHK出版、2019年

●事例8
岸恵美子編著『セルフ・ネグレクトのアセスメントとケア──ツールを活用したゴミ屋敷・支援拒否・8050問題への対応』中央法規出版、2021年

●事例5・6・7・9・10・11
KHJ全国ひきこもり家族会連合会『潜在化する社会的孤立問題（長期化したひきこもり・ニート等）へのフォーマル・インフォーマル支援を通した「発見・介入・見守り」に関する調査・研究事業 報告書』KHJ全国ひきこもり家族会連合会、2018年

●事例12・13・14・15

KHJ全国ひきこもり家族会連合会「長期高年齢化する社会的孤立者（ひきこも
　り者）への対応と予防のための「ひきこもり地域支援体制を促進する家族支
　援」の在り方に関する研究報告書――地域包括支援センターにおける
　「8050」事例への対応に関する調査」KHJ全国ひきこもり家族会連合会、
　2019年

●事例16・17

松下年子「高齢者虐待の共依存ケースへの支援――関係性の病にどうかかわる
　か」NPO法人シルバー総合研究所、2023年

●事例18

Anne M. Albano, "Treatment of Social Anxiety Disorder," in Mark Reinecke, Frank
　M. Dattilio and Arthur Freeman eds., *Cognitive Therapy with Children and
　Adolescents: A Casebook for Clinical Practice*, Second Edition, Guilford Press,
　2003.

●事例19

「信濃毎日新聞」2019年11月25日付・12月2日付・12月5日付・12月12日付・
　12月16日付・12月19日付

●事例20

Dan Dulberger and Haim Omer, *Non-Emerging Adulthood: Helping parents of adult
　Children with Entrenched Dependence*, Cambridge University Press, 2021.

補論2　既存の「ひきこもり」研究の限界
——社会学的研究の自己反省の試み

　ひきこもりという社会問題が広く知られるようになったのは2000年前後であり、筆者を含む社会学の立場からの研究も同時期におこなわれるようになった。

　フリーターやニートについての議論は、労働統計を根拠にして正規雇用に就くことができない若者の増加を指摘してきた。一方、ひきこもりは人口を正確に推定することも難しく、量的な調査になじまないように思われた。むしろ経験者が社会からひきこもったり、再び社会に参加したりするプロセスをインタビューやフィールドワークによって明らかにすることで、若者が関わる家庭や学校、職場などが抱える課題や、支援活動の役割を明らかにすることが有意義だと考えられた。[1]

　筆者が初めてインタビューしたひきこもり経験者であるＡさんは、高校受験の失敗をきっかけに、高校の入学式から学校を休み、ひきこもり状態になった。父親からの叱責などによって自室に閉じ込もり、昼夜逆転した生活を送った。

　もともと学校に行かないクラスメートに批判的だったＡさんは、自身が不登校生徒になってしまったことに対する周囲の反応を気にして、近所の人に顔を合わせることもできなくなった。それだけでなく自分自身に否定的な感情を強く抱いていたのである。やがて「死にたい」という気持ちで毎日を過ごすようになったＡさんは、そのことを考え続けるうちに、なぜ死ななくてはいけないのか、そもそもなぜ生まれたのかなどに考えを進めた。

　そのような「哲学的」な思索にふけるうちに、自分自身、さらには人類が誕生したのは偶然の産物であり、学校に行かなくてはいけないなどの社会的なルールに従うかどうかも自分の自由に委ねられていることに思い至った。Ａさんは死を考えることはなくなったが、他者に対する恐怖心は残り、5年ほどひきこもり状態での生活を続けた。[2]

このように葛藤する経験者像に焦点を当てることはいくつかの意義があったと考える。

第一は、ひきこもりの問題を、渦中にある本人の特性に還元せず、社会規範の問題として捉えることができることである。本人を追い詰めている社会規範があること、それを本人の語りからも確認できることは、生の経験談を根拠にして、ひきこもりの原因を本人の特性に求めがちな視点を転換させることが可能になる。同時に、このことは本人へのスティグマ（社会からの否定的な見解や態度）を軽減することにつながる。怠けているわけではなく、むしろ「真面目な人がひきこもりによって苦しんでいる」ことを伝えることで、一般の市民の共感を集めることができる。⁽³⁾

第二に、実践上の意義を挙げることができる。本人がすでに社会規範によって追い詰められていることからみれば、就労や就学をすべきという助言を繰り返すだけでは意味がない。むしろ、社会参加の選択肢を広げることが必要だというメッセージを送ることができる。⁽⁴⁾

ひきこもる子をもつ家族についても同様な意義がある。家族もまた子どもに対して社会に参加してほしいという期待をもち、その期待のゆえに苦しんでいる。こうした苦しみを、社会規範がもたらす悪循環として捉えることで、社会からの期待によるプレッシャーを中和する場として（シェルター）、多様な社会参加への母体（プラットフォーム）として家族を位置づけることができる。⁽⁵⁾

だが、こうした意義は限界を伴うものだったといえる。教育社会学などの研究で知られるように、子どもの学歴や地位への期待は、家族の階層の高さに比例する。社会規範の役割を強調することは、結果的に、階層が高い人の意識をひきこもり経験者あるいは家族の心理として過度に一般化することになった。

特定の心理状態を抱えている人を「ひきこもる人」として一般化する捉え方は、社会問題をアイデンティティ（自己同一性）を頼りにして理解するような方向性だといえるだろう。「同じ女性」「同じ黒人」としての同一性をもとに問題を訴え、解決を求めるような社会運動はアイデンティティ運動とも呼ばれる。⁽⁶⁾しかし、ひきこもる人が必ず社会規範への敏感さや対人不安などを抱えているわけではない。こうした特定の人を中心にひきこもりを捉えることは、階層が高い人に偏った理解に通じるおそれがあることはすでに述べ

たとおりである。

　また、理解の側面だけでなく解決についても「ひきこもる人」の典型像からだけ論じることで、支援の選択肢を限定してしまうことが懸念される。ひきこもる人はすでに学業や就労へのプレッシャーを十分受けているのだから、そのような話題は控えるべきだという論じ方もある。もちろん、個人に社会参加を勧めるタイミングなどは慎重に配慮されるべきである。しかし、むしろ支援やチャンスに恵まれなかった人こそ社会的に孤立していることも考慮すれば、社会参加を促進する支援を、一概に不必要なものとして扱うわけにはいかない。

　ひきこもる人が既存の社会規範に対して忌避的であることをもとに、社会規範の再考を訴える主張も存在し、筆者自身もこれを居場所型支援の意義として位置づけたことがある(7)。先ほど挙げたＡさんの例のように「こうあるべきだ」という考えに縛られているケースのように、個別的には規範を相対化するような対応も有効だろう。

　ただし、規範のすべてを一律に批判するような議論には意味がない。たとえば「30歳を節目に何か意味があることをしたい」というような意識から仕事探しを始める人のように、どのような規範を意識して行動するかは個々人の自由である。「何に関する規範を緩和するべきか」「何の規範をきっかけに行動を起こすべきか」ということは、ケースバイケースといえる。

　社会福祉の分野で知られるフェリックス・P・バイステックによる『ケースワークの原則』では、最初の原則に「クライエントを個人として捉える(8)」ことを掲げている。「一人のクライエントは、他のクライエントとは異なる存在である(9)」ことを踏まえ、その人がもつ固有のニーズに注意することや、支援者がバランスのとれたものの見方を保ち、対象者の全体像を見落とさないようにすることを勧めている(10)。

　こうした原則を踏まえれば、「ひきこもりとはこのような人だ」というカテゴリー化によって、個々人がとりうる選択肢を狭めるべきではない。それぞれの個人の異質性や、同じ個人でも時と場合による違いに応じて、既存の社会への適応や新しい社会参加が支援されるべきである（表17の①と②）。

　同時に、個人の支援から別に、幅広い人がアクセスできる社会的選択肢の充実が推進されるべきである（表17の③と④）。なぜなら社会的な選択肢は個人の状態と一対一で対応するものではなく、状態は異なってもその選択肢

表17　個人支援と社会的選択肢の関係

	既存の社会への適応	新しい社会参加
個人支援	①就学・就労支援など	②社会規範の相対化、本人の葛藤や試行錯誤の受容など
社会的選択肢の充実	③雇用の創出、職場の環境調整など	④オルタナティブな学びの場や中間的就労の創出、起業の促進など

「個人支援」と「社会的選択肢の充実」は石川准による「私的戦略」と「集合的戦略」の区別、「既存の社会への適応」と「新しい社会参加」は同じく同化と異化の区別を参考にしている。
　（出典：石川准『アイデンティティ・ゲーム――存在証明の社会学』新評論、1992年、70、224–225ページ）

を必要とする人のために用意されるべきだからだ。

　近年のひきこもりに関する支援の方針は、むしろひきこもる人を特定の心理状態の人として集団化し、その心理に共感することを求める方向へ変化しているようにもみえる。[11]具体的な支援の個別性から遠ざかる方向性といえるのではないか。

　学校や仕事への規範を相対化するような主張をしているのは、その多くが専門家や支援者、あるいは親たちなのだが、それらをあえて生きづらさを抱えてきた経験者の口から語らせるような場面もみられる。[12]相対的に階層が高い人は学業や業績へのプレッシャーを感じ、そうしたプレッシャーゆえに苦しむひきこもり経験者の姿に共鳴するような心理的バイアスをもちうる。しかし、当の本人たちが共通してそうした経験をもっているとはかぎらない。逆に、具体的な資源やチャンスに恵まれず、それらを待望している場合もある。多様な個人のニーズを考慮せず、決まった答えに誘導することはパターナリズムに該当する。

　規範から解放されたオルタナティブなもう一つの社会を作り出すことは確かに必要だが、その必要性は一部の経験者に代弁させるべき内容ではない。次章では各国の文化的規範や社会保障制度のバリエーションによって若者の成人期への移行や、類型別NEETの比率が左右されていることを論じる。それぞれの社会が築き上げている構造の強みや弱みに応じて新たな社会的対策は講じられる必要がある。

　以上のような批判は、筆者自身の2010年ごろまでの研究にも当てはまる。その後、08年にリーマンショックなどに由来する貧困問題に直面、15年に開始された生活困窮者の支援制度の調査などから認識を改めさせられること

になった。遅まきながらも、数年前から8050問題を含む幅広い社会的孤立、あるいはひきこもりと貧困に関する論考を発表しはじめた。特に15年に始まった生活困窮者の支援制度は、ひきこもり状態には該当しても自らその状態をひきこもりとは捉えない、また語らない層を浮かび上がらせたといえる（第7章や第10章を参照）。

　孤立を抱えている人のアイデンティティの理解という心情的な方策を超える方向性として、本書の後半で挙げる生物・心理・社会モデルの活用を提案したい。これは個人が抱える困難の背景や支援の方向性を、生物学的・心理的・社会的側面から多角的に探るアプローチを指す。

　第一に、心理的な背景の考慮である。先に述べたように社会学の立場では、ひきこもりなどの孤立の背景を個人の性格などに還元せず、社会規範との関連で捉えようとしてきた。しかし「規範への同調を強いられる個人」や、「ひきこもっていること自体を自分で意識して苦しむ個人」を描き出すという手法によって、そのような苦しみを、あたかもひきこもりの本質のように描き出すことは望ましくない。個人の性格に関する議論を避けていながら、結局は規範への感受性が高い個人の特性をひきこもり状態の人に関する一般論へと拡大してしまうからである。

　それに対して心理学の領域では、たとえば孤立していることが本人の自己評価にどの程度影響しているかを実証的に測る視点があり、本人の主観のあり方を固定的に捉えず、個別具体的に探る研究が進められている。心理学的概念を正面から検討することで、孤立する人の内面のあり方を適切に論じることが望まれる。

　第二に、社会的不平等の視点が求められる。階層が相対的に高い層のひきこもり経験を一般化することによって、困窮や貧困という背景が見失われ、心理的な手法の範囲に対応の選択肢が限定されてしまう。心理的な葛藤を自明視することで、階層を超えてひきこもりや孤立の問題を解決するための基盤が成立せず、むしろ豊かな家族のなかで子どもを見守ることが優先されてしまう。若者の自立での困難は、現代社会がもたらす若者の貧困としても捉えることができるが、こうした課題は親による見守りが優先されることで潜在化しやすい。

　第三に、生物学的な意味での障害や疾患への理解を促進し、それらを抱える人に適した環境調整を提言するような方向が望まれる。生きづらさは個人

と社会のマッチングの問題であり、よりいいマッチングのあり方は個々人の身体的・精神的状態によって異なる。疾患や障害への焦点化は、問題を個人病理に還元することではなく、健康をめぐる社会的不平等に注目したり、個人と社会の間に存在する障壁を個別具体的に特定したりするために必要な視点である。

注

（1）川北稔「ひきこもり支援の課題と展望――社会規範を解きほぐす居場所の実践から」、忠井俊明／本間友巳編『不登校・ひきこもりと居場所』所収、ミネルヴァ書房、2006年

（2）川北稔「ストーリーとしての引きこもり経験」「愛知教育大学教育実践総合センター紀要」第8号、愛知教育大学教育実践総合センター、2005年

（3）ひきこもりを研究する研究者自身、大学や大学院で研究しながら「学歴」や「業績」に関する価値に疑問を抱き、それらの価値規範によって追い詰められるひきこもり経験者の像に共感を抱きやすい一面があるのは否定できない。しかし、そうした対象者との共感的関係に安住し、社会的孤立に潜む不平等を見過ごすことが望ましいとはいえないだろう。

（4）前掲「ひきこもり支援の課題と展望」

（5）川北稔「「ひきこもり」と家族の経験――子どもの「受容」と「自立」のはざまで」、荻野達史／川北稔／工藤宏司／高山龍太郎編著『「ひきこもり」への社会学的アプローチ――メディア・当事者・支援活動』所収、ミネルヴァ書房、2008年

（6）集合的なアイデンティティによる障害や生きづらさの理解が抱える問題については第11章であらためて論じる。

（7）前掲「ひきこもり支援の課題と展望」

（8）Felix Paul Biestek, *The Casework Relationship*, G. Allen and Unwin, 1957.（F・P・バイステック『ケースワークの原則――援助関係を形成する技法［新訳改訂版］』尾崎新／原田和幸／福田俊子訳、誠信書房、2006年、38ページ）

（9）*Ibid.*（同書45‐46ページ）

（10）対象者を一人の個人として尊重し、たとえば面接の場所や時間に配慮することは伴走型支援に通じる。また、そうした配慮の結果、対象者から単に客観的な情報だけでなく主観的な情報を語ってもらうこと、感情や身体、意識と無意識などの一側面だけに注目せずに全体像を捉えることは、全方位型

アセスメントに通じる。第9章を参照。

（11）心理学者のポール・ブルームは、共感はスポットライトのようなものであり、自分が大切に思っている人々は明るく照らし出し、見知らぬ人々や自分とは違う人々、脅威を感じる人々は照らし出さない性質があると指摘する。Paul Bloom, *Against Empathy: The Case for Rational Compassion*, Vintage, 2016.（ポール・ブルーム『反共感論──社会はいかに判断を誤るか』高橋洋訳、白揚社、2018年、45ページ）

（12）北山由美は、登校拒否の子どもたちの語りには登校拒否に「共感的」な大人の語りと似ているものが少なくないという。「学校の方が変わるべきだ、「自分らしくある」ことが大事だ、大人はそれを援助するべきだ」という語りが，登校拒否に関わる大人たちや子どもたちの間で繰り返され、循環していることを指摘している。北山由美「〈登校拒否〉経験の物語性について」「立教大学教育学科研究年報」第42号、立教大学文学部教育学科、1998年

（13）川北稔『8050問題の深層──「限界家族」をどう救うか』（NHK出版新書）、NHK出版、2019年、川北稔「ひきこもりと社会参加の課題──子どもと家族を取りまく孤立および「隠れ貧困」」、松本伊智朗編集代表、杉田真衣／谷口由希子編著『大人になる・社会をつくる──若者の貧困と学校・労働・家族』〔「シリーズ子どもの貧困」第4巻〕所収、明石書店、2020年

（14）一方、近年のひきこもりに関する社会学の研究が、依然として階層が高く言語能力に恵まれた層を対象にしていることは、荻野達史による関水徹平『「ひきこもり」経験の社会学』』の書評、また家族を対象にした研究の関心が家族同士の自助的な活動にとどまっていることは荻野による古賀正義／石川良子編『ひきこもりと家族の社会学』（世界思想社、2018年）の書評などを参照。荻野達史「書評　関水徹平著『「ひきこもり」経験の社会学』」「保健医療社会学論集」第28巻第2号、日本保健医療社会学会、2018年、荻野達史「書評 古賀正義・石川良子編『ひきこもりと家族の社会学』」、日本社会学会編「社会学評論」第70巻第1号、日本社会学会、2019年

（15）斎藤は、ひきこもる人が社会からの「外出・就労への圧力」を感じながら困難を深めていく悪循環のメカニズムを提示した（前掲『社会的ひきこもり』106ページ）。社交恐怖症などの症状に還元せず個人と社会の相互作用からひきこもりを論じたことは、多元的な理解と支援へ議論を広げる意義をもっていたといえる。しかし、この悪循環の前提には「ひきこもり状態から抜け出したいと、誰よりも強く願いながら、それがどうしてもできない」という本人の心理がある（同書35ページ）。社会規範に敏感な人であるからこそ、ひきこもることでいっそう社会からの圧力を感じるわけである。こうし

た心理をひきこもり状態の人すべてが抱えているわけではない。

　筆者自身もひきこもり状態の人と社会規範との関連を一面的に捉えていたことがある（前掲「ひきこもり支援の課題と展望」）が、規範に過剰に同調・適応するかには個人差があり、それらはひきこもりや孤立という状態と独立した要素として捉えるのが妥当だろう。

　関連して、桑原啓はひきこもりを社会的孤立概念に包摂するのではなく、ひきこもりというカテゴリー内部の差異（迷惑をかけないためにひきこもる、ひきこもることで迷惑をかけることの違い）を徹底して記述することを主張する（桑原啓「ひきこもり現象をめぐる包摂と排除——ひきこもり傾向の概念分析」、福祉社会学研究編集委員会編「福祉社会学研究」第20号、福祉社会学会、2023年）。しかし、こうした違いをひきこもりに特有のものと考える根拠は定かではない。「他人に迷惑をかけたくない」という理由で支援を求めない心理や、孤立した人が周囲の負担となることを苦にする心理も、幅広い孤立や孤独にまつわるバリエーションの一部として理解できる。それらを「ひきこもり特有」のものとして囲い込むことで、むしろ「典型的でないひきこもり」や「ひきこもりらしくない孤立」を視野の外に置いてしまうおそれがある。

(16) 前掲『8050問題の深層』

第3章　海外の孤立研究は何を明らかにしてきたのか
──子ども・若者の対人不安と成人期への移行を中心に

はじめに

　海外では40年以上前の1982年に孤独感に関する研究論文集が刊行されるなど、早くから孤独・孤立を主題とする研究がおこなわれている。[1]ただし、客観的な現象に属する「社会的孤立」や主観的な「孤独感」など、孤独・孤立へのアプローチはさまざまである。

　また、日本の「ひきこもり」にそのまま当てはまるような概念を見つけることはできない。その理由の一端は、ひきこもりが社会的参加や交流の双方を喪失するような複雑な孤立に焦点化した概念であることに求められるだろう。

　海外では、社会的な参加と交流はそれぞれ別の領域で研究されている。グローバルな経済状況などがもたらす失業や、マイノリティの人が被る不利益など、社会的な背景による排除は、主に社会政策や社会学の研究者によって研究されている。一方で、ソーシャルサポートの多寡や主観的な孤独感は心理学の領域で研究されることが多い。そして、この双方の側面に同時に焦点化する研究はほとんど見つからない。海外の研究もまた領域別に分断された側面があることは否めない。[2]

「ひきこもり」のように多領域が複雑に関連した現象を視野に入れ、海外の研究を読み解いていくことで、それらを有機的に結び付けるような新しい視点が得られる可能性がある。また、海外の孤立研究からひきこもりの概念の偏りを問い直すことも可能だろう。

136

1　ライフステージごとの孤独・孤立

「一人でいる時間」の長さに関する研究

　孤独・孤立の問題で主に議論の対象になるのは高齢者である。また、ほかの年齢層の孤独・孤立が関心事になる場合も、仲間との遊びに加わらない子ども（引っ込み思案やシャイネス）、若者の孤独感（主観的孤独感）、他者からのサポートの授受の多寡（ソーシャルサポート）というように、年齢層ごとに異なる概念が用いられることが多く、ライフコースを貫いて研究がおこなわれることは少ない。それはライフステージごとに期待される社会的参加や交流の姿が異なるからでもある。そのため、子どもの研究と若者の研究のような個別の研究領域の間に切れ目が生じやすくなる。

　人生を通じての孤立を概観する研究も見つけにくい。1980年代にリード・ラーソンは、「人々が一日のうちでどれだけの時間を一人で過ごすか」を、さまざまな年齢層を対象にした調査から明らかにしている。9歳と12歳の子どもたちは約17％の時間を一人で過ごしていた。高校生の青少年は26％、大人は29％、年齢を重ねた退職した大人は48％だった。ラーソンによる文献的研究の結果、子どもや青少年が一人で過ごす時間は比較的少なく、起きている時間の4分の1以下だという。高齢者の場合には半分以上を占めている。性別は一人で過ごす時間とは関連性が少ないという。

　一人で過ごすことが主観的な孤独感を招くとはかぎらない。アメリカの小学校5年生から高校3年生に相当する子どもを対象にした研究では、一人で過ごす時間の長さ自体は孤独感と関連しなかった。しかし、金曜日や土曜日の夜に一人で時間を過ごした高校生は「とても寂しい」と感じる傾向があったという。同じ高校生でも、それ以外の週日に一人で過ごす時間の長さは孤独感と関連していなかった。

　両親と過ごす時間は、青少年が自由な時間を家族と過ごすことを余儀なくされている場合、または家にいる以外に週末の夜の過ごし方がない場合、社会的孤立と感じられる可能性がある。仲間との接触がないことを「不人気」の証拠とみなす価値観をもつ人々の間では、孤独感が悪化する可能性がある。[3]

生涯を通じた孤独感の研究

　ラーソンの研究はさまざまな年齢層に関する調査の結果をつなぎ合わせたものであり、必ずしも生涯を通じての孤立を一望できるものではない。一方、客観的な孤立ではなく、主観的な「孤独感」に関する研究としては、各年齢層の人が感じる孤独感の内容を概観したパメラ・クォルターの研究がある。主観的な孤独感は客観的な孤立とは異なるが、孤独感の源泉になりうる孤立の状況について示唆を得るために紹介したい[4]。

　孤独感は、ライフステージごとの発達の課題に関連している。幼少期には友情を形成し、身近な友達と共通の活動をすることが関心事になる。一方、成長するにつれて友情の「質」が重要になる。はじめのうち子どもたちはほかの子どもと近くにいたいと素朴に願うが、成長するにつれて共感を伴う親しい友情を望むようになる。また個人としての友人だけでなく、仲間としてのグループに受け入れられることが関心事になり、受け入れられないことを懸念するようになる。仲間からの拒絶は幼少期の孤独感と関連する。仲間のなかでの地位の上下にも関心が寄せられる。

　思春期後期から若年期にかけてはグループ内の社会的地位への興味は薄れるが、親しい友情は相変わらず必要とされる。同時に恋愛関係が重要性を帯びる。若者の発達につれて、単なるパートナーではなくしっかり満足できる関係が望まれるようになる。結婚生活のよしあしは成人期全体で孤独感を予測する重要な要因だという。高齢になるとパートナーの喪失、身体的理由による社会的活動の減少、健康状態の悪化などの課題が生じる。

　こうしたライフコース全体のなかで、多くの人が孤独を味わう時期がある。子どもが思春期に入り、自己のアイデンティティを確立するという課題に直面する時期や、高齢期の身体が衰え移動能力が低下する時期、そして愛する人の喪失が伴う時期に、孤独を「ときどき」または「しばしば」感じる人々の割合が最も高くなる。7歳から12歳の子どもの場合は20％未満、後期の思春期や若年期では20％から71％、中年の成人では11％から30％、80歳以上の成人では40％から50％と推定されている。

　長期にわたって孤独感をもつリスクがある集団も存在する。子どもから若年期にかけての孤独感の軌跡を調査した研究者らは、全体のうち3％から22％が長期にわたる孤独感を経験していることを示した。高齢者の15％から

表18　発達段階ごとの所属ニーズと孤独の源泉

発達段階	年齢	所属ニーズ	孤独の源泉	「しばしば・よく」孤独を感じる人の割合
幼年期	3−7歳	共有された楽しい活動	遊び相手の欠如、被害	
児童期中後期	7−12歳	仲間、腹心、親しい友達に好かれている感覚	親しい友達の欠如、仲間集団からの被害、仲間からの拒絶	20％
思春期初期	12−15歳	仲間集団からの受容	親しい友人の欠如、仲間集団からの非受容、被害	11−20％
思春期後期／ヤングアダルト	15−21歳	親しい友人からの確証と理解、恋愛関係、戯れ、潜在的な配偶者としての受容、婚姻状態	親しい友人の欠如、恋愛関係の欠如、潜在的な配偶者としての非受容	21−70％
成人期初期・中期	21−50歳	婚姻関係の質——親密性への焦点化	親密な友人関係や恋愛関係の欠如	11−30％
熟年期と高齢期	50歳以上	婚姻の質——親密性と人生のパートナーシップに焦点	親密な友人関係や恋愛関係の欠如、高齢期のパートナーの喪失と熟年期から続く不健康、社会的活動の衰退	40−50％

（出典：Pamela Qualter, Janne Vanhalst, Rebecca Harris, Eeske Van Roekel, Gerine Lodder, Munirah Bangee, Marlies Maes and Maaike Verhagen, "Loneliness across the life span," *Perspectives on Psychological Science*, 10(2), 2015, pp. 253-254から筆者作成）

25％は、数カ月または数年にわたり他者との社会的または感情的な孤立を経験しているという。こうした研究によれば、長期にわたって孤独を感じる、または次第に孤独感が高まる人は、精神的・身体的な健康状態が良好でない傾向がある。[5]

孤独な人が再び社会に参加するとき

　クォルターらは、孤独感を抱いた人が「再所属」するプロセスについても論じている。孤独を感じた人は、再度社会に参加すること、つまり再所属を願うようになる。また実際に再所属のために行動するようになる。しかし再所属しようとする人は、自分を取り巻く社会的状況や、起こりうる社会的脅威に対しても敏感になる。こうした危機的状況を経て、安定的に行動が繰り返されることで社会との再結合が果たされる。しかし、本人にとって脅威に

なるような情報に対して過敏になっているために、社会的な情報に過剰反応したり、否定的に解釈したりする結果、交流から閉じこもってしまうケースもある。結局は最初の状態に戻り、孤独感が残ることになる[6]。

こうしたプロセスの記述は日本のひきこもりについて指摘される「悪循環」の過程と類似していることが注目される[7]。ひきこもりに関する心理的背景の一部に、「他人がどう思っているか不安」「集団に溶け込めない」という気持ちを挙げることができる（第4章を参照）。そうした孤立感は、孤立を解消して社会に所属するためのきっかけにもなるが、同時に社会に対する警戒心も高めてしまうことになる。こうしたメカニズムは、孤立の背景のうちの心理的側面を説明するものであり、孤立した人を社会に迎え入れる支援現場などで実践的に留意するべき方針にも示唆を与えるだろう。

2　子ども・若者の対人不安

対人的閉じこもり（social withdrawal）の研究

以下では、子どもや若者が成人期に移行する際に直面する孤立について、主に対人的交流の際の不安に着目した研究と、就労や家族形成など社会的参加の困難に着目した研究に分けて概観する。

「ひきこもり」という言葉は、前述のように、日本では自宅や自室に閉じこもる子どもや若者を指して使われてきた。ここでいうひきこもりとは、参加と交流の双方を失った、かなり深刻な孤立状態である。それに対し、アメリカでは児童を中心とするwithdrawal（撤退や閉じこもりを意味する）の研究がルビンを中心に精力的におこなわれてきた。

日本語の「ひきこもり」はもともと特定の学術的な研究に由来する用語ではない。行政や民間での支援活動などでひきこもりという言葉が用いられ、のちに海外の精神医学や心理学で用いられている「social withdrawal」と関連づけられた[8]。つまり、事後的に学術的な位置づけを与えられたと考えられる。

social withdrawalは日本では一般的に「社会的ひきこもり」と訳されている。ただし、海外で研究されているsocial withdrawalと日本のひきこもりが指す内容は大きく異なる。ルビンらが提起するsocial withdrawalは、

子どもが仲間関係のなかで遊びや交流に加わろうとしないことを意味し、日本語では「引っ込み思案」という言葉にも近い。つまり対人関係から全面的に撤退することではなく、幼稚園や小学校に行っても子ども同士の遊びの場に積極的に加わろうとしない様子などがwithdrawalとして観察されるのである。近年の総論的論文では、social withdrawalは「同年代の仲間が交流相手になりうる社会的な文脈（例：学校の休み時間）で、年齢相応の水準と比べて高い頻度で、一人でいる子どもや若者を特定する包括的な用語」[9]とされている。人と交わることへの不安がその背景にあるが、一部の子どもや若者は仲間との交流への関心が欠如しているために同様の行動を示す。

　本書では以上のような議論やDSM（アメリカ精神医学会による精神疾患の診断・統計マニュアル）の翻訳を参考に、social withdrawalを「対人的閉じこもり」と訳しておく[10]。どのような人が対人的閉じこもりに該当するかを示す例として、ルビンの編著では新聞の読者からの手記を紹介している。

　　　勇気を出してこの手紙を書いています。昨夜の新聞に載った「対人的に閉じこもりがちな子どもが研究される」というタイトルの記事についてです。
　　　私は現在51歳ですが、掲載された記事に完全に共感します。ただ、私の成長期にこの問題の研究がおこなわれていればと思わずにいられません。
　　　私は同じ職種（速記者）で27年間勤めていますが、私の性格上の問題が大人になってからの私にとって障害となっています。
　　　小学校3年生のとき、先生が休み時間後に私に近づき、「遊ぶ人がいないの？」と尋ねてきました。「あなたが数日間、休み時間に一人で立っているのを見ていたよ」と。私は「友達はいます」と嘘を言いました。その先生の観察眼には賛辞を送りたいですが、7歳か8歳のころに私の孤立に対して何かがなされていたならと思います。これまでの人生は長く、孤独な道のりでした[11]。

　この対人的閉じこもりと並んで、シャイネス、行動抑制、社交不安症など、類似する多様な用語がある。それぞれの用語が指す課題や、それらが典型的に現れる年齢層は異なる[12]。

第3章　海外の孤立研究は何を明らかにしてきたのか————141

子どもの発達段階に合わせて、それぞれの用語がどのように用いられるかを簡単に描くと次のようになる。乳児が新しい人や状況に対して警戒心をもち抑制的であること（行動抑制）、友達と交わらずに一人で遊んでいること（社会的孤立や対人的閉じこもり）、内気であり、友人と関わりたいのに関われないこと（シャイネス）、社交的な場で強い不安を感じること（社交不安症）である。

　デボラ・C・バイデルらは、社会的孤立やシャイネスは多くの人が経験するのに対し、行動抑制や社交不安症は一部の人にしか該当しないと述べている[13]。大学生のうち40％が自分をシャイだと思っていて、90％が生涯に一度はシャイだったと報告しているという研究もある[14]。このように社会的孤立やシャイネスを経験する人のうち、一部が行動抑制や社交不安症に当てはまる。

対人的閉じこもりの予後研究

　発達段階初期の不安や消極性は、3歳以前の幼い子どもをも対象として研究されている。一方、追跡調査によって成人後にもそれらの特徴が観察されるかどうか、その他の課題に結び付いているかどうかが検証されている[15]。

　早い時期におこなわれた追跡調査がアヴシャロム・カスピらによる研究であり[16]、1920年代にアメリカで生まれた子どもを30年間追跡している。8歳から10歳のときに対人的な閉じこもりや行動の抑制の傾向がみられた男性は、そうでない男性よりも結婚が3年、子どもをもつ時期が4年ほど遅れ、安定した仕事に就く時期が3年ほど遅れたという。

　マーガレット・カーらは、スウェーデンの1950年代生まれの子どもを25年間追跡している[17]。同じように8歳から10歳のときに閉じこもる傾向があった男性は、結婚や子どもをもつ時期が遅かったが、職業的な支障については認められなかった。

　カスピらもカーらも、女性については閉じこもる傾向があるかどうかによって結婚や出産の時期に差は生じなかったという。ただし、ともに大学への進学率が低かったことを報告している。

　ルイス・A・シュミットは、1977年から82年に生まれた子どもの8歳時から研究を開始し、思春期（12歳から16歳）、若年期（22歳から26歳）、および成人期（30歳から35歳）に至るまで内向性の評価を継続的に実施した[18]。その結果、3つの内向性の軌跡（「低安定」型、「減少」型、「増加」型）を見いだ

している。「低安定」型の48人は、4つの時点で一貫して低い内向性を示した。「減少」型の53人は、子ども時代に高い内向性を示したが、時間の経過とともに内向性が減少した。そして「増加」型の24人は、子ども時代に比較的低い内向性レベルから始まり、時間の経過とともに内向性が増加する傾向を示した。

30代前半の生活ぶりは、こうした内向性の程度が関連していた。仕事についてみると、「増加」型のメンバーは、「低安定」型に比べてフルタイムの雇用が少ない傾向にあった。順に挙げると、低レベル安定群は59人（75.6％）、減少群は16人（69.6％）、増加群は17人（51.5％）がフルタイム雇用だった。

さらに「増加」型は「低安定」型に比べて個人年収が低く、カナダドルで低レベル安定群は平均3万4,183ドル、減少群は3万785ドル、増加群は2万593ドルだったという。それぞれおよそ364万円、328万円、219万円に相当する。[19]

生活面については、「増加」型の参加者は自宅を所有する可能性が3倍低かった。内向型であるかどうかはデートや結婚の有無、パートナーとの関係満足度、子どもの有無と関連していなかったが、「増加」型は「低安定」型に比べて家族内のコミュニケーションやサポートが良好でなかった。社会的および感情的な面については、「増加」型は孤独感が強く、自尊心が低い傾向がみられた。内向性の軌跡は性行動（つまり、性交経験の有無や初回性交の年齢）とは関連していなかった。[20]

社交不安症への発展

一部の人が抱える行動抑制やシャイネスは長期化すると、より深刻な社交不安症へ移行すると考えられている。ただし、その深刻度についての見解は分かれている。社交不安症に関する論文集に寄せられた論考では、幼少期のシャイネスなどと成人後の社交不安症の関連を指摘している。[21]　そこで引用されるルース・ステンバーガーらの研究は、精神疾患がない対照群の人に比べて、社交不安症がある人は、幼少時代にシャイネスや心的外傷の経験がみられたと報告している。[22]

一方で、対人的閉じこもりに関する論文集では、同じステンバーガーらの論文を引用しながら、成人後に回顧的に振り返って調査する方法の限界を指摘している。幼少期からの長期的な追跡研究では、そのような関連性が報告

されていないという。[23]

　やや意外だが、幼児期や学齢期の対人的閉じこもりが成人期への移行にもたらす影響は、言及されたものとしても職業生活や結婚へのタイミングの「遅れ」であり、成人になってからの深刻な孤立を経験する例については直接報告されていない。対人的閉じこもりの研究者による追跡調査の網の目には、社会的参加と交流の双方を狭めるような深刻な孤立はキャッチされていないといえる。

　それに対し、社交不安症に関する研究分野では、職業や生活全般への影響に関する研究が実施されている。前述のように社交不安症は成人に近い年齢層の課題を指す際に用いられ、日常生活に支障をきたすような深刻な障害との関連も考慮されやすい。同じように他者への不安や恐怖を扱った研究でも専門領域の壁が横たわっており、幼児期から成人期までの経験を連続的に理解することを難しくしていると思われる。

　社交不安症は、「社交不安症／社交不安障害（社交恐怖）」としてDSMにも独立した項目を設けて記載される精神疾患である。社交不安症の診断には、「個人が社会的状況で恐怖や不安を経験し、社会的状況を回避するか不安を伴って耐え忍んでいること、またこれらの症状が少なくとも６カ月間続き、さらにこれらの症状が苦痛や生活の障害（例：保育所、学校、仕事への出席を妨げる）を伴うこと[24]」が必要になる。

　この疾患に該当する人の特徴として、内気さや閉じこもりが挙げられ、社会的接触を必要としない仕事を探す人がいること、自宅でより多くの時間を過ごすこと、男性では結婚や家庭をもつことが遅れがちであることがあると指摘されている。女性の場合は、自宅以外での仕事を望んでも主婦や母として人生を送る可能性があるという。退学率の増加、満足度、雇用、職場での生産性、社会経済的状態、生活の質などの低下と関連する。独身、未婚、離婚、子どもをもたないことも特に男性では関係しているという。失業は、社交不安症が持続することを予測するうえで強力な因子だという。

　社交不安症の１２カ月有病率はアメリカで約7.0％、ほかの国では0.5％から2.0％にとどまる。子どもと青年、成人の有病率は同等だが、加齢に伴って有病率は下がる。男性よりも1.5倍から2.2倍女性に多い。発症年齢の中央値は13歳であり、多くは8歳から15歳の範囲に入る。社会的抑制または内気として小児期に現れることもある。若年の子どもに比べて青年は恋愛対

象になる人とのデートなどまで広範な恐怖や回避を示すという。

　このように深刻な対人不安について、若者の成人期への移行などの視点から影響を探る余地がある。

3　若者の移行の危機

若者のライフコースの変化

　これまでにもみたように、若者は生まれた家庭からの影響力を徐々に脱し、友人関係や恋愛関係によりどころを求めるようになり、最終的には職業生活に歩みだす。または新しい家族を形成すると想定されてきた。「フルタイム教育の終了」「有償雇用への参入」「親元を離れること」「パートナーシップ」と「親なり」（子どもをもち、親になること）という大きな5つの役割移行は、互いに影響しあいながら、それらが早い層と遅い層の分岐をもたらしている。

　西洋の先進国では1970年代以降、若者の成人への移行が、より高い年齢層まで延長される傾向がみられた。就業や結婚の時期は20代前半から20代後半、あるいは30代初頭に移動した。成人期への移行とその危機への支援は、各国で課題として浮上した。日本では海外より遅く、90年代半ばに学校から職業への移行が問い直されはじめ、2000年代には若者の自立支援などの移行支援が本格化した。[25]

　移行の危機の背景には産業構造の変化、またグローバリゼーションの影響がある。製造業が隆盛の時代には非熟練の仕事が豊富だったため、義務教育だけで無資格のまま学校を卒業した若者に対しても雇用機会が開かれていた。1950年代から70年代にかけて、若い男性は学校から工場や建設現場へと集団で移行し、若い女性は学校から直接に店舗、会社、工場へという道に進んだ。

　それに対して脱工業社会に入ると、非熟練労働者の需要が激減した。求められる職業のスキルが上がるにつれて高校や大学への進学率が上昇した。雇用は細分化され、職をめぐる競争が強まることで、個々人の学業成績は経済的生き残りのための必要条件になっている。

　家族に余裕があり、教育に投資できる余裕がある若者たちは、より高度な

第3章　海外の孤立研究は何を明らかにしてきたのか———145

教育を受けることで成人への移行を長引かせる。一方で、最小限度の教育で学校を卒業し、早期に労働市場に参入し、家族を形成するという伝統的な早期移行をたどる者との間の差異が拡大している。

低所得世帯の若者たちもこれまでより長く教育を受ける傾向が増している一方で、早期に労働市場に参入する割合も高くなっており、教育、雇用、またはトレーニングに関与していない人口（NEET）に含まれるリスクが高い。

女性の場合、経済的に豊かな家庭出身の女性が子育てを遅らせて就労に参加する一方、その逆の女性は離婚率が高く、未婚の子どもを産むことが多いという、両極端な状況に置かれる。

こうした移行経験の変化は、「個人化」「非線形化」「二極化」などとも表現される。移行は誰にとってもリスクをはらんだ経験になり、集団で経験されるイベントではなく各自が構築していくべきプロセスになった。[26]

一方で、個人化の強調は工業社会当時から存在する不平等を軽視させることになるという指摘もある。この不平等は、脱工業社会を迎えてさらに拡大している可能性がある。

2つの世代のライフコース

前項で触れたように、成人への移行は全般的に遅れる傾向にある。ただし大学への進学率の上昇などによって移行を遅らせる層と、早期に自立することを強いられる層との二極化など、出身階層や、国や地域の状況によって若者のライフコースは多様化している。

イングリッド・スクーンらは、イギリス、アメリカ、フィンランドの比較研究に基づいて、若者の移行に関して各国に共通する類型が存在することを確認した。[27]

イギリスに関しては、1958年の全国子ども発達調査（NCDS）と70年のイギリスコーホート調査（BCS70）のデータを使用し、58年（n=9,171）と70年（n=9,897）に生まれた若者たちについて、それぞれ26歳までの移行を追跡した。

教育、雇用、生活環境、婚姻状態、および親子関係の5つの指標について、2つの世代が26歳に達したところで比較すると、大学卒業程度の教育を受けている層が増えているのに対し、高校卒業程度の資格ももっていない者もわずかに増えていた。失業者は若干減っているが、フルタイムで雇用されてい

表19　1958年生まれ世代と70年生まれ世代の雇用・家族・生活などの状況（％）

分類項目	NCDS in 1984	BCS70 in 1996
教育		
資格なし No qualifications	12.1	15.1
中等教育認定資格 Up to GCSE/O-level	49.0	44.2
上級中等教育認定資格 A-level (baccalaureate)	17.3	13.3
学士号以上 Degree level	21.7	27.4
雇用状態		
失業 Unemployed/Out of the labour force	4.4	4.1
フルタイムの家事従事 Full-time home maker	12.2	9.4
フルタイムの教育 Full-time education	1.1	3.2
パートタイム労働 Works part-time	5.7	7.6
フルタイム労働 Works full-time	76.6	75.7
生活状況 Living arrangements		
両親と同居 Lives with parents	18.7	19.8
賃貸住宅 Rented accommodation	31.4	38
住宅の所有 Own home	49.9	42.2
婚姻状態 Relationship status		
既婚 Married	54.9	27.7
同棲 Cohabiting	12.3	31.6
独身 Single	32.8	40.7
親なり Parental status		
子どもなし Childless	63.3	70.1
1人か2人の子ども1-2 children	33.2	27.4
3人以上の子ども3 or more children	3.5	2.5
合計 N	9,171	9,897

（出典：Ingrid Schoon, Meichu Chen, Dylan Kneale and Justin Jager, "Becoming adults in Britain: lifestyles and wellbeing in times of social change," *Longitudinal and Life Course Studies*, 3(2), 2012, p. 178.）

る者も微減し、パートタイムの雇用者や、学校に在籍している者が増えている。家事従事者は減っていた。

5つの移行パターン

　スクーンらは、潜在的クラス分析という手法によって、各国に共通する、以下のような5つの移行のパターンを見いだしている。[28]

　子どもがいない労働志向（WWC）：フルタイムで雇用され、子どもをもっておらず、自分自身の家を所有している。1958年コーホートでは多くが既婚であり、70年コーホートでは既婚、同棲、独身者が含まれる。教育程度は平均的で、「子どもがいない高学歴」の学歴には達しない。

　伝統的な家族（TF）：ほとんどが既婚者である（1970年コーホートでは同棲している人がより多くなる）。自分自身の家を所有し、1人から2人の子どもがいる。教育の達成度は異なるが、多くが高卒程度の資格を取得している。ほぼ半数はフルタイムで働いていて（主に男性）、女性ではフルタイムの主婦やパートタイム労働者の割合が高い。

　子どもがいない高学歴（EWC）：最も高学歴のグループであり、大卒程度の資格をもっている。ほとんどは子どもがいない独身者で、フルタイムで働き、賃貸住宅に住んでいる（特に1970年コーホート）。

　スロースターター（SS）：独身で子どもはいない。両親と同居している。ほとんどはフルタイムで働いている。教育については、1970年コーホートでは大卒レベルの資格をもつ人がより多くなっている。ただし、「子どもがいない高学歴」や「子どもがいない労働志向」よりも教育水準は低い。

　脆弱な家族（FF）：賃貸住宅での居住者が多く、教育達成度が低い。教育課程の卒業資格をもたない人が多く含まれている。ほかの類型と比較して、フルタイムの雇用から最も遠い傾向にある（1958年コーホートの「伝統的な家族」を除く）。

　5つのグループは1958年コーホート、70年コーホートの双方でみられる。どちらのコーホートでも多数派は「子どもがいない仕事志向」であり、30％強で変わっていない。それに次いで多かったのが「伝統的な家族」だが、58年コーホートが20％なのに対して70年コーホートでは16％まで減少し、代わって「子どもがいない高学歴」が増加している（1958年コーホート18％から70年コーホート23％）。「スロースターター」は20％弱、「脆弱な家族」は13％ずつ双方のコーホートに含まれる。

　それぞれのグループの背景は次のように考察されている。

表20　5つの移行パターンの若者の分布（%）

分類項目	NCDS（1958年生まれコーホートの26歳時）	BCS70（1970年生まれコーホートの26歳時）
子どもがいない労働志向（WWC）	31	32
伝統的な家族（TF）	20	16
子どもがいない高学歴（EWC）	18	23
スロースターター（SS）	17	16
脆弱な家族（FF）	13	13
合計 N	9,171	9,897

（出典：Schoon, Chen, Kneale and Jager, op cit., p. 180.）

「伝統的な家族」グループに入る背景には、両親の教育水準の低さや本人の進学志向の低さがある。

「子どもがいない労働志向」は進学志向が高く、16歳時点の学校の成績が良好である。

「子どもがいない高学歴」グループは男性に多く、教育水準が高い親などの比較的有利な家庭的背景をもち、進学志向が高く成績がいい。

「脆弱な家族」の背景には、親の社会的階級の低さ、親の教育水準の低さ、進学志向の低さ、学校での動機づけの低さ、成績の低さがある。

両コーホートでは、女性は男性よりも「伝統的な家族」または「脆弱な家族」のグループに入る可能性が高い。

「スロースターター」グループは男性であること、比較的恵まれた家庭背景をもつこと、家族の崩壊の経験、そして平均的ながら低い成績が特徴である。

①2つの世代の生活満足度

生活満足度は、「0から10のスケールで、これまでの人生の進み方についてどれくらい満足していますか？」という項目で評価されている（0＝非常に不満足、10＝完全に満足）。

両コーホートで高い生活満足度を示しているのは「子どもがいない労働志向」「伝統的な家族」である。次いで「子どもがいない高学歴」と「スロースターター」となっている。

1958年のNCDSでは、倦怠感のレベルは「子どもがいない労働志向」の

表21　5つの移行パターンと生活満足度、倦怠感（malaise）、アルコール使用（%）

	全体	子どもがいない労働志向（WWC）	伝統的な家族（TF）	子どもがいない高学歴（EWC）	スロースターター（SS）	脆弱な家族（FF）
1958年コーホート						
生活満足度（33歳時）	7.49	7.72	7.66	7.36	7.33	7.03
倦怠感（33歳時）	2.30	1.87	2.48	2.17	2.17	3.45
アルコール常用（33歳時）	0.12	0.14	0.07	0.19	0.13	0.07
1970年コーホート						
生活満足度（26歳時）	7.29	7.71	7.79	6.92	6.78	6.63
生活満足度（30歳時）	7.35	7.62	7.54	7.18	7.36	6.71
倦怠感（26歳時）	3.74	3.41	3.68	3.67	3.67	5.41
倦怠感（30歳時）	3.49	3.01	3.37	3.60	3.35	4.89
アルコール常用（26歳時）	0.09	0.09	0.05	0.13	0.08	0.04
アルコール常用（30歳時）	0.13	0.14	0.10	0.19	0.11	0.06

（出典：Schoon, Chen, Kneale and Jager, op cit., p. 183.）

クラスが最も低く、次いで「子どもがいない高学歴」と「スロースターター」だった。同様に、70年のBCS70での倦怠感のレベルは「子どもがいない労働志向」のクラスが最も低く、次いで「スロースターター」「伝統的な家族」、そして「子どもがいない高学歴」になった。

　両コーホートともに、「脆弱な家族」は生活満足度が最も低く、倦怠感のレベルが最も高い。

　アルコール常用は「子どもがいない高学歴」のグループが最も高く、逆に「伝統的な家族」と「脆弱な家族」が最も低い。

　概して仕事や家族の形成が生活の質を左右しており、年齢に応じた順調な移行は、主観的な生活満足度の高さ、精神的な症状の低さと関連していると総括できる。逆に労働市場での自己確立や独立した生活への移行に課題を抱えていると、生活満足度や健康のレベルが下がり、頻繁なアルコール使用などの有害な行動を引き起こす。

恋愛関係は一般的に生活の質を高めるが、若年での子育ては生活の質を落とすように影響する。それは家族関係の不安定さと社会経済的資源の減少によるものだと推察される。一方で、子育てによる影響は性別や婚姻状態、およびほかの人生の状況に依存しており、若年での子育ては特定の個人にとっては有益だとされる。

　成人期への移行を達成する期間は長引く傾向にあり、より最近の1970年コーホートは26歳までに5つの移行要求を満たすべきだという厳格な捉え方はしていない。特に「親なり」について、子どもをもたないことは生活の質への悪影響がなく、むしろ向上させるという。

　さらに近年の報告として、ティエリー・ガニエらは、1989-90年に生まれた世代が2015-16年の時点で経験している移行を検討している。「脆弱な家族」に代わり、新たに「取り残された」集団というカテゴリーが設定され、男性のうち17%、女性のうち11%が該当したという。このグループに属する人は後期中等教育（日本では高等学校に相当）の卒業資格をもたず、フルタイムの雇用に就いておらず、住宅を所有せず、パートナーがいない割合が高い。またこのグループの若者は、親の学歴が高くなく、定型的な仕事をしており、親が離別した家族で育った割合が高いという。[29]成人期への移行に困難を抱える層が拡大していることが示唆される。

NEETの多様性

　成人期への移行の研究は、就労や離家を経験する時期の早さや遅さをもとに若者の経験の分極化を論じていた。一方、就労や教育という社会的参加からの離脱に注目するのがNEETの概念だといえる。NEETは当初、雇用されておらず教育や訓練を受けていない16歳から18歳の若者を指し、特に高校に進学しない、または中退する若者を捉えることを狙いとしていた。こうした若者は出身階層の低さなども相まって、社会的排除のリスクが高いと考えられたのである。やがてNEETのカテゴリーが29歳まで拡大されたことで、社会的排除のリスクとNEETの相関関係は希薄になり、この用語は労働市場や教育から切り離されているすべての若者を指すことになった。

　日本でもニート概念が真に問題となる集団を捉えられているのかが問われたように、ヨーロッパでもその本質が若者の失業にあるのか、意欲の喪失のような心理的特性なのか、病気や障害のような個人的特性なのかが議論され

第3章　海外の孤立研究は何を明らかにしてきたのか————151

ている。出身家庭の影響も大きく、親の失業経験、教育レベルの低さ、貧困、離婚などもNEETのリスクを高めるという。[30]

　なおヨーロッパのNEETの統計は失業者や主婦を含む点で、日本のニートとは異なる。[31]EU加盟国全体のNEETの割合（15‐29歳）は2005年の15.3％から徐々に減少後、08年のリーマンショック後の危機が影響して13年に16.1％とピークに達している。その後は徐々に減少し、23年に11.2％になった。[32]

　このようにEU加盟国では各国のNEETに関するデータが蓄積されており、その背景に関する分析も進められている。[33]欧州生活労働条件改善財団（Eurofound）は2012年の資料でNEET人口を5つのカテゴリーに分類した。「通常の失業者」「仕事に就く準備がない人々」「関与しない人々」「機会を探している人々」「自発的なNEET」である。[34]この分類を見直して、16年の資料では表22のように7つのカテゴリーに整理している。

　ヨーロッパ各国の若者のNEETの比率や、NEET内部の類型別の分布は異なる。先行研究をまとめると、経済成長、積極的な労働市場政策、教育への多額の投資がNEET率を引き下げる。経済成長率はNEETの増減に影響を与えるものの、その影響力は小さく、NEETと失業とでは異なる背景をもつことが推測されている。[35]

　マリー＝ルイーズ・アスマンらは、NEETの割合の高さや類型別のNEETの構成比から、ヨーロッパ各国を5つのクラスター（統計的な類似性の高さを基準にしたグループ）に分類している。この研究では2018年のEU労働力調査に基づいて、調査時点で過去4週間に雇用労働に従事せず、教育も訓練も受けていない15歳から29歳の人をNEETと規定している。[36]また、独自のNEETの分類をおこなっている（表23）。

　図17はユーロスタットの2018年のデータをもとに、NEETの割合が高い国の順に並べ、アスマンらによるクラスターの番号を付した。

　NEETの割合が高い順に、クラスター5に属するイタリアとギリシャのNEETは、主に短期および長期失業NEETと意欲喪失NEETで構成されている。

　2番目に高いクラスター3（クロアチア、スペイン、フランス、ラトビア、ポルトガル）は、短期および長期失業NEETの割合が高い。

　3番目のクラスター4（チェコ、ポーランド、スロバキア、エストニア、ハン

表22　欧州生活労働条件改善財団（Eurofound）による NEET の分類

NEET の分類（EU28カ国の NEET における構成比）	特徴
再就職者（7.8%）	雇用、教育、または訓練に再参入し、正式な経路を通じて人的資本の蓄積をまもなく開始・再開する若者たち。
短期間失業者（29.8%）	失業・求職中で、2週間以内に就業可能であり、失業期間は1年未満の若者。学校から職場への移行中の短期間の失業を含み、脆弱性は高くない。
長期間失業者（22.0%）	失業・求職中で、2週間以内に就業可能であり、失業期間は1年以上の若者。長期的な不参加は若者の雇用可能性、人的資本、将来のキャリアに（ときには生涯にわたる）損害を与え、社会的孤立と排除のリスクが高い。
病気または障害による就業不可能（6.8%）	病気や障害のために求職していない、または2週間以内に就業可能でない若者。雇用労働の困難のため特別な支援を必要とする若者を含む。
家庭の責任による就業不可能（15.4%）	子どもや稼働能力がない大人などの世話のため求職や就業ができない若者。ケアの費用を負担できないため労働市場に参加できない、または家庭責任のため自主的に身を引く若者を含む。脆弱な若者とそうでない若者が混在する。
失望した労働者（5.8%）	就職の機会がないと考え求職をやめた若者。生涯にわたるキャリアへの悪影響、労働市場への不参加の可能性などの点で脆弱な若者であり、社会的排除のリスクが高い。
その他の非活動（12.5%）	上記の6つのカテゴリーのどれにも当てはまらない若者。非常に脆弱な若者、把握困難な若者、特権をもった若者、チャンスを待つ若者、芸術など代替的なキャリアを追求する若者などからなり異質性が高い。

（出典：Eurofound, *Exploring the diversity of NEETs*, Publications Office of the European Union, Luxembourg, 2016, pp. 32, 36.）

ガリー）では、ケア責任NEETの割合が高い。

　4番目のクラスター1（ドイツ、オーストリア、ベルギー、イギリス、アイルランド、リトアニア、スロベニア）では、NEETの多くを短期失業NEETと再就職者が占めており、NEETが長期化していないことを物語っている。

　NEET割合が最も低いクラスター2（スウェーデン、ノルウェー、フィンランド、デンマーク、ルクセンブルグ、オランダ、スイス）は北欧諸国に属する国が多く、障害NEETの割合が高い。

　アスマンらは、ヨーロッパ諸国のNEETの分布に関して、質的比較分析の手法を用いて背景を分析している。以下、「失業NEET」「意欲喪失NEET」「ケア責任NEET」「障害NEET」がそれぞれ多い背景や少ない背景

第3章　海外の孤立研究は何を明らかにしてきたのか———153

表23　アスマンらによるNEETの分類

NEETの分類	特　徴
短期失業NEET	失業中であり（失業期間が12カ月未満）、労働可能であり、積極的に求職中
長期失業NEET	失業中であり（失業期間が12カ月以上）、労働可能であり、積極的に求職中
再就職者	非労働力人口に含まれる。2週間以内に仕事が可能ではない（教育や訓練の完了を待機中などのため）
意欲喪失NEET	非労働力人口に含まれる。求職していない（仕事がないと考えているため）
ケア責任NEET	非労働力人口に含まれる。2週間以内に仕事が可能ではない（ケア責任のため）
障害NEET	非労働力人口に含まれる。求職していない（病気や障害のため）、または求職中だが2週間以内に仕事が可能ではない（病気や障害のため）

（出典：Marie-Luise Assmann and Sven Broschinski, "Mapping Young NEETs Across Europe: Exploring the Institutional Configurations Promoting Youth Disengagement from Education and Employment," *Journal of Applied Youth Studies*, 4(2), 2021, Electronic Supplementary Material をもとに筆者作成）

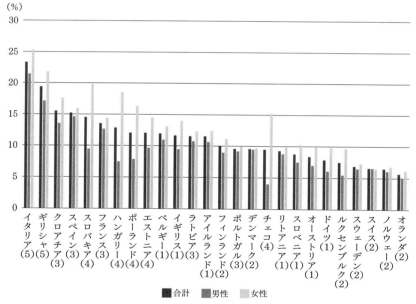

図17　ヨーロッパ諸国のNEETの分布（2018年）
（出典：Eurostat, "Participation rate of young people in education and training by sex, age and labour status (incl. NEET rates)." 〔https://doi.org/10.2908/EDAT_LFSE_18〕）

表24　各国の類型別 NEET の割合（％）

国	失業 NEET	意欲喪失 NEET	ケア責任 NEET	障害 NEET	合計
イタリア（5）	8.3	2.7	3.2	1.0	15.2
ギリシャ（5）	12.7	0.2	1.9	0.7	15.5
クロアチア（3）	8.2	1.0	2.9	1.1	13.2
スペイン（3）	8.4	0.3	2.1	1.6	12.4
スロバキア（4）	5.4	0.7	6.4	1.9	14.4
フランス（3）	6.1	0.4	1.7	1.0	9.2
ハンガリー（4）	3.0	0.8	5.8	1.0	10.6
ポーランド（4）	3.2	0.5	6.1	1.5	11.3
エストニア（4）	2.5	0.3	4.8	1.3	8.9
ベルギー（1）	4.4	0.3	2.2	1.6	8.5
イギリス（1）	3.9	0.0	3.1	2.5	9.5
ラトビア（3）	5.7	0.2	3.3	0.7	9.9
アイルランド（1）	3.4	0.5	2.7	1.8	8.4
フィンランド（2）	3.3	0.2	1.7	2.1	7.3
ポルトガル（3）	5.3	0.5	1.0	0.9	7.7
デンマーク（2）	2.8	0.1	0.8	2.0	5.7
チェコ（4）	1.8	0.1	5.8	0.6	8.3
リトアニア（1）	3.2	0.2	2.8	1.2	7.4
スロベニア（1）	3.6	0.1	2.3	1.0	7.0
オーストリア（1）	3.1	0.0	2.1	1.3	6.5
ドイツ（1）	2.3	0.1	2.3	0.7	5.4
ルクセンブルク（2）	2.6	0.2	0.9	0.6	4.3
スウェーデン（2）	2.1	0.1	0.9	1.5	4.6
スイス（2）	2.0	0.0	1.0	0.7	3.7
ノルウェー（2）	1.7	0.1	0.4	1.4	3.6
オランダ（2）	1.1	0.2	0.5	1.7	3.5

（出典：Assmann and Broschinski, op.cit., pp. 103-104.）

を概説する。質的比較分析では、一つの現象が生じる背景について「結合因果性（複数の要因が結び付いて現象が生じる）」「等因果性（異なる要因が等しく同じ現象を生じさせる）」の考えに基づいて詳細に評価している。それぞれの類型のNEETが多い、あるいは少ない要因も3、4パターンずつ紹介しているが、以下ではいくつかのパターンに通底するような要因に注目して紹介したい。[37]

　失業NEET：NEETの割合が低い国に共通しているのは、積極的な労働市場政策への支出である。また職業教育の充実が、臨時労働者や正規労働者の雇用保護の低さと相まって、学校から仕事への移行を非常にスムーズにしている。逆に割合が高い国では雇用保護による雇用の障壁や、実地研修などの職業教育の欠如が理由になっている。

　意欲喪失NEETの多さは、労働者への高い雇用保護、積極的労働市場政策への支出の低さに関連している。またハンガリーやポーランドでは教育への低い支出が意欲喪失NEETの多さに関連しているという。意欲喪失NEETの少なさは、北欧諸国にみられる教育への高い支出、積極的労働市場政策への高い支出が背景になっている。アクティベーション政策は求職者支援、訓練プログラム、コーチングなどの手法によって若者の失望を緩和している。

　ケア責任NEETの多さは、障害に関する低い支出、家族関連サービスへの支出の低さ、保育費用の高さに関連している。特に母親が若年で出産し、育児サービスが乏しいことが東欧の女性に影響しているという。逆にケア責任NEETの少なさは障害手当への高い支出、家族関連サービスへの支出、低い保育費用などが関連している。また高齢の親族の介護については、ケアを脱家族化する方針が若者のケア責任を緩和している。現金給付を通じて在宅介護を奨励することは、この方針の妨げになる。

　障害NEETの割合の大きい国をみると、北欧では障害者支援への高い支出が労働市場に参加しないための動機づけを与えており、またイギリスやアイルランドでは最低所得制度に該当する若者が労働者として活性化されることなくその状態にとどまっているという。

　障害NEETの割合の小ささの背景として、正規および一時的な労働者に対する高い雇用保護が存在していることは「直感的には理解しにくい」と指摘される。一方、ほかの国では最低所得給付や一時労働者に対する低い雇用

表25　NEET 類型ごとの割合の多さ・少なさに関する説明要因

NEET 類型	説明要因	国
失業 NEET の多さ	①「臨時労働者雇用」＋「GDP 成長率の低さ」 ②「正規労働者雇用保護法」＋「臨時労働者雇用保護法」＋「労働市場政策支出の低さ」 ③「正規労働者雇用保護法」＋「労働市場政策支出の低さ」＋「実地研修（なし）」	ギリシャ、ポルトガル、イタリア
失業 NEET の少なさ	①「労働市場政策支出の高さ」 ②臨時労働者雇用保護法（なし）」＋「実地研修」	ハンガリー、スウェーデン、オーストリア、フィンランド
非意欲 NEET の多さ	①「正規労働者雇用保護法」＋「臨時労働者雇用保護法」＋「労働市場政策支出の低さ」 ②「臨時労働者雇用保護法」＋「労働市場政策支出の低さ」＋「GDP 成長率の高さ」	スロバキア、フランス
非意欲 NEET の少なさ	①「教育支出の高さ」 ②「労働市場政策支出の高さ」＋「GDP 成長率の高さ」	スウェーデン、ベルギー、オーストリア、スイス
ケア責任 NEET の多さ	①「障害者支出の低さ」＋「家族関連サービス支出の低さ」＋「家族への現金給付の高さ」 ②「障害者支出の低さ」＋「家族関連サービス支出の低さ」＋「保育費用の高さ」	ハンガリー、イギリス
ケア責任 NEET の少なさ	①「障害者支出の高さ」 ②「家族関連サービス支出の高さ」＋「医療支出の高さ」	ノルウェー、フィンランド、スウェーデン
障害 NEET の多さ	「臨時労働者雇用保護法（なし）」＋「労働市場政策支出の高さ」＋「障害者支出の高さ」	スウェーデン、フィンランド、デンマーク、オランダ、ベルギー
障害 NEET の少なさ	①「臨時労働者雇用保護法」＋「正規労働者雇用保護法」	フランス、ルクセンブルク、ポルトガル、イタリア、ギリシャ
	②「臨時労働者雇用保護法（なし）」＋「最低所得保障（なし）」	ラトビア、リトアニア、ハンガリー、チェコ、スロバキア

（出典：Assmann and Broschinski, op.cit., Table 3, 4, 5, 6をもとに筆者作成）

保護によって、労働市場参入者に対する障壁が低い状況などが存在するという。

　概して、積極的な労働市場政策（北欧諸国を含むクラスター2）、柔軟な労働市場政策や充実した職業訓練（クラスター1）がNEETの割合を減らしている一方、雇用保護制度の硬直性やアクティベーション施策の欠如が高いNEET率をもたらしている（クラスター3や5）。またクラスター4の諸国で

第3章　海外の孤立研究は何を明らかにしてきたのか―――157

表26　福祉レジームの4類型と家族主義、職業教育、労働市場へのアクセス

福祉レジーム	福祉手当の水準	家族主義の強さ	職業教育の充実度	労働市場への参加水準
社会民主主義（スカンジナビア諸国）	高（個人化）	弱（個人主義重視）	充実（学校ベース）	高（シニア向け保護あり）
自由主義（イギリス、アイルランド）	低	中（国により異なる）	一般的教育中心	中（規制緩和）
保守主義（オーストリア、ドイツ、オランダ）	中	強	充実（職業訓練重視）	高（安定的）
南ヨーロッパ（イタリア、ギリシャ）	低	非常に強	不十分	低（若者の参入困難）

(出　典：Marlis C. Buchmann and Irene Kriesi, "Transition to adulthood in Europe," *Annual Review of Sociology*, 37(1), 2011をもとに筆者作成)

は家族関係サービス支出の低さがケア責任NEETを増やしていると評価されている。

　以上のようにアスマンらはヨーロッパのNEETの分布について雇用や教育、家族に関する制度から説明を試みている。NEETの多寡だけでなく、若者の成人期への移行を各国の福祉政策に関連づける議論には一定の蓄積がある。マーリス・C・ブッフマンらは、ヨーロッパの福祉レジームを4つに分類し、若者の成人期への移行に関する各国の特徴と関連づけている[38]（表24）。たとえば社会民主主義諸国では若者の離家やパートナー形成が早いのに対して、南ヨーロッパでは遅い。また、高等教育を修了する割合は前者で高く後者で低い。そのほか、福祉手当や家族の互助、職業教育や労働市場など、若者の成人期への移行を支援する施策などの実施状況は、各国ごとに異なっている[39]。

4　海外での子ども・若者の自立研究のまとめ

　本章では、海外での子ども・若者の自立に関する2つの研究動向を概観してきた。一つは子どもの対人的閉じこもり（あるいはシャイネス）の研究、そして若者の職業や家庭生活への移行に関する研究である。それぞれ別々の研究動向ではあるが、子ども・若者が年齢相応の社会参加を果たしているか、

158

または仕事や家族形成という役割への移行を果たしているかに焦点を当てている。

対人的閉じこもりとシャイネスの研究

　海外の研究は、日本で社会的孤立の概念が「ひきこもり」に代表されていることと大きく異なる。以下ではシャイネスの研究、NEETの研究という2つの研究成果を参照しながら、日本で社会的孤立を理解するうえでの示唆をまとめておく。

　シャイネスの研究が日本のひきこもりに関する研究と対照的なのは、純粋に「対人的交流」の欠如に焦点化し、早い場合は3歳未満の幼児に注目して調査研究を実施していることである。日本であれば不登校などの形態で顕在化する孤立だけではなく、学校に通っている子どもであっても、友人との交流が乏しいことが課題になりうる。[40]

　それに対し、日本でのひきこもりの概念は対人的交流だけでなく社会的参加、つまり就労や就学の欠如を要件としている。無業と孤立に同時に陥ることではじめて「ひきこもり」として顕在化することになる。[41]このため、前述のような友達との交流が乏しい子どもや、働いていても対人関係が乏しい若者の困難に焦点化し、支援を開始するような視点には乏しい。

　対策では就労支援の是非が議論されがちであり、居場所を強調する議論もまた、職場に代わる社会的参加に視野を限定しているといえる。孤立死への恐れをはじめとした孤立不安に対処するなど、対人的交流そのものに関する多面的な支援策が講じられる余地がある。また対人的交流の苦手さにかかわらず、むしろ収入や役割が伴う社会的参加を求めている人の存在も見過ごせない。

　近年は、日本発の「ひきこもり」という言葉が海外に逆輸入される例もみられる。DSMの最新版では、特定の社会や文化の影響を受けた精神疾患の例として 'Hikikomori' を紹介している。[42]しかしその解説では典型的事例として「家庭内の自分の部屋から出ない男性」やインターネットへの依存を挙げており、日本のひきこもり論におけるステレオタイプ的イメージがそのまま引き継がれているように思われる。ひきこもりという用語だけに頼るのではなく、海外で議論されてきた対人関係の困難と比較可能な形で、対人的交流の喪失や社会的孤立について議論することが望まれる。

第3章　海外の孤立研究は何を明らかにしてきたのか―――159

移行期の研究

　交流や参加の欠如とは別に、子ども・若者が大人になる途上でのつまずきという意味合いも日本の「ひきこもり」という言葉に負わされている。「就職に失敗してひきこもりになった」という表現のように、ひきこもりは自立の失敗や交流・参加の欠如が曖昧に混ぜ合わされた身分のように扱われている。しかし学校から社会に出るタイミングなどでの困難には「成人期への移行」の視点から正面から取り組むことが妥当だろう。

　海外でも若者の問題が顕在化した当初は、ライフコースの「多様化」や「個人化」などというやや漠然としたフレーズで状況を理解しようとする傾向がみられた。また、NEETの概念によって真に焦点化すべきグループがどこにあるのかについて議論の揺れが生じた。

　それに対して、前項で紹介した潜在的クラス分析を活用したライフコースの分極化に関する議論はすべての若者の移行を包括的に捉えたうえで、同じ若者のなかでも、高学歴を志向することで自立を遅らせる可能性がある層や、早期に出身家庭を離れ自立する層など、どのグループも独特の移行リスクを抱えていることを示した。このような手法によって、特定のグループだけに過剰に焦点化するのではなく、また若者全体の個人化という形で議論を拡散させるのでもなく、若者全体と個別のグループへの理解を両立させながら検討を進めることができる[43]。

　NEETに関しては、NEETという集団自体を問題視したり、何らかの背景を抱える人たちとして実体化したりするのではなく、リスク要因ごとにNEETをカテゴリーで分類する議論が進められてきた。こうした議論によってNEETの背景を個人の資質にだけ求めるのではなく、雇用政策や家族政策、障害者福祉のあり方と関連づけてNEETの多寡を論じることが可能になる。

　日本ではニートを意欲がない若者として一面的に理解する議論がおこなわれ、それを引き継ぐように近年はひきこもる人の心理的動機が強調されている。しかし集団全体に対してラベリングするのではなく、該当する人の背景を多面的に考察することが重要であり、そこに海外での議論が示唆することは多い。

　「ひきこもり」をマイナスのイメージで語るのであれ、「身を守るためにひ

きこもっている」という動機を推察して擁護するのであれ、該当者全体を主語にして語ることは対象者を個別的に理解する前に予断を差し挟むことになる。また「ひきこもりは高年齢化しているのか」「男性だけでなく女性にも多いのか」「就労支援が不足しているのか、それとも就労への圧力が問題なのか」などというように、孤立状態にある人全体を対象に二者択一的な議論をおこなうことで、グループや個人のきめ細かい理解から遠ざかってしまう。多面的な背景要因に関する視点を用意し、それらがグループや個人にどのように作用しているのかを丁寧に議論することが望まれる。

注

（1）レティーシャ・アン・ペプロウの編集による1982年刊行の論文集には、クロード・フィッシャーによるソーシャルサポートの授受を基準にしたネットワークの多寡に関する分析、ラーソンによる一人で過ごす時間に関する研究、ルビンによる子どものwithdrawalの研究など、その後の孤独・孤立研究で発展する視点が数多く含まれている。Letitia Anne Peplau and Daniel Perlman eds., *Loneliness: A Sourcebook of Current Theory, Research and Therapy*, Wiley, 1982.

（2）孤独・孤立が健康に与える影響に関する研究は、欧米でも多領域の研究領域が合流することで成立しており、今後の発展の余地も大きいといえる。リサ・F・バークマンらは社会疫学に関する総論的アンソロジーで次のように回顧している。人とのつながりの多寡を研究する領域（主として社会学）と、医療や健康を研究する領域（主として医学）は、当初結び付きが薄かった。その後ネットワーク分析に関する技術の向上や、社会統計学者が社会経済的状況と死亡との関連に関心を示したことが大きな変化をもたらしたという。一方、社会心理学者も孤独や孤立と健康やウェルビーイングの関係を再認識することになった。

このように生物（医療や健康）、心理（孤独や孤立）、社会（ネットワークや社会関係）の視点が融合することは、実質的に「生物・心理・社会アプローチ」の必要性や有効性を物語っているように思われる。この点については第9章で論じる。Lisa F. Berkman, Ichiro Kawachi and M. Maria Glymour eds., *Social Epidemiology*, Oxford University Press, 2014.（リサ・F・バークマン／イチロー・カワチ／M・マリア・グリモール編『社会疫学』上・下、高尾総司／藤原武男／近藤尚己監訳、大修館書店、2017年）

（3）ラーソンによる研究は、以下の文献を参照。Reed Larson, Mihaly Csikszentmihalyi and Ronald Graef, "Time alone in daily experience: loneliness or renewal?" in Peplau and Perlman eds., *op.cit.*, Reed Larson, "The Solitary Side of Life: An Examination of the Time People Spend Alone from Childhood to Old Age," *Developmental Review*, 10(2), 1990.

（4）Pamela Qualter, Janne Vanhalst, Rebecca Harris, Eeske Van Roekel, Gerine Lodder, Munirah Bangee, Marlies Maes and Maaike Verhagen, "Loneliness across the life span," *Perspectives on Psychological Science*, 10(2), 2015.

（5）マイク・ルーマンらは、人生を通じた孤独感の高低を調査し、75歳以上の高齢者を除けば、およそ30歳と60歳を中心とする年齢層に孤独感のピークがあることを明らかにしている。背景として、仕事をしていないことや親密なパートナーがいないことが孤独感を強めることが確かめられた。一方で想定とは異なり独居は孤独感に影響せず、また親密なパートナーの不在は若年層や高齢層ではなく中年層での影響が強かったという。Maike Luhmann and Louise C Hawkley, "Age differences in loneliness from late adolescence to oldest old age," *Developmental Psychology*, 52(6), 2016.

（6）Qualter, et al., op cit.

（7）前掲『社会的ひきこもり』

（8）同書、斎藤環『「ひきこもり」救出マニュアル』PHP研究所、2002年

（9）Heidi Gazelle, "Two Models of the Development of Social Withdrawal and Social Anxiety in Childhood and Adolescence: Progress and Blind Spots," *Children*, 9(5), 2022, p. 734.

（10）DSMの最新版（DSM-5-TR）で、「対人的閉じこもりsocial withdrawal」はいくつかの精神疾患（自閉スペクトラム症、チック症群、分離不安症、心的外傷後ストレス症、神経性やせ症、大麻中毒、精神刺激薬中毒、猜疑性パーソナリティ症、自己愛性パーソナリティ症）に伴う症状として記述されており、疾患名として独立した項目で解説しているわけではない。なおsocial withdrawalはDSM-5-TRの日本語版では「対人的閉じこもり」と訳されている。前述と重なるいくつかの疾患については、「社会的孤立social isolation」の可能性についても触れている。

　　American Psychiatric Association, *Diagnostic and statistical manual of mental disorders: DSM-5-TR*, American Psychiatric Association, 2022.（American Psychiatric Association編『DSM-5-TR精神疾患の診断・統計マニュアル』高橋三郎／大野裕監訳、神庭重信／尾崎紀夫／三村將／村井俊哉／中尾智博訳、医学書院、2023年）

(11) Kenneth H. Rubin and Jens Asendorpf eds., *Social Withdrawal, Inhibition, and Shyness in Childhood*, L. Erlbaum Associates, 1993, p. 4.

(12) ジョナサン・M・チークらは、0歳から3歳までに気質上の恥じらいや早期に発現するシャイネスが発生し、4歳から7歳には自己内省を伴う「真の」恥じらい、自意識シャイネスが発現、8歳から13歳に思春期前の自意識が高まり、社会的な基準から自己評価することが増え、14歳以降は思春期の自意識が頂点を迎える（男性よりも女性のほうが顕著）と整理している。Jonathan M. Cheek and Elena N. Krasnoperova, "Varieties of Shyness in Adolescence and Adulthood," in Louis A. Schmidt and Jay Schulkin eds., *Extreme Fear, Shyness, and Social Phobia: Origins, Biological Mechanisms, and Clinical Outcomes*, Oxford University Press, 1999. (Jonathan M. Cheek & Elena N. Krasnoperova「青年期・成人期におけるシャイネスのタイプ」、ルイス・A・シュミット／ジェイ・シュルキン編著『社会不安障害とシャイネス──発達心理学と神経科学的アプローチ』所収、貝谷久宣／不安・抑うつ臨床研究会監訳、日本評論社、2006年、280ページ）

(13) シャイであることは、社会的交流に消極的であり、社会的状況での心拍数の増加や、否定的な評価へのおそれなどが伴うと解説されている。社会的孤立は、仲間の輪に入らないおとなしい子どもや、乱暴な行動などのために仲間から積極的に拒否されている子どもが想定されている。Deborah C. Beidel and Samuel M. Turner, "The Natural Course of Shyness and Related Syndromes," in *Ibid*.（D. Beidel and S. Turner「シャイネスとシャイネス症候群の経過」、同書所収）

「対人的閉じこもり」は、社会的孤立とほぼ重なる包括的用語として位置づけられている。ただし、社交場面への不安が伴う場合と、他者への関心自体が欠如した場合とを区別すること、他者からの意図的排除に由来する孤立は別の概念として考えることなどが提案されている。Kenneth H. Rubin and Jens B. Asendorph, op.cit.

(14) 本書の主題からは外れるが、ルイス・A・シュミットらは「iGen」またはジェネレーションZと呼ばれるようなネット世代が先行世代に比べシャイであるか、またコロナのパンデミックの進行がシャイの度合いを強めたかどうかを検証している。Louis A. Schmidt, Christina A. Brook, Raha Hassan, Taigan MacGowan, and Kristie L. Poole, Michelle K Jetha, "iGen or shyGen? Generational Differences in Shyness," *Psychological Science*, 34(6), 2023.

(15) Beidel, et al., op.cit.

(16) Avshalom Caspi, Glen H. Elder Jr. and Daryl J Bem, "Moving away from the

world: life-course patterns of shy children," *Developmental Psychology*, 24(6), 1988.

(17) Margaret Kerr, William W. Lambert and Daryl Bem, "Life course sequelae of childhood shyness in Sweden: comparison with the United States," *Developmental Psychology*, 32(6), 1996.

(18) Louis A. Schmidt, Alva Tang, Kimberly L. Day, Ayelet Lahat, Michael H. Boyle, Saroj Saigal and Ryan J. Van Lieshout, "Personality Development Within a Generational Context: Life Course Outcomes of Shy Children," *Child Psychiatry & Human Development*, 48(4), 2017.

(19) 日本銀行国際局による報告省令レート（2025年4月分、2025年3月19日）をもとに1カナダドルを106.4円として計算した。

(20) Shmidtは対象者の性行為の経験まで調査しているのだが、経験がない人は「低レベル安定群」で10人（10.6％）、「減少群」で2人（7.4％）、「増加群」で6人（16.7％）と報告している。また最初の性行為の平均年齢も調べているが、20歳から21歳までの間に収まり、大きな差はないようだ。Schmidt, L. et al., op.cit.

(21) Beidel, et al., op.cit.

(22) Ruth Townsley Stemberger, Samuel M. Turner, Deborah C. Beidel and Karen S. Calhoun, "Social phobia: An analysis of possible developmental factors," *Journal of Abnormal Psychology*, 104(3), 1995.

(23) Jens B. Asendorpf, "Long-term development of shyness: Looking forward and looking backward," in Kenneth H. Rubin and Robert J. Coplan eds., *The development of shyness and social withdrawal*, The Guilford Press, 2010.（ジェンス・B・アセンドープ「シャイネスの長期的発達──前方視と後方視」、ケネス・H・ルビン／ロバート・J・コプラン編『子どもの社会的ひきこもりとシャイネスの発達心理学』所収、小野善郎訳、明石書店、2013年、192ページ）

(24) Gazelle, op.cit., p. 734.（前掲『DSM-5-TR精神疾患の診断・統計マニュアル』223－224ページ）

(25) 低成長時代や脱工業社会に伴う若者のライフコースの変化については、以下の文献を参照。Andy Furlong and Fred Cartmel, *Young People and Social Change: New Perspectives,* Second Edition, Open University Press, 2007.（アンディ・ファーロング／フレッド・カートメル『若者と社会変容──リスク社会を生きる』乾彰夫／西村貴之／平塚眞樹／丸井妙子訳、大月書店、2009年）

（26）日本では乾彰夫らが若者の移行を調査し、安定類型、準安定類型、不安定類型の類型を見いだした。乾彰夫／本田由紀／中村高康編『危機のなかの若者たち――教育とキャリアに関する5年間の追跡調査』東京大学出版会、2017年

（27）Ingrid Schoon, Meichu Chen, Dylan Kneale and Justin Jager., "Becoming adults in Britain: lifestyles and wellbeing in times of social change," *Longitudinal and Life Course Studies*, 3(2), 2012, Ingrid Schoon, "Diverse Pathways: Rethinking the Transition to Adulthood," in Paul R. Amato, Alan Booth, Susan M. McHale, and Jennifer Van Hook eds., *Families in an Era of Increasing Inequality: Diverging Destinies*, Springer, 2015.

（28）研究ではそれぞれのコーホートが26歳や30歳、あるいは33歳になったときの状況を評価している。

（29）新たに見いだされた「取り残された」グループについて、学校教育の修了、フルタイムでの雇用、親との別居、カップル形成（未婚・既婚）、親になることといった基準からみると次の結果になった。下記の文献の2057ページおよび2059ページを参照。

	男性全体	「取り残された」グループの男性	女性全体	「取り残された」グループの女性
高校卒業相当以上の資格	46.7	6.5	54.2	15.3
フルタイムで雇用	75.0	44.9	57.9	8.7
親と別居	64.7	50.0	73.6	64.1
カップル形成（未婚）	27.5	2.2	32.1	14.6
既婚	7.7	0.0	12.9	7.6
子どもあり（1人または2人）	15.9	6.3	32.7	52.1

Thierry Gagné, Amanda Sacker and Ingrid Schoon, "Changes in Patterns of Social Role Combinations at Ages 25–26 among Those Growing Up in England between 1996 and 2015–16: Evidence from the 1970 British Cohort and Next Steps Studies," *Journal of Youth and Adlescence*, 50(10), 2021.

（30）Marie-Luise Assmann and Sven Broschinski, "Mapping Young NEETs Across Europe: Exploring the Institutional Configurations Promoting Youth Disengagement from Education and Employment," *Journal of Applied Youth Studies*, 4, 2021.

（31）第1章でみたとおり、日本では非労働力人口のうち通学や家事をしていない人を無業者とみなしている。

第3章　海外の孤立研究は何を明らかにしてきたのか――165

(32) ユーロスタットの "Young people neither in employment nor in education and training by sex"（https://doi.org/10.2908/TESEM150）による。

(33) 日本でのニートに対する関心の衰退をよそに、OECD（経済協力開発機構）は2017年に日本のNEETに関する報告書を公表しており、15年のNEETの割合を10.1％としている。前述のとおり、ここには失業者や家事従事者を含む。OECD, *Investing in Youth: Japan*, OECD Publishing, 2017.

(34) Eurofound, *NEETs – Young people not in employment, education or training: Characteristics, costs and policy responses in Europe*, Publications Office of the European Union, 2012.

(35) Assmann and Broschinski, et al., op.cit.

(36) Ibid.

(37) Ibid.

(38) Marlis C. Buchmann and Irene Kriesi, "Transition to adulthood in Europe," *Annual Review of Sociology*, 37(1), 2011.

(39) トム・シュヴァリエは、若者の市民権（シティズンシップ）に関する各国の体制を分類するにあたり、若者が家族と独立した個人として社会保障の給付を請求できる年齢の低さ、教育システムの包括性／特殊性の2つの軸を用いており、マーリス・C・ブッフマンらと同様に家族主義や教育に注目しているといえる。シュヴァリエによると給付の個人化（社会的市民権）と教育から労働市場への移行にあたってのスキルの育成（経済的市民権）がそろった市民権体制は「可能にする市民権」（例：スウェーデン）として評価されるのに対し、経済的市民権だけの場合は「監視された市民権」（例：ドイツ）、社会的市民権だけの場合は「二級市民権」（例：イギリス）、双方が伴わない場合は「否定された市民権」（例：フランス）に位置づけられる。Tom Chevalier, "Varieties of youth welfare citizenship: Towards a two-dimension typology," *Journal of European Social Policy*, 26(1), 2015.

(40) 日本でこうした関心の一部は発達障害の概念などによって追究されているといえる。第3部を参照。

(41) 斎藤環が1998年に刊行した『社会的ひきこもり』は、ひきこもりの社会問題化に際して影響力が大きかった。タイトルの「社会的ひきこもり」とは、アメリカ精神医学会のDSM第4版に登場する「social withdrawal」の翻訳語であるという。当時、行政や民間支援などの多様な文脈から浮上しつつあったひきこもりという用語に医学上の根拠づけを与えるため、DSMと紐づける意図があったように読み取れる（前掲『社会的ひきこもり』26–27ページ）。

しかし、ルビンらの研究からみても social withdrawal と関連が深い社交不安症は海外の研究者によるコメントのなかで紹介されるだけで、斎藤はひきこもりを日本独自の文脈から論じた。このため、social withdrawal が示す対人交流上の課題が見失われる結果につながったとも考えられる。

　翻訳語の変遷からも、social withdrawal が必ずしも現在日本で理解されるような「社会的ひきこもり」と一致する概念ではないことは指摘できる。英語の withdrawal は必ずしもひきこもりと訳されず、1990年代の翻訳書では「引っ込み思案」であり、また本文でも触れたように最新版の DSM では social withdrawal に「対人的閉じこもり」という訳語が当てられている。Steven R. Asher and John D. Coie, eds., *Peer rejection in childhood*, Cambridge University Press, 1990.（S・R・アッシャー／J・D・クーイ編著『子どもと仲間の心理学――友だちを拒否するこころ』山崎晃／中澤潤監訳、北大路書房、1996年）

(42) American Psychiatric Association, *op.cit.*（前掲『DSM-5-TR 精神疾患の診断・統計マニュアル』853ページ）

(43) 海外の若者研究では、社会構造と行為主体（agency）の相互作用という視点が提唱されている。成人期への移行という課題に直面した際に、個人や家族が経済的資源や心理的資源を援用して乗り越えるあり方を、環境の要因にも個人の要因にも還元せずに論じる枠組みとして理解することができる。Ingrid Schoon and Mark Lyons-Amos, "A socio-ecological model of agency: The role of psycho-social and socioeconomic resource, in shaping education and employment transitions in England," *Longitudinal and Life Course Studies*, 8(1), 2017.

第3章　海外の孤立研究は何を明らかにしてきたのか――167

補論3　参加の欠如が対人交流に及ぼす影響について

　日本で論じられるひきこもりという用語は社会的参加と対人的交流の双方を失った人を意味する。そこで、参加と交流の欠如はどのような順で生じるのか、深刻な孤立の背景に何があるのかなどの問いが生じる。孤立を社会的参加の側面、対人的交流の側面にいったん分け、重なりがどのように生じるのかという視点から検討する必要がある。

　第3章でみたように、海外では参加に対応する研究として、成人期への移行研究や、就労や結婚によって出身家族や学校を離れ、新たな参加先に移るタイミングの研究などがある。また交流の喪失に関連して、人との対人的な交流に困難を抱える対人的閉じこもりや社交不安症をもつ人の経過に関する研究がある。ただし、参加と交流の研究はそれぞれの専門に分かれており、双方とも失った人についてはどちらのアプローチも十分に視野に入れていない。

　社会的参加の喪失と対人的交流の喪失がどのように重なるかについて答えを出すことは容易ではないが、以下では海外の研究を中心に、いくつかの知見をヒントにみえてくることを整理してみたい。

　これを日本の「ひきこもり」に置き換えれば、次のような問いに相当する。ひきこもりは社会的参加と交流のいずれも欠如した状態だが、それでは参加と交流のどちらが先に生じるのだろうか。[1]

　第3章で触れた成人期への移行の困難、就労や結婚などの際の困難が、友人関係の喪失をもたらしているのだろうか。つまり、社会的参加の困難が対人的交流の欠如をもたらしているのだろうか。逆に、対人的閉じこもりや社交不安症のような交流の困難が参加の欠如をもたらしているのだろうか。

　海外では失業が孤立につながるかどうかについて検討されているが、研究によって見解が分かれている。

　労働研究の分野では、無職経験がその後の収入に不利にはたらくことが知

られており、この効果は「傷跡効果（Scar Effect[2]）」と呼ばれている。では、失業は深刻な孤立に及ぶような影響をもたらすだろうか。以下で紹介する研究では、ある時点で無業の人が孤立しているかどうかではなく、「人が無業へと変化することによって孤立するかどうか」といった時系列的変化について、追跡調査を用いて検討している。そのため結果が常識的な予測に反することも多い。

　ダンカン・ガリーらは、失業と孤立の関係を検討し、失業は孤立を引き起こすという結果は得られなかったと結論づけている。ここでの孤立の指標は、「独居」「会話や面会の頻度」「クラブや組織的活動への参加」である。それに対し、失業は貧困のリスクを増加させ、貧困は仕事への復帰をより困難にすると指摘している[3]。

　イェスパー・ローザーらも、失業が孤立につながるという一般的な見方は受け入れられないと指摘する。親族や友人・知人とのネットワークを基準にすると、短期間の失業は交際の減少につながりやすいが、長期間の失業はむしろ交際を増加させるという。こうした影響は失業者が誰なのかによって大きく異なり、高齢者は失業後に社会的接触を失うが、継続的に失業しつづけるときには接触の頻度は増加するという。若者の場合は、長期の失業後に社会的接触をむしろ増加させる。また失業しつづけるときにはネットワークのサイズや接触の頻度が増加する。このように社会的接触の頻度やネットワークの規模など多様な孤立の指標を用いながら、失業と孤立の常識的関係に見直しを迫る[4]。

　一方でジャン・エックハルトは男女別の失業の影響に着目しており、失業は男性に限って、また2年以上の失業期間の場合に孤立をもたらすという。ガリーらと同じ指標を用いた結果、失業が社会的活動への参加ではなく、友人や家族メンバーとの接触の減少に関係していると指摘している。失業の心理的な影響は失業の年数とともに強まり、2年または3年後に頂点に達する可能性が高いという。こうした研究成果の違いについて、ガリーらが2年以内の失業の効果しか測定できなかったことによると推測している[5]。

　客観的な社会的孤立とは異なるが、ニア・モリッシュらは、37の研究のレビューから、失業が孤独感を40％増加させるという結果を得ている。失業の孤独感に対する影響はもともと孤独感自体が高い年齢層で深刻であり、30-34歳と50-59歳でピークを迎えるという。失業後に孤独感が高まるだ

補論3　参加の欠如が対人交流に及ぼす影響について————169

けではなく、孤独感が失業をもたらす可能性があることも示唆している。

　日本での研究例として、石田賢示は20歳から40歳までの人口を2007年から11年まで追跡した調査（日本人ライフコース調査）の分析から、社会的孤立（「自分の仕事や勉強」のことを相談できる相手がいないこと）は有業から無業への移行のリスクを高めることを明らかにした。他方、やはり男性で有業の状態を続けた人に比べて、「有業から無業へ」移行した人や「無業のまま」の人は社会的孤立を強めると論じた。また無業状態になった人で相談相手が不在の場合は再就職の機会が得られにくいという。全体として男性の場合は孤立が無業を、無業が孤立をもたらす関係がみられる。⁽⁶⁾

　一方、石田らは同じ調査をもとに仕事や勉強、友人や配偶者との人間関係などに関する相談相手の有無を指標に孤立を測った場合、失業と孤立との間に影響関係は確認できないと結論づけている。失業や孤立を説明するうえでは個人の属性や経験の効果が大きく、不利な立場の個人が失業と孤立を同時に経験する可能性が高いという。重い病気の経験や15歳のころの家庭の雰囲気などが孤立に影響することが示唆されている。⁽⁷⁾

　失業全般ではなく、健康を理由とした失業と孤立の関連を分析しているのが神林博史である。一般に、健康状態が良好な人はより長く質の高い仕事ができるので、高い収入や社会的地位を得ることができる。反対に健康状態が悪い人は長時間働くことや高い仕事の質を維持することが難しい。その結果、収入や社会的地位が低下する。幼少期の健康状態が成人後の社会経済的地位に広範な影響を与えるという。⁽⁸⁾

　神林は、「まちと家族の健康調査」をもとに、健康を理由とする失業が発生しやすい要件として在職時年齢が15歳から19歳、非正規雇用、職業が下層ノンマニュアル、上層マニュアル、下層マニュアル、企業規模（299人までの中小企業）、離職回数を挙げている。さらに、健康を理由とした離職は周辺的労働市場の労働者に発生しやすいことを示唆している。逆に、既婚であることや在職年数の長さは離職を発生させにくい。一方、待遇を理由とした離職も周辺的な雇用者に発生しやすいため、離職が純粋に健康上の理由だけで発生すると考えることはできないという。

　女性の場合、15歳時の暮らし向きが貧しかったこと、官公庁での就労が健康を理由とした離職に関連している。健康を理由とした離職はほかの離職理由と比較して際立って異なるわけではなく、自発的理由による離職に近い

170

性質をもつという。[9]

　このようにして発生した健康を理由とした離職は、3つの社会経済的地位に対してネガティブな影響を与える。その効果は非自発的理由による離職（解雇や倒産など）と同等以上といえる。離職は社会的参加の機会の狭まりだが、そこに健康という生物学的理由が重なる場合に、深刻な孤立につながるリスクが生まれることが示唆されている。

　以上のように、社会的参加と交流の関係については一貫した結果が出ておらず、引き続き検討を要する課題といえる。ひきこもりのように参加と交流の双方が欠如している問題についても、それが同時に欠如することを自明視せず、生活履歴のなかで社会的孤立と排除がどのように重なっているのかを丁寧に探る調査が必要になるだろう。[10]

注

（1）第4章で検討する内閣府によるひきこもりの調査では、外出を基準にひきこもり状態の人を特定し、外出が「現在の状態」になった時期を尋ね、その回答をひきこもりの開始時期とみなしている。たとえば2023年発表の調査では、15-39歳のひきこもり状態の人のひきこもり開始時期は、20-24歳が23.6％と最多だった（前掲『こども・若者の意識と生活に関する調査』）。この結果をみれば、学校を卒業して就職する時期に孤立のリスクが集まっているのかもしれない。一方、40-69歳のひきこもり状態の人について、開始時期は60-64歳が23.9％で最多だった（開始時期に20-24歳を選んだ人は1.3％だった）。このデータは、現在ひきこもり状態の人だけを対象としている点で限界がある。「現在の」ひきこもり状態が始まった時期は、必然的に現在の年齢に近くなる。一方、ひきこもり開始年齢の全体像を知るには、過去の（ケースによっては複数回の）ひきこもり経験を含め、開始年齢を尋ねる必要があるだろう。

（2）Markus Gangl, "Scar Effects of Unemployment: An Assessment of Institutional Complementarities," *American Sociological Review*, 71(6), 2006.

（3）この研究では、EU諸国の対象者から得られた1994年から96年までの各種データを用いている。Duncan Gallie, Serge Paugam and Sheila Jacobs, "UNEMPLOYMENT, POVERTY AND SOCIAL ISOLATION: Is there a vicious circle of social exclusion?," *European Societies*, 5(1), 2003.

（4）この研究では、スイスの世帯を対象とする1999年から2010年までのデー

タを用いている。Jesper J. Rözer, Bas Hofstra, Matthew E. Brashears and Beate Volker, "Does unemployment lead to isolation? The consequences of unemployment for social networks," *Social Networks*, 63, 2020.

（５）この研究では、ドイツの全人口を母集団とするサンプル調査の1992年から2009年までのデータを用いている。Jan Eckhard, "Gender Differences in the Social Consequences of Unemployment: How Job Loss Affects the Risk of Becoming Socially Isolated," *Work, Employment and Society*, 36(1), 2022.

（６）Nia Morrish and Antonieta Medina-Lara, "Does unemployment lead to greater levels of loneliness? A systematic review," *Social Science & Medicine*, 287, 2021, Article 114339.

（７）石田賢示「社会的孤立と無業の悪循環」、石田浩監修・編『教育とキャリア』（「格差の連鎖と若者」第１巻）所収、勁草書房、2017年、Kenji Ishida and Wels Jacques, "The Reciprocal Relationship between Unemployment and Social Isolation: A Longitudinal Approach Using the Japanese Life Course Panel Survey," *JLPS Project Discussion Paper Series*, 120, 2020.

（８）神林博史「健康格差が不平等に与える影響についての予備的検討」、片瀬一男／神林博史／坪谷透編著『健康格差の社会学——社会的決定因と帰結』所収、ミネルヴァ書房、2022年、神林博史「過去の健康問題が社会経済的地位に与える影響」、同書所収

（９）前掲「健康格差が不平等に与える影響についての予備的検討」、前掲「過去の健康問題が社会経済的地位に与える影響」

（10）石田は12年間にわたる追跡調査のデータをもとに、友人がいない時期を経験した人の状況を検討している。友人がいない状態を一度でも経験した人は7.7％である。さらにそのうち約30％の人は調査期間の半分以上で友人不在であり、社会的孤立のリスクが集中している人とされる。友人不在のリスクには男性であること、無業、配偶者がいないこと、学校でのいじめ経験などが関わっていた。一方、非孤立状態から孤立状態への変化については、思春期での家庭の雰囲気やコミュニケーション・スキルが関わり、孤立状態から非孤立状態への変化には就業や配偶者を通じて社会的役割をもっていることなどが関わっていたという。こうした追跡調査の試みを含め、交流の喪失が社会的参加のあり方とどのように関連しているのか、そのリスクはライフステージのどの時期に集中するのかなどの検討が深まることが望まれる。石田賢示「社会的孤立を生み出す２段階の格差——友人関係の獲得と喪失の過程に注目して」、石田浩／有田伸／藤原翔編著『人生の歩みを追跡する——東大社研パネル調査でみる現代日本社会』所収、勁草書房、2020年

第2部　統計調査にみる
孤立とひきこもり

第4章　内閣府ひきこもり調査の検討

1　ひきこもり調査に含まれる課題

　第2部では、「ひきこもり」に関する調査の結果を検討する。

　データ上の根拠という意味で、現在までのひきこもり理解に大きな影響を与えているのが、内閣府によるひきこもりについての調査である。その調査結果は2010年に初めて公表され（15－39歳対象）、以降ほぼ同様の手法で16年、19年（40－64歳対象）、23年（10－69歳対象）と続けて公表されている。[1]

　この調査は「全国に何万人」というようにひきこもり人口の推計を公表するために用いられてきたが、その内容からはひきこもりを捉える難しさも浮かび上がる。調査でのひきこもりの定義や推計の手続きにはいくつかの課題が指摘されている。[2]

　本章では、まず統計的にひきこもり状態の人を割り出すための基準の変遷を検討する。ひきこもりの基準は会話や友人関係の有無など多様でありうるなかで、内閣府の調査では外出という基準を採用してきた。また、趣味の用事やコンビニに外出できる人をひきこもり状態に含むことで、一連の調査はひきこもり概念の過剰拡張に寄与してきたといえる（第1節）。家事や育児によって外出が乏しくなっている人を加えて集計することでひきこもりの該当者は大幅に増えるという例のように、ひきこもり状態の一元的な線引きは難しい（第2節）。章の後半では、孤立の多元的な理解に内閣府調査を活用し、生物学的・心理的・社会的背景によって外出範囲が狭まることを示す（第3節）。

ひきこもりの操作的定義の課題

　調査の課題のなかでも、実際にひきこもり状態かどうかを判断するための基準（操作的定義）の問題に注目したい。

　ひきこもりに関する定義は、表27のように移り変わっている。ひきこもりが社会問題になった当初、ひきこもり概念が適用される範囲は若年層に限定されていた。[3] ひきこもり問題について影響力が大きい『社会的ひきこもり』で、著者の斎藤環はひきこもりを「二十代後半までに問題化」したものに限定したが、この年齢の幅について「広く取り過ぎている」[4] 可能性を付記していた。

　2003年の厚生労働省によるガイドライン[5] では「就労や就学などの自宅以外での生活の場」の欠如に注目し、外出や交遊関係の狭まりには言及していない。ガイドライン収録の調査では、家族以外の他者との親密な人間関係の有無を対象者の線引きに用いている。斎藤も治療のゴールを「親密な対人関係を複数持つこと」[6] とし、他者との親密な関係が重視されている。

　一方、厚生労働省科学研究費補助金事業として2002年から05年にかけて実施された疫学調査では、自宅にこもっている人や「時々は買い物などで外出することもある」人をひきこもりの対象とし、操作的定義での外出の欠如という視点を導入した。[7]

　2010年発表の調査以来、数回にわたる内閣府の調査では、ひきこもりの定義を直接回答者に示すのではなく、主として外出に関する下記の質問への回答からひきこもりを割り出している。具体的には選択肢5から8までを選んだ人のうち、一定の条件に当てはまる人がひきこもりの該当者になる。選択肢は「人づきあいのためにときどき外出する」というように外出範囲や頻度を同時に尋ねる形態で設けられているため、外出頻度と外出先のどちらを重視して回答するべきかが曖昧といえる。[8]

　1.　仕事や学校で平日は毎日外出する

　2.　仕事や学校で週に3〜4日外出する

　3.　遊び等で頻繁に外出する

　4.　人づきあいのためにときどき外出する

　5.　ふだんは家にいるが、自分の趣味に関する用事のときだけ外出する

第4章　内閣府ひきこもり調査の検討————175

表27　ひきこもりに関する定義の変遷

出典	ひきこもりの定義に関する記述
斎藤環『社会的ひきこもり──終わらない思春期』（PHP新書）、PHP研究所、1998年	「二十代後半までに問題化し、六カ月以上、自宅にひきこもって社会参加をしない状態が持続しており、ほかの精神障害がその第一の要因とは考えにくいもの」と定義。
厚生労働省『10代・20代を中心とした「ひきこもり」をめぐる地域精神保健活動のガイドライン』2003年	「さまざまな要因によって社会的な参加の場面がせばまり、就労や就学などの自宅以外での生活の場が長期にわたって失われている状態のことをさします」と定義。 （ガイドライン収録の調査結果において、ひきこもりについて「①自宅を中心とした生活、②就学・就労といった社会参加活動ができない・していないもの、③以上の状態が6ヶ月以上続いている」こと。ただし、「④統合失調症などの精神病圏の疾患、または中等度以上の精神遅滞（IQ55-50）をもつ者は除く、⑤就学・就労はしていなくても、家族以外の他者（友人など）と親密な人間関係が維持されている者は除く」という条件を示す。
小山明日香ほか「地域疫学調査による「ひきこもり」の実態と精神医学的診断について＊」2007年	「仕事や学校にゆかず、かつ家族以外の人との交流をほとんどせずに、6ヶ月以上続けて自宅にひきこもっている状態。時々は買い物などで外出することもあるという場合は「ひきこもり」に含める」と定義。20歳から40歳代の人に関するひきこもりの生涯経験率を1.14%、ひきこもり状態の子どもがいる世帯を0.56%と推計。
齊藤万比古・代表『ひきこもりの評価・支援に関するガイドライン』厚生労働省、2010年	「社会的参加（義務教育を含む就学、非常勤職を含む就労、家庭外での交遊など）を回避し、原則的には6ヶ月以上にわたって概ね家庭にとどまり続けている状態（他者と交わらない形での外出をしていてもよい）を指す現象概念である。なお、ひきこもりは原則として統合失調症の陽性あるいは陰性症状に基づくひきこもり状態とは一線を画した非精神病性の現象とするが、実際には確定診断がなされる前の統合失調症が含まれている可能性は低くないことに留意すべきである」と定義。
内閣府政策統括官「若者の意識に関する調査（ひきこもりに関する実態調査）報告書」内閣府、2010年	（調査における操作的定義）外出の頻度および範囲が限られ、その外出の状況が6ヶ月以上持続している人の中から、①きっかけとして「統合失調症」や「身体的な病気」、「妊娠」、「自宅での仕事や出産・育児」を答えている人、②自宅での活動として「家事・育児」を答えている人を除外。15－39歳の対象者の1.79%をひきこもり状態と推計。
内閣府政策統括官「若者の生活に関する調査報告書」内閣府、2016年	（調査における操作的定義）外出の頻度および範囲が限られ、その外出の状況が6ヶ月以上持続している人の中から、①きっかけとして「統合失調症」や「身体的な病気」、「妊娠」、「自宅での仕事や出産・育児」を答えている人、②現在の仕事として「専業主婦・主夫又は家事手伝い」、③自宅での活動として「家事・育児」を答えている人を除外。15－39歳の対象者の1.57%をひきこもり状態と推計。

内閣府政策統括官「生活状況に関する調査報告書」内閣府、2019年	（調査における操作的定義）外出の頻度および範囲が限られ、その外出の状況が6ヶ月以上持続している人の中から、①きっかけとして「身体的な病気」、「妊娠」、「介護・看護」、「出産・育児」を答えている人、②現在の仕事として「専業主婦・主夫又は家事手伝い」、③自宅での活動として「家事」「育児」または「介護・看護」を答えている人を除外。ただし①②③の該当者については、最近6ヶ月間に家族以外の人と「よく会話した」「ときどき会話した」人のみを除外。④きっかけとして自宅での仕事を答えている人、⑤現在の仕事として「勤めている」または「自営業・自由業」を答えている人、自宅での活動として「仕事」を答えている人を除外。40－64歳の対象者の1.45％をひきこもり状態と推計。
内閣府政策統括官『こども・若者の意識と生活に関する調査』内閣府政策統括官、2023年	（調査における操作的定義）外出の頻度および範囲が限られ、その外出の状況が6ヶ月以上持続している人の中から、①きっかけとして「統合失調症」や「身体的な病気」、「妊娠」、「介護・看護」、「出産・育児」を答えている人、②現在の仕事として「専業主婦・主夫又は家事手伝い」、③自宅での活動として「家事」「育児」または「介護・看護」を答えている人を除外。ただし①②③については、最近6ヶ月間に家族以外の人と「よく会話した」「ときどき会話した」人のみを除外。④きっかけとして自宅での仕事を答えている人、⑤現在の仕事として「会社などの役員」「自営業・自由業」または「家族従業者・内職」を答えている人、⑥就業経験として「現在、就業している」と答え、現在の仕事、外出の状況のきっかけ、自宅での活動のいずれかで仕事をしている旨を答えている人を除外。15－34歳の対象者のうち2.05％、40－64歳の対象者のうち2.02％をひきこもり状態と推計。

＊小山明日香／三宅由子／立森久照／竹島正／川上憲人「地域疫学調査による「ひきこもり」の実態と精神医学的診断について──平成14年度〜17年度のまとめ」「こころの健康についての疫学調査に関する研究」（平成18年度厚生労働科学研究費補助金こころの健康科学研究事業研究協力報告書：主任研究者・川上憲人）、国立精神・神経センター精神保健研究所、2007年

6. ふだんは家にいるが、近所のコンビニなどには出かける
7. 自室からは出るが、家からは出ない
8. 自室からほとんど出ない

　ここでは趣味のために外出できる人まで広義のひきこもりに含めて集計しているなど、概念が過度に拡張され、実態として無業者などと呼ぶべき人らが「ひきこもり」と呼ばれていることなどがすでに指摘されている。[9]

　実際に、趣味や買い物のために外出できる人々が「ひきこもり」該当者で最も多い。2016年発表の調査では、3,115人の対象者のうちひきこもり群が[10]49人（3,115人のうち1.57％）とされているが、そのうち「ふだんは家にいるが、自分の趣味に関する用事のときだけ外出する」人が33人（同1.06％）、同じく「近所のコンビニなどには出かける」人が11人（同0.35％）と多くを占める。

　このように「家に閉じこもるひきこもりの人」というイメージとは異なる人が調査での「ひきこもり層」に含まれている。「定義上のひきこもり」内部にグレーゾーンが存在するといえる。

　同時に、「定義上のひきこもり」の外側にも目を向ける余地が大きい。「ひきこもり」にカウントされる層にもある程度は自由に外出している人がいる一方、定義上「ひきこもり」に含まれない人にも、同様の課題を抱えている人がいる可能性が高い。「ひきこもり」に含まれるほど外出頻度が低くないが、活発に外出している人に比べればその頻度は低く、参加や交流の機会が狭められているような人々である。次の節では家事・育児を背景として外出機会が少ない層について考える。

2　「女性のひきこもり」に関する議論の問題
──2023年発表の調査を例に

　2023年発表の内閣府調査では、ひきこもり状態とされる人のなかに女性の割合が高かったことが、調査結果に関する報道で強調された。15歳から39歳までのひきこもり状態の人でみれば、144人中の45.1％が女性という結果になった。しかし女性の割合の高さは、育児や家事に従事する人をひき

表28　外出の頻度と外出先を基準にしたひきこもり状態の人の割合

	2016年調査	人口推計 （万人）	2019年調査	人口推計 （万人）	2023年調査 15－39歳	2023年調査 40－64歳
ふだんは家にいるが、自分の趣味に関する用事のときだけ外出する	1.06% （67.5%）	36.5	0.58% （40.0%）	24.8	0.95% （48.4%）	0.70% （34.7%）
ふだんは家にいるが、近所のコンビニなどには出かける	0.35% （22.3%）	12.1	0.65 （44.8%）	27.4	0.74% （36.1%）	1.17% （58.0%）
自室からは出るが家からは出ない、または自室からほとんど出ない	0.16% （10.2%）	5.5	0.22 （15.2%）	9.1	0.36% （17.6%）	0.14% （6.9%）
計 ［実人数］	1.57% ［49人］	54.1	1.45% ［47人］	61.3	2.05% ［144人］	2.02% ［86人］

注1　％は人口比、（　）内の％はひきこもり状態の人に占める割合を示す。
注2　2023年発表調査の報告書では人口の推計は記載していない。
（出典：内閣府政策統括官〔共生社会政策担当〕「若者の意識に関する調査（ひきこもりに関する実態調査）報告書」内閣府、2010年、同「若者の生活に関する調査報告書」内閣府、2016年、同「生活状況に関する調査報告書」2019年、前掲『こども・若者の意識と生活に関する調査』をもとに筆者作成）

こもりに含めて集計するかどうかによって左右される。同調査では、144人のうち33.3％は家事や育児を理由に外出していない人々であり、この層は過去の15歳から39歳の調査ではひきこもり層から除外して集計されていた。[11]

　表29のように、もともと育児や家事、つまり家庭責任を負っている年代の女性は外出の頻度が低い（表29）。ひきこもりに該当するかどうか以前に、家庭の責任が行動範囲を狭めていることがうかがわれる。一方で、自宅や自室にひきこもる深刻なひきこもり状態の該当者は、男性の割合が高い。

　ここで、2023年発表の調査と、同じ15歳から39歳を対象にした10年発表の調査を比較してみたい（表30）。10年の調査結果はデータアーカイブを通じて詳細なデータが公表されている。

　2010年調査ではひきこもり状態の人が対象者の1.79％になっていた。しかし出産や育児を理由にひきこもっていると答えた人を含めると73人にのぼり、調査対象者の約2.2％になる。[12]このように出産育児層を含めて計算すると、10年調査でも、ひきこもり状態の人に占める女性の割合は約43％まで増加する。

　一方、あらためて2023年発表の調査をみると、15歳から39歳でひきこ

表29　年齢層ごとの外出の頻度と外出先の分布（％）

	毎日	週に3－4日	（遊びなどで）頻繁に	ときどき	趣味の用事	コンビニなど	自宅中心	自室中心	無回答	合計
男性										
15－19歳	87.0	3.0	5.6	2.7	1.0	0.7	0.0	0.0	0.0	100.0
20－24歳	70.9	13.9	7.0	5.3	2.5	0.4	0.0	0.0	0.0	100.0
25－29歳	79.4	8.0	4.3	5.0	2.0	0.7	0.7	0.0	0.0	100.0
30－34歳	83.9	4.3	1.5	4.3	3.1	1.2	0.3	1.2	0.0	100.0
35－39歳	87.7	3.8	2.0	2.0	3.3	1.0	0.0	0.3	0.0	100.0
男性合計	82.6	6.1	3.8	3.7	2.4	0.8	0.2	0.3	0.0	100.0
女性										
15－19歳	87.5	3.0	4.6	2.6	2.3	0.0	0.0	0.0	0.0	100.0
20－24歳	74.5	6.4	8.6	6.4	3.7	0.4	0.0	0.0	0.0	100.0
25－29歳	66.7	7.0	7.3	9.3	5.0	4.3	0.0	0.0	0.3	100.0
30－34歳	60.3	8.9	10.3	13.2	3.7	3.2	0.3	0.0	0.3	100.0
35－39歳	58.0	12.1	8.5	14.6	3.2	3.2	0.2	0.0	0.2	100.0
女性合計	67.8	8.0	8.0	10.0	3.5	2.4	0.1	0.0	0.2	100.0
男女計										
15－19歳	87.3	3.0	5.1	2.6	1.7	0.3	0.0	0.0	0.0	100.0
20－24歳	72.8	10.0	7.8	5.9	3.1	0.4	0.0	0.0	0.0	100.0
25－29歳	73.0	7.5	5.8	7.2	3.5	2.5	0.3	0.0	0.2	100.0
30－34歳	71.1	6.8	6.3	9.1	3.4	2.3	0.3	0.6	0.1	100.0
35－39歳	71.5	8.3	5.5	8.9	3.2	2.2	0.1	0.1	0.1	100.0
合計	74.8	7.1	6.0	7.0	3.0	1.6	0.2	0.2	0.1	100.0

（出典：前掲「若者の意識に関する調査（ひきこもりに関する実態調査）報告書」をもとに筆者作成）

もり状態に該当する人数は144人、割合は2.05％だった。前述のように女性の占める割合は45.1％である。

　ここから家事・育児などを理由にひきこもっている人を除外すると96人であり、対象者全体に占める割合は1.36％になる。家事・育児などを理由にひきこもっている人のなかで女性が占める割合は公表されていない。2010年の調査を参考に23年の場合を推計すると、ひきこもり状態の女性の

表30　ひきこもり状態に該当する人における女性や出産育児層の割合

		出産育児層を含む場合	含まない場合
2010年発表調査 （15－39歳対象調査）	（A）ひきこもりに該当する人数	約72.8人[*1]	59人
	（A）が調査対象者（3,287人）に占める割合	約2.21%	1.79%
	（A）のうち女性の人数	約31.5人[*2]	20人
	（A）に占める女性の割合	約43.3%	33.9%
2023年発表調査 （10－69歳対象調査の 15－39歳部分）	（B）ひきこもりに該当する人数	144人	96人[*3]
	（B）が調査対象者（7,035人）に占める割合	2.05%	1.36%
	（B）のうち女性の人数	65人	約24.9人[*4]
	（B）に占める女性の割合	45.1%	約25.9%

＊1）「外出が限られており、その期間が6か月以上に及び、家事・育児に従事する人（または専業主婦・主夫）」は67人だった（男性11人、女性56人）。2023年発表の調査を参考に、外出が限られている人のうち家族以外の人と「ほとんど・まったく」会話していない割合（20.6%）を掛け合わせると約13.8人（男性約2.3人、女性約11.5人）となった。この13.8人を59人に加えて72.8人と推計した。
＊2）上の注と同じく、11.1人を20人に加えて31.1人と推計した。
＊3）ひきこもり該当者144人のうち33.3%（48人）が「出産・育児など」を理由にしていることから96人と推計した。
＊4）ひきこもり該当者のなかの出産・育児層に関する男女の内訳は報告書には記載されていない。＊1でみたように、2010年発表の調査で「外出が限られ、その期間が6か月以上に及ぶ人」の男女比は11対56（女性は83.6%を占める）であることから、23年発表の調査でのひきこもり該当者の出産・育児層（48人）のうち女性を40.1人と推計した。ひきこもり該当者の女性65人のうち、この40.1人を除くと24.9人になった。
（出典：内閣府「若者の意識に関する調査（ひきこもりに関する実態調査）報告書」2010年、内閣府政策統括官（政策調整担当）「こども・若者の意識と生活に関する調査」2023年）

割合は、出産育児層を含めない場合にはひきこもり状態の人全体の約25%だった。

　以上のように、ひきこもりの該当者に占める女性の割合は、どのような人を「ひきこもり」の定義に含めるかに依存する。2023年発表の調査をめぐっては、男性にひきこもりが多いというステレオタイプ的なイメージを前提

に、「実は女性のひきこもりが多い」と意外性をもって受け止めるような報道もおこなわれた。[13] しかし単に「ひきこもり」という言葉をめぐって印象論を重ねるのではなく、家事や育児への従事、無業、精神・身体面の健康など、孤立に至る背景をそれぞれ丁寧に議論すべきだろう。

　以上の検討は、ひきこもりの「該当者」と「非該当者」を一律に線引きすることの難しさをあらためて浮かび上がらせている。集計方法の変遷からは、「家事・育児という役割を担っている人は外出が乏しくてもひきこもりに含めない」という方針から、「家族以外の人との会話が乏しければ、ひきこもりに含めるべきだ」という方針への揺れが見て取れる。しかし社会的役割、外出、会話の有無という複数の基準は必ずしも一貫せず、ときに相互に矛盾する。たとえば「家事・育児」という役割をもつことは、むしろ家庭での責任に縛られ孤立するリスクになりうる。第3章でみるように、海外ではNEETの背景を労働市場や教育機会との関連で多角的に論じており、家族のケアを担う責任もその一つである。

　「ひきこもり」のように特定のイメージに当てはまる人を線引きするのではなく、孤立のリスクを多面的に捉えること、また実際の孤立の表れ方をグラデーションとして捉えることが望まれる。以下では、そのような孤立リスクの検討のために内閣府調査の結果を活用したい。

3　外出という視点からみた孤立とその背景

　以上のような内閣府調査の検討からは、ひきこもりに関する一元的な線引きの難しさが明らかになった。外出を基準としてひきこもりの該当者を割り出した場合、自宅や自室に閉じこもる人は非常に少数となる。その一方、家事・育児に従事する人のようにさまざまな背景から行動範囲が狭められる人も存在する。こうした既存のひきこもりのイメージとは違う社会的孤立について、内閣府調査の結果を用いて検討する余地がある。

　内閣府によるひきこもりの調査は過去4回実施されているが、ここでは2010年、16年、19年実施の調査に限って検討を進める。[14] 広義のひきこもりの該当者であっても47人[15]から59人[16]と少なく、単にひきこもり層の内部を検討するだけでは得られる知見は乏しい。それに対し、幅広い調査対象者はど

182

表31　現在の状況と外出の程度のクロス表

人	毎日	週に3－4日	（遊びなどで）頻繁に	ときどき	趣味の用事	コンビニなど	自宅中心	自室中心	無回答	合計
正社員	1,218	44	31	22	6	5	0	1	1	1,328
％	91.7	3.3	2.3	1.7	0.5	0.4	0.0	0.1	0.1	100.0
契約社員	106	8	4	5	1	0	0	0	0	124
％	85.5	6.5	3.2	4.0	0.8	0.0	0.0	0.0	0.0	100.0
パート・アルバイト	279	73	16	9	2	0	0	1	0	380
％	73.4	19.2	4.2	2.4	0.5	0.0	0.0	0.3	0.0	100.0
主婦（夫）	46	31	69	107	26	27	1	0	2	309
％	14.9	10.0	22.3	34.6	8.4	8.7	0.3	0.0	0.6	100.0
学生	615	45	40	20	10	2	1	0	0	733
％	83.9	6.1	5.5	2.7	1.4	0.3	0.1	0.0	0.0	100.0
無職	7	5	24	30	43	17	3	3	0	132
％	5.3	3.8	18.2	22.7	32.6	12.9	2.3	2.3	0.0	100.0
その他	188	28	14	37	11	3	0	0	0	281
％	66.9	10.0	5.0	13.2	3.9	1.1	0.0	0.0	0.0	100.0
合計	2,459	234	198	230	99	54	5	5	3	3,287
％	74.8	7.1	6.0	7.0	3.0	1.6	0.2	0.2	0.1	100.0

（出典：前掲「若者の意識に関する調査（ひきこもりに関する実態調査）報告書」をもとに筆者作成）

のような背景から外出の範囲を狭められているのかといった検討から、孤立の多面的な背景を探ることができる。

　表31は、2010年の内閣府調査の公開データに基づいて、回答者の「現在の状況」と「外出の程度」に関する回答をクロス集計した結果である。「（平日は）毎日外出する」という回答に限れば、正社員の91.7％からパート・アルバイトの73.4％、専業主婦・主夫の14.9％、そして無職の5.3％まで大きな幅がある。

　通院したことがある病気の種類別にみると、精神の病気で毎日外出する人が少なくなっている。

　厚生労働省のガイドラインによるひきこもりの定義では、ひきこもりを

表32　通院したことがある病気の種類と外出の状況に関するクロス表

人	毎日	週に3－4日	（遊びなどで）頻繁に	ときどき	趣味の用事	コンビニなど	自宅中心	自室中心	無回答	合計
心臓・血管	39	5	4	3	2	2	1	0	0	56
％	69.6	8.9	7.1	5.4	3.6	3.6	1.8	0.0	0.0	100.0
肺	102	7	5	6	7	3	1	1	0	132
％	77.3	5.3	3.8	4.5	5.3	2.3	0.8	0.8	0.0	100.0
胃や腸	231	18	20	22	15	3	1	0	1	311
％	74.3	5.8	6.4	7.1	4.8	1.0	0.3	0.0	0.3	100.0
精神	104	19	9	14	22	11	2	2	0	183
％	56.8	10.4	4.9	7.7	12.0	6.0	1.1	1.1	0.0	100.0
目・耳	362	34	33	27	19	5	1	2	0	483
％	74.9	7.0	6.8	5.6	3.9	1.0	0.2	0.4	0.0	100.0
皮膚	417	41	26	35	16	3	0	1	0	539
％	77.4	7.6	4.8	6.5	3.0	0.6	0.0	0.2	0.0	100.0
骨折・ケガ	474	42	33	30	17	6	2	2	0	606
％	78.2	6.9	5.4	5.0	2.8	1.0	0.3	0.3	0.0	100.0
その他	261	28	21	27	14	8	3	0	0	362
％	72.1	7.7	5.8	7.5	3.9	2.2	0.8	0.0	0.0	100.0
該当なし	1,144	110	99	117	37	29	0	1	2	1,539
％	74.3	7.1	6.4	7.6	2.4	1.9	0.0	0.1	0.1	100.0

（出典：前掲「若者の意識に関する調査（ひきこもりに関する実態調査）報告書」をもとに筆者作成）

「非精神病性の現象とする」と述べ、ひきこもりを統合失調症などの精神疾患と区別している。しかし実際には精神的な病気で通院・入院したことがある人において外出の頻度が低くなっていて、背景に精神疾患の影響がうかがわれる。[19]

　このように、ひきこもりの該当者と非該当者を線引きするのではなく、ひきこもりという孤立に至る背景を多面的に探ることが望まれる。そのような背景に当てはまる人は、たとえ現にひきこもり状態でなくても孤立のリスクを抱える可能性がある。そのようなリスクを探る手がかりとして、3回の調査結果を並べて比較していく。[20]

表33　属性ごとのひきこもりの該当率（%）

	2010年発表 （15－39歳対象）	2016年発表 （15－39歳対象）	2019年発表 （40－64歳対象）
男性	2.5	2.1	2.3
女性	1.2	1.1	0.7
15－19歳	1.5	0.9	－
20－24歳	2.3	2.2	－
25－29歳	1.8	2.2	－
30－34歳	1.9	1.5	－
35－39歳	1.6	1.3	－
40－44歳	－	－	2.0
45－49歳	－	－	0.8
50－54歳	－	－	1.1
55－59歳	－	－	1.7
60－64歳	－	－	1.8
同居家族はいない	2.8	0.6	2.1
同居人数2人	2.1	2.2	1.5
同居人数3人	2.1	2.5	1.7
同居人数4人	1.8	0.8	1.4
暮らし向きが「上」	1.3	2.3	0.7
暮らし向きが「中」	1.7	1.3	1.2
暮らし向きが「下」	2.3	2.7	2.7
対象者全体	1.8	1.6	1.4

（出典：前掲「若者の意識に関する調査（ひきこもりに関する実態調査）報告書」、前掲「若者の生活に関する調査報告書」、前掲「生活状況に関する調査報告書」をもとに筆者作成）

　表33をみると、女性に比べて男性での該当率が高いことは各調査で共通している。年齢について決まったパターンは見つけにくいが、20代の該当率がやや高いことは若年層の職場定着などの問題（社会的側面）を示している可能性がある。

　表34からは、心身の疾患がひきこもりの該当率を高めていることがわかる。疾患によっては結果にゆらぎがあるが、精神的な病気については一貫して該当率が高い。

　表35からは、無職であることがひきこもりの該当率を高めていることが

第4章　内閣府ひきこもり調査の検討―――185

表34　通院・入院したことがある病気別のひきこもりの該当率（%）

	2010年発表 （15 − 39歳対象）	2016年発表 （15 − 39歳対象）	2019年発表 （40 − 64歳対象）
心臓や血管の病気	3.6	0.0	1.4
肺の病気	4.5	1.4	2.2
胃や腸の病気	1.6	1.4	0.8
精神的な病気	12.0	5.6	7.7
目や耳の病気	2.9	1.2	1.4
皮膚の病気	1.9	1.8	1.1
骨折・大ケガ	2.5	2.1	1.3
対象者全体	1.8	1.6	1.5

（出典：前掲「若者の意識に関する調査（ひきこもりに関する実態調査）報告書」、前掲「若者
の生活に関する調査報告書」、前掲「生活状況に関する調査報告書」をもとに筆者作成）

表35　仕事の状況別のひきこもりの該当率（%）

	2010年発表 （15 − 39歳対象）	2016年発表 （15 − 39歳対象）	2019年発表 （40 − 64歳対象）
勤めている（正社員）	0.3	0.2	0.0
勤めている（契約社員など）	0.8	0.3	0.0
自営業・自由業	0.0	0.0	0.0
学生（予備校生を含む）	1.4	0.8	0.0
派遣会社などに登録している が、働いていない	0.0	32.1	15.4
無職	30.3	24.1	25.8
対象者全体	1.8	1.6	1.5

（出典：前掲「若者の意識に関する調査（ひきこもりに関する実態調査）報告書」、前掲「若者
の生活に関する調査報告書」、前掲「生活状況に関する調査報告書」をもとに筆者作成）

わかる。社会的参加を失った人の20%から30%ほどがひきこもり状態に該
当している。

　2010年の調査では、職業が専業主婦・主夫の人（対象者全体3,287人のう
ち309人）のうち、外出頻度が低い人が54人、6カ月未満の人を除くと43人
だった（全員が女性）。これは専業主婦・主夫309人のうち14.0%に相当する。

　ライフイベントの経験については2019年発表の調査だけで尋ねている（表
36）。不登校や無業を経験することがひきこもり状態に結び付くのか、さら

表36　ライフイベントの経験とひきこもりの該当率（％）

	2010年発表 （15－39歳対象）	2016年発表 （15－39歳対象）	2019年発表 （40－64歳対象）
小学生時の不登校	－	－	2.3
中学生時の不登校	－	－	2.3
高校生時の不登校	－	－	5.1
大学生時などの不登校	－	－	0.0
初めての就職から1年以内に離職・転職した	－	－	4.7
ニート	－	－	4.7
35歳以上での無職	－	－	8.1
当てはまるものはない	－	－	0.6
対象者全体	1.8	1.6	1.5

（出典：前掲「若者の意識に関する調査（ひきこもりに関する実態調査）報告書」、前掲「若者の生活に関する調査報告書」前掲「生活状況に関する調査報告書」をもとに筆者作成）

表37　学校での経験とひきこもりの該当率（％）

	2010年発表 （15－39歳対象）	2016年発表 （15－39歳対象）	2019年発表 （40－64歳対象）
友達とよく話した	1.1	1.2	－
親友がいた	1.2	1.1	－
一人で遊んでいるほうが楽しかった	7.6	5.3	－
不登校を経験した	7.0	7.4	－
友達をいじめた	2.0	0.6	－
友達にいじめられた	3.2	2.5	－
いじめを見て見ぬふりをした	3.1	0.7	－
我慢をすることが多かった	4.5	3.1	－
学校の勉強についていけなかった	2.7	3.9	－
学校の先生とうまくいかなかった	3.2	3.4	－
当てはまるものはない	2.5	1.1	－

（出典：前掲「若者の意識に関する調査（ひきこもりに関する実態調査）報告書」、前掲「若者の生活に関する調査報告書」、前掲「生活状況に関する調査報告書」をもとに筆者作成）

表38　自身に当てはまる不安要素別のひきこもりの該当率（％）

	2010年発表 （15 − 39歳対象）	2016年発表 （15 − 39歳対象）	2019年発表 （40 − 64歳対象）
家族に申しわけないと思うことが多い	3.8	3.8	4.0
生きるのが苦しいと感じることがある	4.1	3.7	5.0
死んでしまいたいと思うことがある	5.8	3.5	6.5
絶望的な気分になることがよくある	4.1	4.8	6.3
人に会うのが怖いと感じる	7.4	6.1	5.0
知り合いに会うことが不安になる	10.8	7.4	8.8
他人がどう思っているかとても不安	3.2	2.4	3.8
集団のなかに溶け込めない	6.2	3.8	5.5
つまらないことを繰り返し確かめる	3.3	4.1	2.8
同じ行動を何度も繰り返してしまう	4.1	4.7	3.3
食事時間などが異なると我慢できない	2.1	15.0	6.8
自分の身体が清潔か常に気になる	3.3	2.2	3.4
家族を殴ったり蹴ったりしてしまう	3.6	6.0	6.2
窓を蹴ったりたたいたりしてしまう	2.6	4.6	4.0
食器などを投げて壊すことがある	12.5	26.8	6.8
大声を上げて怒鳴り散らすことがある	1.5	3.2	3.7
リストカットなどの自傷行為をする	13.5	9.6	0.0
アルコールを飲まずにいられない	2.4	1.4	2.5
何らかの薬を飲まずにはいられない	10.1	14.6	7.3
パソコンや携帯がないと落ち着かない	3.0	3.8	2.7
対象者全体	1.8	1.6	1.5

（出典：前掲「若者の意識に関する調査（ひきこもりに関する実態調査）報告書」、前掲「若者の生活に関する調査報告書」、前掲「生活状況に関する調査報告書」）

なる検討が求められる。[21]

　外出の状況が現在の形になった年齢について、2023年発表の調査では15歳から39歳の該当者のうち25歳から29歳（24.7％）、40歳から69歳の該当者のうち60歳から64歳（21.8％）などが高い数値になっている。ひきこもり状態に陥りやすい年齢層は存在するのかどうか、特に「成人期への移行」（第3章を参照）の困難に伴ってひきこもり状態が生じるのかなどの問いに答えるためにこうしたデータは重要である。しかし回答内容は回答者の当時の

状況そのものではなく、現在の記憶に基づいているため、現在の年齢に近い時点での経験が選ばれているようにも思われる。調査対象が現にひきこもっている（外出が限定されている）層に限られている点にも限界がある。対象者全体に、過去のどの年齢のときにひきこもりや孤立を経験したのかを尋ね、表36のような質問と組み合わせて分析するなどの検討が望まれる。

表37では学校で経験したことがひきこもりにつながるかどうか、その該当率を集計している。「一人で遊んでいる方が楽しかった」というグループでの該当率の高さは、第3章で検討したような対人的閉じこもり層との重なりを意味しているようにも思われる。

表38は「自身にあてはまる不安要素」別にひきこもりの該当率を示している。「知り合いに会うことが不安になる」などの対人不安を抱える人のひきこもり該当率が高い。このような対人不安は心理的側面に相当すると考えられる。

まとめ

すでに論じたが、内閣府調査はひきこもりを対象にしながら、その操作的定義でコンビニや趣味の用事であれば出かけられる人を対象にしているなどの問題点がある。その点で、ひきこもり概念の過剰拡張を促進してしまった。

外出の頻度をひきこもりの基準にすることは、家族以外の交友関係を強調するひきこもりの概念との齟齬を生む。[22] また、外出の頻度と外出先を恣意的に結び付けた質問項目にも課題がある。

一方で、その調査結果は、社会的孤立の調査として読み替えることができる。外出が困難な層は、心理的な不安を感じていたり、生物学的な疾患や障害がある、社会的な排除を受けている点で、社会的孤立層の実態と重なっている可能性がある。孤独・孤立調査での会話やソーシャルサポートとは別の角度から社会的孤立に焦点を当てている意義も認められる。

注

（1）内閣府政策統括官（共生社会政策担当）「若者の意識に関する調査（ひきこもりに関する実態調査）報告書」内閣府、2010年、同「若者の生活に関する調査報告書」内閣府、2016年、同「生活状況に関する調査報告書」内閣府、2019年、前掲『こども・若者の意識と生活に関する調査』

（2）井出草平は、「外出」をひきこもりの基準とすることの妥当性、外出の頻度と外出先を同時に尋ねる問題（たとえば「仕事や通学のために毎日外出する」という選択肢では「通信制の学校の学生で週1回通学する」といった人が答えられない）、社会的に孤立している本人を対象に調査することで発生する暗数の問題などを挙げている。井出草平「内閣府ひきこもり調査の検討――調査法、ひきこもり票の検討、社会的関係、不登校経験率」、四天王寺大学紀要編集委員会編「四天王寺大学紀要」第58号、四天王寺大学、2014年

（3）前掲『10代・20代を中心とした「ひきこもり」をめぐる精神保健活動のガイドライン』

（4）前掲『社会的ひきこもり』26ページ

（5）前掲『10代・20代を中心とした「ひきこもり」をめぐる地域精神保健活動のガイドライン』

（6）斎藤環『「ひきこもり」救出マニュアル』PHP研究所、2002年、133ページ

（7）小山明日香／三宅由子／立森久照／竹島正／川上憲人「地域疫学調査による「ひきこもり」の実態と精神医学的診断について――平成14年度〜17年度のまとめ」「こころの健康についての疫学調査に関する研究」（平成18年度厚生労働科学研究費補助金こころの健康科学研究事業研究協力報告書：主任研究者・川上憲人）、2007年

（8）前掲「内閣府ひきこもり調査の検討」

（9）前掲『「ひきこもり」経験の社会学』、前掲『コンビニは通える引きこもりたち』

（10）前掲「若者の生活に関する調査報告書」

（11）2010年、そして16年に発表された15歳から39歳までの調査では、専業主婦や育児や家事に従事する人は一律にひきこもりの集計から外されていた。23年発表の調査で、ひきこもり状態の人に占める家事・育児の人の割合は、15歳から39歳調査で33.3％（48人）、40歳から69歳調査で32.9％（51人）、そのうち40歳から64歳では45.3％（39人）だった。特に40歳から64歳までの層で割合が高くなっている。19年に発表された40歳から64歳を対象にした調査でも、23年発表の調査と同じように、家事・育児層のうち会話が少ない人をひきこもり層にカウントしている。それに比べても割合は大幅に増えている。

（12）外出が少ない状況が6カ月以上継続している人に限っている。

（13）2023年の内閣府調査の発表時には、支援団体による「これまで主婦や家

事手伝いとみなされてきた女性らがSOSの声を上げ始め、可視化された」という声も報道された（「朝日新聞」2023年5月3日付）。しかし、まず実態調査は世論調査のように「声を上げる」ためのものではなく、回答者の意向によって結果が左右されるものではないことを確認しておきたい。そして本文で述べたように、ひきこもりという限定された枠組みで男女比を論じることは生産的ではなく、男女を問わずに家事や育児による社会参加の制約を問うことなどが社会的孤立の理解にとって重要だといえる。

（14）以下の3つの調査について、それぞれ「2010年発表」「2016年発表」「2019年発表」の調査として言及する。前掲「若者の意識に関する調査（ひきこもりに関する実態調査）報告書」、前掲「若者の生活に関する調査報告書」、前掲「生活状況に関する調査報告書」

　　　なお、2023年発表の調査はそれまでの調査と質問項目が大きく異なる。また先行する報告書と異なり、詳細なデータが掲載されていないために掘り下げた検討が難しい。10歳から69歳までを幅広く対象としながらも結果は3つの年齢層に分けて提示しているほか、従来のひきこもりに関する関心、青少年の社会意識に関する関心、孤独感への関心などが同居し、焦点の不明確な調査になっていることは否めない。

（15）前掲「生活状況に関する調査報告書」

（16）前掲「若者の意識に関する調査（ひきこもりに関する実態調査）報告書」

（17）同報告書

（18）再分析にあたり、東京大学社会科学研究所附属社会調査・データアーカイブ研究センター SSJ データアーカイブから「若者の意識に関する調査（ひきこもりの実態に関する調査）」の個票データの提供を受けた。

（19）前掲「ひきこもりの評価・支援に関するガイドライン」

　　　2010年発表の内閣府調査では、外出頻度が低い163人のなかから、現在の状態になってから6カ月未満の人（33人。「不明」の人を加えると35人）、さらに下記のAあるいはBの条件に当てはまる人をひきこもり状態の集計から除いている。

　A　質問項目「Q 23 現在の状態になったきっかけは何ですか。」に関する該当者

項目	該当者数（163人中）
①「病気（病名：　）」を選択し、病名に統合失調症又は身体的な病気を記入した者	病気をきっかけとする　27人
	（ただし、統合失調症または身体的な病気を記入した人の内訳は非公表）
②「妊娠した」を選択した者	妊娠した　46人

③「その他（ ）」を選択し、（ ）に自宅で仕事をしている旨や出産・育児をしている旨を記入した者	その他　51人
	（ただし、自宅で仕事をしている人や出産・育児をしている人の内訳は非公表）

B　質問項目「Q18 ふだんご自宅にいるときによくしていることすべてに○をつけてください。」に関する該当者

項目	該当者数（163人中）
「家事・育児をする」と回答した者	家事・育児をしている90人

　　Aの①や③を理由に除外された人の数は公表されていないが、次のような方法で概略の推計を試みることができる。163人のうち、外出しなくなってからの期間が6カ月未満または不明の人を除くと、127人になる。さらに、「妊娠」（Aの②）および「家事・育児」の従事者（B）の人を除くと61人になる（双方の条件に当てはまる人には重複がある）。最終的にひきこもり状態と判断された人は59人なので、この61人から2人がさらに除外されていることになる。この2人はAの①または③に該当していると考えられる。Aの①や③に該当する人は必ずしもこの2人だけではなく、ほかの条件の該当者とも重なる可能性がある。ただ、Aの①や③の条件だけを理由として除外される人は非常に少数であることがわかる。

(20)　属性ごとのひきこもりの該当率の計算にあたっては、次のような手順をとった。たとえば対象者全体に占める暮らし向きが「上」の人（A）の割合、同じくひきこもり状態の人に占める「上」の人（B）の割合はそれぞれ報告書に掲載されているが、（A）（B）の実数は公表されていない。（B）については分母に相当するひきこもり該当者自体が50人未満なので、割合さえわかれば特定できる。一方、（A）の分母は3,000人以上なので割合を掛けるだけでは人単位までの特定はできない。そこで5歳刻みの年齢層別にも「上」の人の割合が記載されているので、それをもとに年齢層別の実数を割り出し、合計して（A）を推計した。なお、割合は小数点以下1桁までしか記載されていない。たとえば10.0％であれば、捨象された小数点以下2桁目を加味すると9.5％から10.4％までの幅をとりうる。それらの幅も考慮して複数の推計をおこない、そのなかで最も合理的といえる値を採用した。以上から（B）／（A）を計算することで、属性ごとのひきこもりの該当率を推計した。

(21)　内閣府調査では、ひきこもり状態の人に、外出が限定されるようになったきっかけ（「現在の状態になったきっかけ」）として、不登校、大学になじめなかった、受験に失敗した（高校・大学）、就職活動がうまくいかなかった、職場になじめなかった、人間関係がうまくいかなかった、病気などの選択

肢から回答を求めている。しかし「なじめない」といった主観的評価によってライフイベントの経験を確実に捉えられるとはいえない。表36のような事実に即したデータを積み重ねることが期待される。またひきこもり状態の人だけでなく対象者全体に尋ねている点も、不登校などの経験者の何割がひきこもり状態に至るのかなどの検討を可能にする点で有意義である。

(22) すでに触れたとおり、海外の社会的孤立の研究では、外出の頻度などを孤立の基準として調査をおこなう例はほとんどないことを斉藤が指摘している。前掲『高齢者の社会的孤立と地域福祉』16 - 17ページ

第5章 社会的孤立に関する調査による
　　　　外出限定層の検討

はじめに——孤独・孤立調査から外出限定群を捉える

　国立社会保障・人口問題研究所による「生活と支え合いに関する調査（旧：社会保障実態調査）」は、会話や社会的サポートに関する質問への回答から孤立する人の分布を明らかにしている。また「人々のつながりに関する基礎調査」は内閣官房孤独・孤立対策担当室が実施し、孤独・孤立対策に直接の関係をもっている。

　このような調査データを通じて、従来の「ひきこもり」概念に相当するようなグループと、そのほかの孤立状態に該当する層との異同を探るなかから社会的孤立について検討を進めることが本章の目的である。

　すでに検討したように、社会的孤立研究では、会話の限定や社会的サポートの有無といった指標をはじめ、年齢や性別、階層などの属性ごとの社会的孤立の分布が広範に検討されている（第1章を参照）。一方、ひきこもりに関する従来の調査はひきこもりの該当者の線引きやそれらの人の特性の検討を目的としており（表27）、その俎上に載せる該当者はおよそ調査対象者全体の1、2％にすぎない。

　しかし、ひきこもりの主な指標として用いられる外出の限定についても、単にひきこもり層を割り出す目的に限らず、どのような人の外出が限られているのか、幅広く探る余地がある。また、他者との交流の多寡などの社会的孤立を示す多様な状態像と、ひきこもりと呼ばれてきた状態では、何が重なり、何が異なるのか。そうした検討を通じて、ひきこもりというカテゴリーの再特定化を図ることや、ひきこもりという用語だけでは捉えきれない幅広

い社会的孤立の解明が望まれる。

　本章では外出の限定、会話の欠如といった基準の組み合わせによって、一元的な線引きにとどまらない、多元的な視点によって孤立する対象者の類型化を試みる。以下、外出行動、会話の相手、孤独感についての質問を含む「人々のつながりに関する基礎調査」のデータを用いて検討を進める。

1　データと方法

「人々のつながりに関する基礎調査」について

　「人々のつながりに関する基礎調査」（以下、「つながり調査」と略記）は、「我が国における孤独・孤立の実態を把握し、各府省における関連行政諸施策の基礎資料を得ること」を目的として、内閣官房孤独・孤立対策室によって2021年以降実施されている。[1]

　この調査では、内閣府によるひきこもりの調査、また生活と支え合いに関する調査と異なり、外出の頻度と行動範囲に関する調査項目を別個に設けており、外出や行動範囲の狭まりをきめ細かく検討することができる。また会話の頻度などに関する質問項目を活用し、外出が限定された層の社会的孤立に関する状況の多面的な検討や、外出限定層に限らない社会的孤立層との比較に活用することができる。

　2022年版（2022年12月から23年1月実施）の調査は、全国の満16歳以上の2万人（無作為抽出法によって選定）を対象とし、回収数は1万1,219件だった（有効回答率56.1％）。この22年版のデータから、孤独・孤立の調査によってひきこもりの実態はどの程度が把握可能なのかを探り、孤独・孤立とひきこもりの相互関係を検討していく。なお、調査結果の2次分析にあたっては内閣官房から調査票情報の提供を受けた。

変数の選択

　「つながり調査」では外出の頻度、行動範囲、会話の頻度などに関する質問項目から客観的な孤立の度合いを尋ねている。また主観的な孤独感についても尋ねている。以下では、本章の分析で用いる質問項目や変数について検討する。

それぞれの質問への回答者のなかで孤立の程度が大きい人を区切る境界に絶対的な根拠はないが、調査の報告書に示される区分を参考に対象者を分類する。また内閣府調査によるひきこもりの操作的定義に準じて、可能な範囲で類似する状態の人を特定できるように変数を設定する。

　外出頻度と外出先については「週5日以上」「週3〜4日」「週1〜2日程度」「週1日未満」「外出しない」の5つの選択肢で尋ねている。外出頻度の変数化は本章の主題に関わるため、ここで詳しく述べておきたい。各選択肢の回答者のうち外出頻度が「週5日以上」の人は最大のグループであり、行動範囲も広いことが確認でき、外出頻度に関するかぎり孤立した状態ではない。

　一方、頻度が「週3〜4日」「週1〜2日程度」の人は「週5日以上」に比べると孤独感も高く、行動範囲の狭まりも確認できる。そこで「週3〜4日」「週1〜2日程度」の人を「中外出頻度」、「週1回未満」または「外出しない」人を「低外出頻度」の人と捉えることにする。「つながり調査」の調査票では外出頻度の回答が「週1回未満」または「外出しない」の人には外出先を尋ねていない。報告書において「週1回未満」「外出しない」人をまとめて集計していることも類型設定の参考になる。

　内閣府のひきこもり調査では、外出頻度について「毎日」「週に3〜4日」「頻繁に」「ときどき」など、同じ基準で一貫して比較することが難しい表現を用いているため、「つながり」調査の選択肢と互いに比較することは難しい。また前述のように外出頻度と外出先の選択肢が連動しており、回答の解釈が難しい。そのため「つながり調査」と対比するうえで、あらかじめ「ひきこもり」状態に重なる層を特定することは避ける。むしろ前述のように「中外出頻度」「低外出頻度」の人に分け、データに基づいてそれぞれの内実を詳しく検討することにする。

　行動範囲については、最近1週間の行動範囲を「自宅（自室）」「自宅（家族と共用の部屋）」「親族・友人等の家」「職場や学校等の拠点」「趣味や活動等の拠点（職場・学校以外）」「不特定多数の人が利用する場所（公共施設・商業施設・娯楽施設・公園等）」「その他」という選択肢で尋ねている。以上を、次のように分類する。「自宅」「自室」は自宅、人間関係を伴わない「不特定多数の人が利用する場所」、そしてこれ以外の「広範な場所」である。こうした広範な場所では家族以外の人との人間関係が伴うと考えられる。このよ

うに分類したうえで、対象者の行動範囲は「自宅」「自宅＋不特定多数の人が利用する場所」「自宅＋不特定多数の人が利用する場所＋広範な場所」というように自宅を中心に拡大していくことで分類できる。

　同居していない家族や友人たちとのコミュニケーション頻度は、直接会って話す頻度を「週4〜5回以上」から「月1回未満」まで、さらに「全くない」までの7つの選択肢で尋ねている。本章では初期のひきこもりの定義に含まれていた家族以外の人間関係の有無という要件に注目し[4]、「全くない」人とそれ以外に分けて検討する。

　主観的な孤独感は本章の直接の対象ではないが、多様な孤立状態の深刻度を測る指標として検討する。「UCLA孤独感尺度」の日本語版の3項目短縮版では、人との付き合いがないという感情、自分は取り残されていると感じる感情、ほかの人たちから孤立しているという感情という項目で尋ねている。各質問の回答をスコア化し、対象者の孤独感が「決してない」「ほとんどない」「ときどきある」「常にある」に分類し、孤独感が「常にある」人を孤独感が高い人の目安とした。

2　結果

会話・外出の欠如と孤独感

　全年齢層についての調査結果を簡単に概観する。家族以外の人との人間関係を知る意味で「同居していない家族や友人と直接会って話す頻度」をみると、11.3％の人が「全くない」と答えている。年齢別にみると、50代、40代、30代の順に多い。高齢層よりもむしろ壮年期の人において同居している家族以外の人との会話が少ないことがわかる。

　次に外出の頻度でみると、「まったく外出しない」人の割合は2.1％である。年齢別にみると80歳以上で割合が顕著に高く、その他70代、10代後半の順に高くなっている。

　ここで、内閣府によるひきこもりの調査と比較可能な16歳から39歳、40歳から64歳の人（対象者は7,007人）に限定し、孤独・孤立とひきこもりの関係を検討する。

　まず、会話や外出のような客観的な孤立に関する指標と、主観的な孤独感

表39　同居していない家族や友人と直接会って話す頻度（n=10,497）

	週4−5回以上	週2−3回程度	週1回程度	2週間に1回程度	月1回程度	月1回未満	全くない	全体
16−19歳	72.5%	5.3%	3.4%	3.8%	5.0%	3.4%	6.6%	100.0%
20−29歳	20.8%	13.2%	11.7%	12.1%	15.1%	15.6%	11.6%	100.0%
30−39歳	14.1%	9.2%	14.2%	11.6%	17.4%	20.6%	12.8%	100.0%
40−49歳	14.9%	10.6%	12.5%	9.5%	16.8%	22.4%	13.3%	100.0%
50−59歳	14.8%	9.7%	13.4%	9.7%	18.5%	20.3%	13.6%	100.0%
60−69歳	16.6%	14.1%	15.9%	11.0%	14.9%	17.4%	10.1%	100.0%
70−79歳	15.4%	20.8%	18.2%	11.0%	13.5%	11.3%	9.8%	100.0%
80歳以上	16.9%	24.8%	19.4%	9.1%	11.9%	9.7%	8.2%	100.0%
合計	17.6%	14.0%	14.7%	10.3%	15.3%	16.7%	11.3%	100.0%

（出典：前掲「人々のつながりに関する基礎調査（令和4年）」）

表40　外出の頻度（n=11,070）

	週5日以上	週3−4日程度	週1−2日程度	週1日未満	外出しない	合計
16−19歳	84.8%	7.5%	2.5%	3.4%	1.9%	100.0%
20−29歳	66.9%	15.6%	12.5%	3.5%	1.5%	100.0%
30−39歳	69.5%	12.7%	12.1%	4.8%	0.9%	100.0%
40−49歳	73.5%	11.5%	9.2%	4.9%	0.8%	100.0%
50−59歳	71.3%	12.2%	9.9%	5.5%	1.1%	100.0%
60−69歳	53.9%	24.0%	15.6%	4.9%	1.6%	100.0%
70−79歳	35.5%	35.5%	21.8%	4.9%	2.4%	100.0%
80歳以上	21.0%	30.3%	27.9%	12.1%	8.7%	100.0%
合計	57.0%	20.4%	15.0%	5.5%	2.1%	100.0%

（出典：同調査）

の関係を検討する。

　同居していない家族・友人と直接話す頻度についてみると、頻度が少ないほど孤独感を感じる人の割合は多くなる傾向がみられる。孤独感を感じる割合は、頻度が最も高い「週4〜5回」の人から「月1回程度」の人までは全体平均の8.4%を下回るのに対し、「月1回未満」の人や「全くない」人では全体平均を上回った（表41）。

　外出頻度と孤独感の関係をみると、外出頻度が最も高い「週5日以上」で

表41　同居していない家族・友人と直接話す頻度ごとにみた孤独感が「常にある」人（間接尺度）の割合（16−64歳）（n=6,733。無回答を除く）

	週4−5回以上	週2−3回程度	週1回程度	2週間に1回程度	月1回程度	月1回未満	全くない	全体
孤独感が常にある	3.6%	4.5%	6.3%	5.1%	6.2%	9.9%	24.5%	8.4%

（出典：同調査）

表42　外出頻度ごとにみた孤独感が「常にある」人（間接尺度）の割合（16−64歳）（n=6,941。無回答を除く）

	週5日以上	週3−4日程度	週1−2日程度	週1日未満	外出しない	合計
孤独感が常にある	6.7%	12.1%	10.6%	17.8%	27.6%	8.6%

（出典：同調査）

孤独感を常に感じる人の割合は全体平均を下回るが、その他の頻度の人は全体平均8.6%を上回った。特に「週1日未満」「外出しない」人の割合は全体平均の2倍以上と高くなっている（表42）。

ひきこもり群に近い対象者の状況

　内閣府のひきこもりに関する調査では、すでに述べたように外出に関する質問によってひきこもりの該当者を割り出している。また実際の推計ではさまざまな条件に合致する人をひきこもりの該当者から除外している。

　一方、「つながり調査」には、これらの判断に用いられる質問がすべて含まれるわけではないため、内閣府調査とまったく同じようにひきこもり状態の人を特定することはできない。以下では近似的なグループに該当する人の集計をおこなうことで、ひきこもり状態に当てはまる人を社会的孤立の視点から位置づけていきたい。なお、以下の分析では外出頻度、行動範囲、同居していない家族や友人との直接の会話頻度についての無回答者を除く6,673人を対象とする。

　表43では対象者を外出頻度に応じて高外出頻度（70.4%）、中外出頻度（23.9%）、低外出頻度（5.7%）に分けた。また行動範囲が自宅に限られる人、自宅および不特定多数の人が集まる場所に限られる人、広範囲の場所に外出している人に分けた。

第5章　社会的孤立に関する調査による外出限定層の検討────199

内閣府調査では主に外出頻度と外出先の基準によってひきこもり状態の人を特定している。それを参照して、外出頻度が「低い」「中程度」で、かつ行動範囲が「自宅のみ」「自宅＋不特定多数」に限られる人を、内閣府調査に準じて「外出が限定される人」とみなすことができる（以下、「外出限定群」と呼ぶ）。ここに608人が該当し、6,673人中の9.1％に相当した（表43の網掛け部分）。[5]

　比較のために付記すると、2023年発表の内閣府調査では外出範囲が趣味の用事やコンビニに限られる人と自宅や自室中心に生活する人を「外出頻度の低い回答者」と総称しており、15歳から39歳では7,035人中の690人（9.8％）、40－64歳では5,274人中の698人（13.4％）が該当している。

　前述したように、内閣府調査ではさまざまな条件に当てはまる人をこの回答者から除外し、「ひきこもり」の該当者を特定している。[6] 大まかな比較のために2023年発表の調査に合わせて会社役員（6人）、自営業主（59人）、家族従業者（30人）、それに無業の有配偶の女性（かつ、同居者以外との会話がある人）（80人）を除くと、608人から174人が引かれて434人（6.5％）になった。[7][8]

　網掛けをした「外出限定群」（608人）の内部でも、会話の有無などによって数値にばらつきがあり、中外出頻度の人では、同居していない家族や友人との直接の会話の機会がある人のほうが多数になった。一方、「外出限定群」以外にも、高外出頻度の層で行動範囲が「自宅のみ」「自宅＋不特定多数」に限られるケース、また行動範囲が限られない（「それ以外」）層でも、中外出頻度や低外出頻度にとどまっているケースが存在する（表43）。

クラスター分析による検討

　以下では、ひきこもりに関連する外出頻度の低さ（中外出頻度、低外出頻度）、非同居者との会話の欠如、行動範囲の限定（自宅限定、自宅不特定限定）を基準にして、あらためて対象者全体を類型化する。非階層大規模クラスター分析の手法を用いて、6つのクラスターによる類型化を試みた。表44は分析に用いた変数と各クラスターの特徴を示しており、変数の値が1である場合は当該クラスターの100％が該当することを示す。分析の結果出現するクラスター数の選択に際しては、それぞれの変数を反映した多様な類型が出現し、かつ類型としてのまとまりが保たれることを重視した。クラスター数

表43　外出頻度の高低、非同居の家族や友人との会話の有無、行動範囲に関する対象者の分布
（％は対象者全体に占める割合を示す）（n=6,673）

			自宅のみ	自宅＋不特定多数	それ以外	合計
高外出頻度	会話あり	度数	50	129	4,023	4,202
		％	0.7%	1.9%	60.3%	63.0%
	会話なし	度数	14	26	455	495
		％	0.2%	0.4%	6.8%	7.4%
	合計	度数	64	155	4,478	4,697
		％	1.0%	2.3%	67.1%	70.4%
中外出頻度	会話あり	度数	105	252	1,012	1,369
		％	1.6%	3.8%	15.2%	20.5%
	会話なし	度数	37	66	124	227
		％	0.6%	1.0%	1.9%	3.4%
	合計	度数	142	318	1,136	1,596
		％	2.1%	4.8%	17.0%	23.9%
低外出頻度	会話あり	度数	57	41	181	279
		％	0.9%	0.6%	2.7%	4.2%
	会話なし	度数	34	16	51	101
		％	0.5%	0.2%	0.8%	1.5%
	合計	度数	91	57	232	380
		％	1.4%	0.9%	3.5%	5.7%
合計	会話あり	度数	212	422	5,216	5,850
		％	3.2%	6.3%	78.2%	87.7%
	会話なし	度数	85	108	630	823
		％	1.3%	1.6%	9.4%	12.3%
	合計	度数	297	530	5,846	6,673
		％	4.5%	7.9%	87.6%	100.0%

（出典：前掲「人々のつながりに関する基礎調査（令和4年）」）

が5の場合には行動範囲が自宅に限定されるクラスターを設定することがで
きず、また7の場合にはケース数が50を下回るクラスターが現れたため、
クラスター数を6として分析を進めることにした。

　1番目の「非孤立型」は、外出頻度や会話、行動範囲が限られない。規模

表44　大規模クラスター分析による類型化（最終クラスター中心の値。n=6,673、表内の数字は％）

類型	ケース数	中 外出頻度	低 外出頻度	自宅限定	自宅不特 定限定	非同居会 話なし
1　非孤立型	4,204	0	0.04	0	0	0
2　不特定外出型	422	0.6	0.1	0	1	0
3　中低度外出型	1,278	1	0	0.11	0	0
4　非同居者会話欠如型	520	0	0.1	0.03	0	1
5　自宅限定型	141	0	0.65	1	0	0
6　不特定外出・非同居 会話欠如型	108	0.61	0.15	0	1	1
合計	6,673	0	0.04	0	0	0

（出典：同調査）

は最大のグループである。

　2番目の「不特定外出型」は、行動範囲が自宅および不特定多数の人が集まる場所に限定されている。外出頻度が中程度の人が約6割含まれる。ここに外出限定群の293人が含まれた。

　3番目の「中程度外出型」は、外出頻度が中程度である。ここに外出限定群の142人が含まれた。

　4番目の「非同居者会話欠如型」は、非同居の友人や家族との会話がない人である。外出限定層は含まれない。

　5番目の「自宅限定型」は、行動範囲が自宅に限定される。外出頻度が低度の人が60％ほどである。ここに外出限定群の91人が含まれた。

　6番目の「不特定外出・非同居会話欠如型」は、非同居の友人や家族との会話がない人である。行動範囲は自宅および不特定多数の人が集まる場所に限られる。外出頻度が中程度の人が6割ほどである。ここに外出限定群の82人が含まれた。

　各クラスターに属する人の孤独感や生活状況に関する結果を表45に示した。

　2番目のクラスターは女性や有配偶者、無業者や失業者の割合が比較的高い。外出限定群には、配偶者がいる無業の女性が64人含まれた。家庭でのケア責任を負っているために行動範囲が狭まっている人が多く含まれている

表45　クラスター別の孤独感や生活状況（n=6,673、表内の数字は％）

	性別	常に孤独感	配偶者あり	正規の職員	無業	失業中	暮らし大変苦しい	相談相手なし
1　非孤立型	男性46.3 女性52.9	5.0	59.8	53.7	2.7	1.0	10.6	9.3
2　不特定外出型	男性33.7 女性65.3	12.4	64.0	22.3	28.8	14.5	13.6	10.9
3　中低度外出型	男性41.9 女性56.8	10.0	58.5	35.2	11.7	6.3	13.6	11.7
4　非同居者会話欠如型	男性59.9 女性38.5	20.3	51.7	60.2	2.3	1.4	21.3	26.4
5　自宅限定型	男性52.5 女性46.1	19.3	44.3	28.4	22.0	8.5	37.6	27.0
6　不特定外出・非同居者会話欠如型	男性43.5 女性55.6	35.8	42.6	8.3	39.3	29.9	25.0	33.3
合計	男性45.8 女性53.2	8.4	58.6	47.4	7.0	3.5	13.0	11.9

（出典：前掲「人々のつながりに関する基礎調査（令和4年）」）

と考えられる。

　3番目のクラスターは有配偶率が高く、正規の職員である割合もやや高い。必ずしも深刻な困難を抱えているわけではないが、外出の範囲が自宅と不特定の人が集まる場所に限定されている。

　4番目のクラスターは正規の職員である割合が比較的高い。非同居の家族や友人との会話が欠如していることが特徴で、相談相手がいない人が比較的多い。常に孤独を感じる人が約20％いる。

　5番目のクラスターは自宅中心に生活する点では既存のひきこもりのイメージに近い。無業の割合が比較的高い。暮らしぶりが苦しい人の割合が高く、常に孤独を感じる人が約20％いる。

　6番目のクラスターには、常に孤独を感じる人が最も多く含まれている。無業者の割合が最も高く、暮らしぶりが苦しい人、相談相手がない人の割合も比較的高い。また、女性の割合が2番目に多いクラスターであり、外出限定群には、配偶者がいる無業の女性が17人含まれた。

第5章　社会的孤立に関する調査による外出限定層の検討————203

3　考察

「つながり調査」のデータを用いて、外出頻度、会話、行動範囲の側面から孤立状態に置かれた人を検討した。ひきこもりの定義に近い対象者として、外出頻度と行動範囲からは外出が限定される人（外出限定群）を特定した。一方で、高外出頻度の層でも行動範囲が限られるケース、また行動範囲が限られなくても外出頻度が低いケースがあり、従来の調査による「ひきこもりであるか否か」という線引きには収まらない孤立を抱える人の姿が明らかになった。

さらに、クラスター分析によって、あらためて対象者全体を6つのクラスターに分類した。外出限定群の人が含まれるクラスターは4つ（クラスター2、3、5、6）に分かれた。なかでもクラスター5は行動範囲が自宅に限定され、自宅や自室にひきこもるという、従来のひきこもりのイメージに近い困難を抱えているといえる。会話の欠如を特徴とするクラスター4や6にも、孤独感の強さや生活の苦しさという課題がみられた。

以上のように、ひきこもり状態の人に近い外出限定群でも、それぞれに抱える困難は異なる。会話の多寡という社会的孤立の課題、生活困窮の課題などとの重なりを視野に入れ、きめ細かく検討する余地があることが明らかになった。

4　結論

ひきこもりという概念によって一元的な見方をされがちだった社会的孤立の課題を、多面的な視点から検討することを試みた。行動範囲や外出頻度、会話の頻度など、社会的孤立に関する複数の指標を含んだ「人々のつながりに関する基礎調査」データを用いて、従来のひきこもりに近い対象者像として、外出限定群を特定した。しかし、このグループに含まれる人でも外出の頻度や行動範囲など抱える困難はさまざまである。ひとくちにひきこもり状態として一枚岩の形で理解できるわけではない。

自宅や自室へのひきこもりという典型的なパターン以外のケースでも、同居者以外の家族や友人との会話が欠如している層があり、孤独感や生活の苦しさ、無業といった困難を抱える割合が高いことも明らかになった。量的調査でのひきこもりの定義は外出の有無を基準としているが、初期のガイドラインで基準とされた親密な他者の有無などを含めて、定義そのものを再構成していく必要がある。

　すでにみたとおり、従来は就労や就学、交遊のすべてが欠如したケースをひきこもりと定義してきた。内閣府調査では、対象者が「社会的自立に至っているかどうか」という問題に関心が向けられ、他者との関係を含む社会的活動に参加しているかどうかを二者択一的に線引きすることが意図されているように思われる。そのため、家事・育児に関わる人や自宅で仕事をしている人などをひきこもりに算入するかどうか、定義の細かい変更が重ねられてきた。

　しかし、こうした一元的な区分にはいくつかの課題がある。就学、就労、交遊などの状況によってひきこもり状態かどうかを規定してしまうと、就労や交遊など、それぞれの人が抱えている困難さをみえにくくしてしまう。ひとくちにひきこもり状態といっても、就学や就労をしている間から交遊が欠如していたと考えられる人、離職をきっかけに徐々に交遊も失われた人など背景はさまざまである。就学、就労、交遊のいずれについて支援を求めているかは人によって異なる。本章では一元的な線引きではなく、複数の基準からひきこもりに近い状態の人を含めた孤立状態の類型化を試みた。

　すでに述べたとおり、現状の「人々のつながりに関する基礎調査」の質問項目には限りがあり、既存のひきこもり状態に当てはまる人を正確に特定することができない。一方、2019年発表までの内閣府調査には、対人不安の質問項目や通院・入院を経験した疾患に関する質問項目が含まれ、ひきこもりだけでなく幅広い社会的孤立の背景を探るうえで価値が高い（第4章を参照）。このように、ひきこもりと孤立に関する調査を縦割り的に両立させるのではなく、孤立の多面的理解と、その幅広い背景を探るような調査の設計が望まれる。

注

（１）内閣官房孤独・孤立対策室「人々のつながりに関する基礎調査（令和4年）調査結果の概要」2023年3月（https://www.cao.go.jp/kodoku_koritsu/torikumi/ zenkokuchousa/r4/pdf/tyosakekka_gaiyo.pdf）［2025年3月10日アクセス］

（２）同資料

（３）後述のように、外出頻度が「週に3〜4日」「週1〜2日」の人は「孤独感が常にある」人がそれぞれ12.1％、10.6％であり、対象者全体の平均を上回る点で「週5日以上外出」の人とは異なる。また頻度が「週1日未満」および「外出しない」人は「つながり調査」の報告書でも一括して扱われている。これらを受けて妥当と思われる類型を設定したが、それでも「週に3〜4日」「週1〜2日」の人を中程度の外出頻度として一括することの妥当性は問われる余地もある。内閣府のひきこもり調査では「人づきあいのためときどき外出する」人をひきこもり群から除外し、「趣味の用事のときだけ外出する」人を加算している。内閣府調査の選択肢の曖昧さのため単純な比較はできないが、たとえば「週3〜4日」外出する人は「ときどき」の外出に相当し、外出限定群とみなすことはできないといった議論も起こりえるだろう。そこで以下では「週に3〜4日」「週1〜2日」の人の間に違いがみられるかどうかも必要な範囲で検討していくことにする。

（４）前掲『10代・20代を中心とした「ひきこもり」をめぐる地域精神保健活動のガイドライン』

（５）表43に含まれる中程度外出の人は460人だが、その内訳は「週3〜4日」外出の人が220人、「週1〜2日」外出の人が240人である。「週3〜4日」の人を除外すると外出限定群は388人になり、6,673人中の5.8％に相当する。

（６）さまざまな除外条件のうち、「現在の外出状況になってからの期間」が6カ月未満であるためひきこもりから除外されている人は、15歳から39歳の「外出頻度の低い回答者」のうち28.4％、40歳から64歳のうち12.5％である。

（７）前掲『こども・若者の意識と生活に関する調査』。内閣府調査では専業主婦・主夫のうち会話の頻度が多い人をひきこもり群から除外しているが、「人々のつながりに関する基礎調査」では現在の職業の選択肢に専業主婦・主夫が含まれず、それに代わって「無業」を選択している人が多いと推測される。外出限定群のなかで専業主婦・主夫に近い状態の人を次のように推計した。現在の仕事が無業である人は175人であり、うち女性は134人、そのうち配偶者のいる人は103人、さらにそのなかで同居者以外との会話がある

人は80人だった。

（8）ここで週3、4日の人の内訳を示すと、会社役員は2人、自営業主は16人、家族従業者は9人だった。また前注と同様の基準で、専業主婦に近い立場で同居者以外との会話がある女性は39人だった。

第6章　民生委員を対象とする ひきこもり・社会的孤立調査

1　40歳以上のひきこもり事例への注目

　第6章から第8章にかけては、特に40歳以上のひきこもり事例に対応することが多い民生委員、生活困窮者の相談窓口、地域包括支援センターを対象とした調査報告を検討する。

　これらの調査では、主に厚生労働省によるガイドラインの定義を示しながら、支援者が把握するひきこもり事例について調べている。しかし本書で示してきたように、ひきこもりの概念には曖昧さがつきまとう。調査対象者が想定するひきこもりイメージも一様ではなく、典型的なイメージに偏っている可能性も高い。

　本書では社会的孤立という大きな傘のもとで個別の事例を理解することを目指しているが、第6章から第7章については元の調査で用いられた「ひきこもり」という言葉をそのまま使用せざるをえない。そのうえで、報告される事例について社会的孤立の視点から多面的に理解する余地があることや、ひきこもり支援に限らない多元的な支援策を講じる必要性について論じていきたい。

　2010年代の前半、ひきこもりの長期化や高年齢化が各地の調査をもとに指摘されはじめた。[1] 10年公表の内閣府の調査では、学校よりも職場や病気をきっかけにひきこもりはじめた人が多いことが明らかになった。[2]

　その後、2019年に公表された内閣府の調査では初めて40歳から64歳までの人が対象に加えられ、その後の23年にも64歳までの調査結果が公表された（第4章を参照）。

第4章でみたとおり、全国規模の調査でも得られる事例の数は少なく、ま
た実際の生活状況を知るための情報は限られる。一方、地域で活動する民生
委員や、年齢を問わず相談を受ける窓口では、40歳以上の事例に関する生
活状況をある程度具体的に把握することができる。

2　都道府県による調査の概要

　本章では民生委員を対象とする調査報告を検討するが、その前に都道府県
が実施するひきこもりの実態調査について概観しておきたい。
　厚生労働省が2020年にとりまとめた報告によれば、20年までの過去約10
年間に、全国95の自治体でひきこもりに関する実態調査がおこなわれてい
る。[3]内訳は都道府県が25、政令市が9、東京特別区が6、その他の自治体
が55である。
　調査手法は市民からの無作為抽出などによる標本調査、民生委員を対象と
した調査、関係機関を対象とした調査などに分かれる。都道府県に限ると、
標本調査は2県（富山県、奈良県）、民生委員を対象とした調査は17府県、関
係機関を対象とした調査は9府県で実施されている（一部府県では、民生委
員・関係機関対象の双方を実施）。
　それぞれの調査手法にはメリットとデメリットがある。標本調査では支援
機関などにつながっているかどうかにかかわらず、地域に居住する一般の
人々を対象にひきこもり状態の人の実態を偏りなく知ることができる。しか
し該当者は1％から2％程度と少数である。数千人規模のサンプルをもつ調
査でも、報告されるひきこもり状態の人は数十人にすぎない。内閣府による
調査では本人が回答する方法を採用しているが、実際に深刻な孤立状態にあ
る人が、どの程度調査に参加可能なのかなどの点で疑問が残る。
　一方、民生委員は孤立している本人や家族の存在を地域で直接感じ取るこ
とができる立場であるため、本人や家族が調査に協力するかどうかにかかわ
らず、孤立した人の実態を回答することができる。民生委員1人あたり平均
で0.3人から0.7人ほどの該当者を把握しており、各調査では合計数百人か
ら2,000人台にのぼる該当者について報告がされている。しかし、専門的な
支援者ではない民生委員は詳細な情報をもってはいない。そのため、回答結

果にも「分からない」「不明」などが多い。

　また関係機関を対象とする調査では、対象者が実際に支援を受けている人が中心になる限界があるが、本人や家族の実情を比較的詳しく把握することができる。こうした調査については第7章（生活困窮者自立相談支援）と第8章（地域包括支援センター）で検討する。

3　民生委員を対象とする「ひきこもり」調査

　表46は、都道府県が民生委員を対象に実施した調査例である。都道府県内の全民生委員を対象とし、回収数は80％から90％に達する（主任児童委員を対象に含める場合もある）。

　ひきこもり状態の人の定義は厚生労働省の定義に準じて掲げられているが、細部は都道府県ごとに独自性がみられる。ひきこもり状態の人の年齢は多くの調査で15歳から64歳までを対象に含めているが、なかには学齢期の子どもを含んだり65歳以上の高齢者を含む調査もある。

民生委員はひきこもり状態の人をどのように把握しているのか

　民生委員を対象とする調査では、数百人から2,000人台の該当者についての報告になっている。ひきこもりの該当率は多い場合でも各都道府県人口のおよそ0.2％にとどまり、内閣府調査の報告では約1、2％であることに比較しても相当に低い。ただし、民生委員の調査はひきこもり状態の人口を特定するよりも、地域で生活する人が孤立している人をどのように認識しているのかを探ることができる点に大きな意義があると考えられる。いくつかの調査では、ひきこもりの人を知っているかという質問項目があり、これによって民生委員のなかでひきこもり状態の人を知っている割合（認識率）が明らかになる。結果は静岡県や香川県で約25％になっている。

　対象者を把握した経緯について、長野県の調査では、「民生委員・児童委員本人が把握」47.6％、「近隣住民が把握」37.7％、「行政機関等が把握」12.5％になっている。また「該当者を見かけることがある」37.5％、「姿を見たことがない」34.4％、「家庭訪問時に挨拶をすることがある」17.0％、「分からない」9.3％になっている。

210

表46　民生委員を対象とする都道府県の「ひきこもり」調査の例

調査主体	山梨県	長野県	静岡県	島根県	香川県
発表時期	2021年1月	2019年6月	2020年3月	2019年12月	（記載なし）
調査基準日	2020年9月現在	2019年2月1日	2019年9月1日	2019年7月	2019年1月1日
対象となる民生委員数	民生児童委員2,282人	民生児童委員5,040人	民生児童委員6,329人主任児童委員576人	（記載なし）	2,214人
回収数	1,928人（84.4%）	4,505人（89.4%）	民生児童委員5,672件（90.7%）、主任児童委員474件（83.7%）	1,657人（83.1%）	1,931人（87.2%）
ひきこもり状態の人の対象年齢	おおむね15歳以上	おおむね15歳から65歳未満	おおむね15歳以上65歳未満	（記載なし）	（記載なし）
ひきこもり状態の人を知る民生委員の数（認識率）	（記載なし）	（記載なし）	民生児童委員1,433人（25.3%）主任児童委員92人（19.4%）	（記載なし）	24.4%
ひきこもり状態の人の数	615人	2,290人	民生児童委員2,082人主任児童委員134人	1,089人	726人
民生委員1人当たりの該当者数	0.32人	0.51人	民生児童委員0.37人主任児童委員0.28人	0.66人	0.38人
人口に対する出現率	0.09%	0.20%	（年代別・エリア別の把握率のみ記載）	0.16%	0.07%
最多の年齢層	40代（26.9%）、50代（23.4%）	40代（28.5%）、50代（22.9%）	民生児童委員40代（27.6%）、50代（23.8%）主任児童委員10代（21.6%）、20代（21.6%）	40代（24.8%）、50代（21.6%）	40代（14.9%）、30代（11.6%）
その他	家庭の主な収入状況、生活困窮の可能性、今後の支援の必要性、必要な支援の内訳	該当者の把握の方法、ひきこもり等に至った経緯、生活困窮の可能性、今後の支援の必要性	該当者からの相談希望の有無、相談の内容、必要な支援策、家計状況・暮らし向き、ひきこもりなどに至った経緯、現在受けている支援、必要と思われる支援	困難を有するに至った経緯、相談窓口の認知度（民生委員）、相談窓口の紹介事例における紹介先、必要な支援策、関係機関を紹介した事例の有無、紹介先	ひきこもり状態の人がいたときの相談機関、支援で困っていること、必要な支援策、該当者を知ったきっかけ、ひきこもりになったきっかけ、該当者の支援の状況、該当者の暮らしぶり、該当者と民生委員・児童委員の関わり、民生委員としての相談の有無

（出典：山梨県福祉保健部「ひきこもりに関する調査結果」2021年〔https://www.pref.yamanashi.jp/documents/97831/r2_tyousakekka_1.pdf〕、長野県健康福祉部・県民文化部「「ひきこもり等に関する調査」の結果」2019年〔https://www.pref.nagano.lg.jp/chiiki-fukushi/happyou/documents/hikikomorichosakekka.pdf〕、静岡県健康福祉部障害者支援局障害福祉課「静岡県ひきこもり等に関する状況調査報告書」2020年〔https://www.pref.shizuoka.jp/_res/projects/default_project/_page_/001/057/916/houkokusyo.pdf〕、島根県健康福祉部障がい福祉課「ひきこもり等に関する実態調査報告書」2019年〔https://www.pref.shimane.lg.jp/medical/fukushi/chiiki/hikikomori/index.data/R1hikikomorihoukokusyo.pdf?site=sp〕、香川県健康福祉部障害福祉課「ひきこもりに関する実態調査結果」2019年〔https://www.pref.kagawa.lg.jp/documents/16344/sub3s1200903184614_f15.pdf〕〔いずれも2025年3月10日アクセス〕）

香川県の調査では、ひきこもり状態の人を知ったきっかけは「近所からの情報・相談」52.5％、「あなた自身の訪問等の活動」23.3％、「本人・家族からの相談」16.4％、「その他」12.4％になっている。そのほかの内容として、「自治会長からの情報」「小さい頃から知っている」が付記されている。

　ひきこもり状態の人に対する民生委員・児童委員の関わりについて「ある」20.0％、「ない」74.1％になっており、ある場合は主に「定期的な家庭訪問」「見守り、声かけ」などの意見が多くみられた。

　静岡県の調査では、該当者や家族から相談を受けたことが「ある」11.8％、「ない」83.9％になっている。相談の内容として、将来のこと（仕事をしておらず今後の生活が心配など）45.5％、経済的なこと（働くことができず生活が苦しいなど）28.8％、学校、仕事のこと（不登校、就職の失敗、就職したが辞めて戻ってきているなど）26.5％、医療、病気に関すること（精神疾患ではないかなど）26.3％、日常生活に関すること（生活リズムが整わない、ご飯を食べない、入浴しないなど）24.4％、本人との関わり方（声のかけ方や関わりの程度など）21.6％、情報の問い合わせ（どこに相談したらいいか教えてほしい、など）12.9％、その他（28.1％）になっている。

　本人や家族から何らかの相談をしたいという希望は本人について「ある」49人、「ない」1,231人、「不明」486人、家族について「ある」257人、「ない」1,070人、「不明」321人になっている。

民生委員が把握するひきこもり状態の人の実情

　ひきこもり状態の人の年齢層は、多くの調査で40代が最多で、次いで50代または30代になっている。一部では30代が最多になっている。

　ひきこもりの状態になった経緯は、長野県の調査では「不登校」319人、「就職できなかった」144人、「就職したが失業した」358人、「家族や家庭環境」251人、「疾病・性格など本人の状況」564人、「わからない」940人、「その他」252人になっている。

　島根県の調査では、「不登校」164人、「就職できなかった」60人、「就職したが失業した」166人、「家族や家庭環境」141人、「本人の疾病・性格など」268人、「わからない」385人、「その他」53人になっている。

　ひきこもりのきっかけについては、内閣府調査と同様の項目で調査している例もあるが、内閣府の質問項目では「職場になじめなかった」となってい

るのに比べて、「就職したが失業した」などの項目はライフコース上の困難の時期を特定しやすく、参考になる。家族の状況や本人の状況から背景を特定しようとしていることも注目できる。ただし、民生委員の立場からどの程度明確な判断が可能なのかは課題である。

　生活困窮の可能性については、山梨県の調査では「既に困窮している」8.8％、「困窮する可能性が高い」12.0％、「当面、困窮する可能性は低い」43.7％、「分からない」35.3％になっている。

　長野県では「困窮する可能性は低い」が1,161人と最も多く全体の50.7％を占めており、次いで「分からない」が628人（27.4％）になっている。「困窮する可能性が高い」が309人（13.5％）、「既に困窮している」が123人（5.4％）で、合計で432人（18.9％）が生活困窮の状態にある（近い）と推測される。

　静岡県調査では家計状況・暮らし向きは「ふつう」が775人（37.2％）と最も多く、次いで「わからない」440人（21.1％）、「苦しい」288人（13.8％）になっている。また、「ゆとりがある」と「ややゆとりがある」を合わせた人数は296人（14.2％）、「苦しい」と「やや苦しい」を合わせた人数は536人（25.7％）になっている。

　香川県の調査では暮らしぶりについて「生活保護を受給している」4.7％、「苦しい」8.8％、「ゆとりがある」19.8％、「分からない」40.5％、「どちらともいえない」18.0％になっている。

支援に関する状況

　静岡県の調査では、「現時点で支援は必要ないが、今後支援が必要になる可能性があると感じている」976人、「無回答」325人、「特に支援の必要がない」263人、「早急に何らかの支援が必要な方と感じている」216人、「行政機関等へ連絡済」204人になっている。

　長野県の調査では、支援の必要性として「行政機関へ連絡済み」6.4％、「迅速な支援が必要と推測」6.4％、「迅速な支援は必要とは思われない」31.5％、「分からない」36.9％になっている。

まとめ──民生委員を対象とするひきこもり調査について

　民生委員による調査の多くは、ひきこもり状態の人の人口を推計するため

の標本調査に代わる「次善の策」として実施されているようにも思われる。しかし該当者の人口推計よりも、それぞれの地域でどの程度ひきこもり状態の人が認知されているのか、社会的に孤立している人とどのような接点があるのか、緊急的な支援ニーズはどのような内容なのか、などを知るための可能性が含まれている。現状では調査のノウハウが自治体相互に交換される機会も乏しいと思われる。充実した調査の例が広まり、知見が蓄積されることに期待したい。

4　民生委員を対象とする社会的孤立支援事例の調査

　全国民生委員児童委員連合会による『民生委員制度創設100周年記念全国モニター調査報告書』⁽⁴⁾では、民生委員を対象に、ひきこもりに限らない社会的孤立事例を支援した経験を尋ねている。

　ここで「社会的孤立」とは、「民生委員・児童委員がその人に関わろうとした時点で、周りに助けを求められる相手がいない状態、また、その人の周りにその人を気にかける人が誰もいない状態」と定義している。回答の際には、支援した「社会的孤立」事例（人や世帯）のうち、相談支援が最も困難なケースについて回答するよう指示している。

　支援が困難な事例は、次のように例示している。

・民生委員や専門機関、近隣などとの接触を拒むような事例
・その人と接触するまでに時間を要した事例
・専門機関の支援につないだものの、専門機関からの支援を本人が拒むような事例
・その人に合う既存のサービスや専門機関などがなく、民生委員として、個人で支援せざるをえないような事例
・専門機関につないだものの、有効な支援ができず、引き続き民生委員が日常生活上の支援を続けざるをえない事例
・専門機関が関わっていたり、認知しているが、有効な支援ができていない事例

回答した民生委員・児童委員
20万750人のなかで、社会的孤
立状態にある人（世帯）への支援
をおこなったことがある民生委員
は5万3,454人（回答全体の26.6
％）だった。内訳としては、区域
担当委員17万683人のうち4万
6,426人（27.2％）、主任児童委員
1万9,477人のうち3,038人（15.6
％）であり、区域を担当する民生
委員のほうが支援の経験が多い。

主な支援対象者の年齢は65歳
以上が約60％を占め、高齢者の
割合が高い（表47）。

そのほか、生活保護受給者が
15.5％（40-49歳の層で最も多く
26.3％）、対象者本人に「認知症
あり」（「疑い」も含む）は25.3％

表47　主たる支援対象者の年齢

年齢	度数	％
6歳以下	54	0.1％
7-12歳	319	0.6％
13-18歳	536	1.0％
19-29歳	487	0.9％
30-39歳	1,454	2.7％
40-49歳	2,999	5.6％
50-59歳	4,031	7.5％
60-64歳	2,707	5.1％
65-74歳	8,902	16.7％
75-84歳	15,015	28.1％
85歳以上	7,524	14.1％
無回答	9,426	17.6％

（出典：全国民生委員児童委員連合会編『民生委員制度創設100周年記念全国モニター調査報告書』全国民生委員児童委員連合会、2018年、5ページ）

だった。また「障がい（身体、知的、精神など）あり」（「疑い」も含む）の回答は27.6％（50-59歳で最も多く43.5％）だった。独居世帯が半数近くにのぼり、その多くが独居高齢者世帯だった。

「Ａ　対象者が抱える課題（複数回答）」では、「身体的な病気・けが」「認知症」「近隣住民とのトラブル」などが多い（表48）。「Ｂ　とくに主要な課題」を3つ選ぶ質問の回答では、やはり「身体的な病気・けが」「認知症」などが多い。また対象者が抱える課題のなかでの緊急性、重要性が高い件数の割合は、数字が大きい順に「ゴミ屋敷」や「近隣住民とのトラブル」「就労不安定」「不登校」「高齢者虐待」となる（表48のＣ）。これらは、対象者が抱える課題のなかでも緊急性や重要性が高い事例の割合が高いことを示している。

世帯構成員の年齢に基づき、世帯構成員全員が65歳以上の「高齢者のみ世帯」と「その他の世帯」に分け、それぞれに抱える課題を集計すると、高齢者だけ世帯では「身体的な病気・けが」「認知症」「外出が困難」が上位3

表48 「A 対象者が抱える課題（複数回答）」「B とくに主要な課題（緊急性、重要性が高いもの）3つに関する結果」「C Aに占めるBの割合」

課題	A 件数	割合	B 件数	割合	C 割合
身体的な病気・けが	18,212	34.1%	9,790	18.3%	53.8%
認知症	14,641	27.4%	8,083	15.1%	55.2%
近隣住民とのトラブル	11,705	21.9%	7,433	13.9%	63.5%
外出が困難	11,438	21.4%	4,892	9.2%	42.8%
精神的疾患・精神面の不調（うつ等）	11,188	20.9%	5,873	11.0%	52.5%
必要な介護や生活支援を受けていない	10,119	18.9%	5,274	9.9%	52.1%
知的・発達障がい、精神障がい（疑い含む）	9,462	17.7%	4,007	7.5%	42.3%
ひきこもり	8,879	16.6%	4,233	7.9%	47.7%
ゴミ屋敷	8,792	16.4%	5,980	11.2%	68.0%
身体障がい（疑い含む）	8,408	15.7%	3,380	6.3%	40.2%
家族が不仲	7,046	13.2%	3,976	7.4%	56.4%
ひとり親世帯	7,009	13.1%	2,208	4.1%	31.5%
就労不安定	5,453	10.2%	3,866	7.2%	62.5%
親の年金頼みで子が無職	5,399	10.1%	2,228	4.2%	40.9%
在宅介護が困難	5,236	9.8%	2,316	4.3%	42.9%
働く意志・教育を受ける意志がない	4,685	8.8%	2,109	3.9%	40.3%
借金の返済が困難	3,780	7.1%	1,769	3.3%	37.8%
依存症（アルコール・薬物等）	3,635	6.8%	1,926	3.6%	51.0%
不登校	3,456	6.5%	2,167	4.1%	59.6%
失業・リストラ	3,021	5.7%	1,689	3.2%	48.9%
家庭内暴力	2,463	4.6%	1,074	2.0%	35.6%
家庭での養育が困難	2,346	4.4%	1,099	2.1%	44.6%
住まい不安定（立ち退き等）	2,185	4.1%	995	1.9%	42.4%
高齢者虐待	2,133	4.0%	1,302	2.4%	59.6%
児童虐待	1,792	3.4%	996	1.9%	46.7%
自殺企図	1,101	2.1%	888	1.7%	49.6%
外国籍住民	1,029	1.9%	620	1.2%	56.3%
刑余者（刑務所等からの出所者）	880	1.6%	520	1.0%	50.5%
非行	475	0.9%	394	0.7%	44.8%
被災者	439	0.8%	142	0.3%	29.9%
路上生活者（行旅人含む）	299	0.6%	176	0.3%	40.1%
その他	6,188	11.6%	165	0.3%	55.2%

（出典：前掲『民生委員制度創設100周年記念全国モニター調査報告書』10、12、13ページをもとに筆者作成）

表49　民生委員が課題に出合った契機

契機	度数	％
近隣住民、自治会・町内会からの相談	12,600	23.6％
あなた自身の訪問での発見	11,437	21.4％
本人・家族からの相談	9,870	18.5％
福祉事務所や市・区役所等からの連絡	2,213	4.1％
地域包括支援センターからの連絡	2,098	3.9％
学校（小・中学校等）からの連絡や相談	1,354	2.5％
社協からの連絡	653	1.2％
民児協会長・事務局からの連絡	547	1.0％
上記以外の関係機関からの連絡	391	0.7％
保健所・保健センターからの連絡	164	0.3％
児童相談所からの連絡	61	0.1％
保育所、幼稚園、認定こども園からの連絡や相談	60	0.1％
その他	3,591	6.7％
無回答	8,415	15.7％
合計	53,454	100.0％

（出典：前掲『民生委員制度創設100周年記念全国モニター調査報告書』16ページ）

項目だった。

　一方、「その他の世帯」では、第1位は「身体的な病気・けが」で高齢者だけ世帯と同じだったが、以下、「精神的疾患・精神面の不調（うつ等）」「知的・発達障がい、精神障がい（疑い含む）」となった。

　特に主要な課題（緊急性、重要性が高いもの）3項目を尋ねた結果では、「身体的な病気・けが」が最も多く、次いで「認知症」でABに共通しているが、以下、「近隣住民とのトラブル」「ゴミ屋敷」「精神的疾患・精神面の不調（うつ等）」と続いており、「近隣住民とのトラブル」やいわゆる「ゴミ屋敷」が主要な課題になっていることが明らかになった。

　民生委員が課題を抱える世帯を知ったきっかけは近隣住民などからの相談、訪問での発見、本人・家族からの相談が多い（表49）。

ひきこもり・無職の子に関する支援例

　「ひきこもり」に該当する事例は8,879件、「親の年金頼みで子が無職」に

該当する事例は5,399件であり、このうち1,848件は両方の課題を抱えている。この2つの課題は、本書で対象とする8050問題、すなわち社会的に孤立する子どもとその親の問題に関連すると考えられる。

8050問題をひきこもり（社会的参加と交流の喪失）だけに結び付けるのではなく、「親の年金頼みで子が無職」（参加の喪失と経済的依存）の事例を独立した課題として挙げていることが注目される。

なお、前述のように民生委員の26.6％が社会的孤立の支援経験をもつが、全体の事例でのひきこもり事例の割合や親の年金頼みの事例の割合と単純に掛け合わせると、ひきこもりについては4.4％、無職の子どもの親の年金頼みについては2.7％の民生委員が支援経験をもつことになる。

表50をみると、「親の年金頼み」と重なる課題は多い順に「身体的な病気・けが」「ひきこもり」「認知症」「精神的疾患・精神面の不調（うつ等）」「働く意志・教育を受けようとする意志がない」である。ひきこもりの場合、同様に「精神的疾患・精神面の不調（うつ等）」「身体的な病気・けが」、知的・発達障がい」「外出が困難」「認知症」「精神障がい（疑い含む）」などが重なる。

双方の課題は類似している一方、次のような相違点も挙げられる。「親の年金頼み」の場合には働く意識に関する課題、就労の不安定、介護の困難、高齢者虐待の課題が目立ち、「ひきこもり」の場合には、精神的疾患や外出困難の課題が目立つ。

報告書では前述とは別に、特に主要な課題として「親の年金頼みで子が無職」あるいは「ひきこもり」が選択された6,231件を対象に詳しい分析をおこなっている。

以下、報告書では「親の年金頼みで子が無職」と「ひきこもり」を併発している事例を「ひきこもり」として一体的に分析し、「ひきこもり」を併発していない事例を「親の年金頼みで子が無職」として区別する。さらに年齢によって事例を4区分し、分析対象としている。

①「親の年金頼みで子が無職」だが「ひきこもり」ではない、本人65歳未満の事例
②「親の年金頼みで子が無職」だが「ひきこもり」ではない、本人65歳以上の事例

表50 「親の年金頼み」「ひきこもり」と重複するその他の課題群（％）

	親の年金頼み (n=5,399)	ひきこもり (n=8,879)
身体的な病気・けが	35.5	34.0
身体障がい（疑い含む）	20.9	18.0
知的・発達障がい、精神障がい（疑い含む）	29.0	25.4
外国籍住民	2.8	2.2
刑余者（刑務所等からの出所者）	3.3	2.1
路上生活者（行旅人含む）	1.1	0.8
被災者	1.5	1.2
自殺企図	3.2	3.6
依存症（アルコール・薬物等）	11.2	9.2
精神的疾患・精神面の不調（うつ等）	31.6	37.3
児童虐待	3.9	4.3
家庭での養育が困難	6.4	5.6
不登校	8.3	10.6
非行	1.9	1.7
家庭内暴力	10.4	7.6
家族が不仲	18.7	16.4
ひとり親世帯	24.2	17.9
高齢者虐待	11.4	5.1
外出が困難	24.5	27.8
認知症	32.9	25.7
在宅介護が困難	15.9	11.0
必要な介護や生活支援を受けていない	25.1	23.0
失業・リストラ	13.6	9.9
就労不安定	23.7	15.5
働く意志・教育を受けようとする意志がない	29.6	21.6
借金の返済が困難	12.9	8.0
親の年金頼みで子が無職	100.0	20.8
住まい不安定（立ち退き等）	5.1	4.1
ゴミ屋敷	20.4	22.5
近隣住民とのトラブル	25.3	23.2
ひきこもり	34.2	100.0
その他	8.2	10.2

（出典：前掲『民生委員制度創設100周年記念全国モニター調査報告書』15ページ）

第6章　民生委員を対象とするひきこもり・社会的孤立調査————219

表51　支援対象別の生活状況・支援状況

支援対象	件数	男女比	年齢	収入の状況
①「親の年金頼みで子が無職」の65歳未満の子ども	528件	男性77.3% 女性20.1%	40代　23.1% 50代　48.7% 60－64歳　20.8%	年金9.1%、 生活保護15.5%
②「親の年金頼みで子が無職」の65歳以上の親	838件	男性33.1% 女性65.4%	65－74歳　20.8% 75－84歳　48.0% 85歳以上　31.3%	年金84.6%、 生活保護13.1%
③「ひきこもり」状態の65歳未満の本人	1,599件	男性69.4% 女性28.9%	40代　27.2% 50代　34.7% 60－64歳　17.4%	年金8.9%、 生活保護18.6%

③「親の年金頼みで子が無職」で「ひきこもり」、本人65歳未満の事例
④「親の年金頼みで子が無職」で「ひきこもり」、本人65歳以上の事例

　以上のように支援対象者である「本人」は①③が65歳未満、②④は65歳以上となる。また家族内の立場は①③が「子」、②④が「親」と推測される。[7]報告書では①から③までの事例を詳細に検討している。[8]

タイプ①「親の年金頼みで子が無職」で、「ひきこもり」ではない「子」が支援対象とみられる事例の状況
［事例の状況］
　50代が48.7%と半数近い。障がいやその疑いが37.5%、「知的・発達障がい、精神障がい（疑い含む）」（28.4%）、「身体的な病気・けが」（25.6%）、「精神的疾患・精神面の不調（うつ等）」（24.2%）などの課題が重なる。生活保護を受給している割合は15.5%だった。
　家族構成は二人暮らしで、就労している人がいない割合が大きい。親子が同居している場合、子は障害や精神疾患のために就労が難しい場合や、子が親の介護を理由に就労しない事例がある。子がアルコールやギャンブルの依存症の場合もある。
　独居世帯も26.7%ある。その場合、就労・年金受給・生活保護受給など本人に何らかの収入がある人の割合は40%。親が施設入所あるいは入院していて、子は独居であっても、子が経済的に親に依存している場合も少なくない。子が暴力的で同居が難しく、別居している場合もある。

220

併存する課題	つないだ先の機関	支援後の状況
働く・教育を受ける意志がない、知的・発達障がい、精神障がい、就労不安定	福祉事務所や福祉部署26.4%、社会福祉協議会15.4%	解決17.6%、改善26.5%
身体的な病気・けが、認知症、必要な介護・生活支援を受けていない	介護関係機関33.0%、福祉事務所や福祉部署20.5%	解決21.5%、改善30.0%
精神的疾患・精神面の不調、働く意思・教育を受ける意志がない、親の年金頼みで子が無職	福祉事務所や福祉部署25.6%、役所のその他の部署12.2%	解決10.3%、改善26.5%

（出典：前掲『民生委員制度創設100周年記念全国モニター調査報告書』53、54、57、58、64、65ページをもとに筆者作成）

［支援の経過］
「つなぎ先があった」割合は70.3％で、福祉事務所や役所の福祉部署が多く、つなぎ先による支援内容としては生活保護申請支援が34.6％になっている。

　背景に精神疾患や障害がある事例が多いが、保健関係機関・障がい関係機関・医療機関につないでいる割合は小さい。つなぎ先があった事例のうち、保健関係機関につないだ割合は2.7％、障がい関係機関は0.8％、医療機関は1.3％だった。ただ、実施された支援内容をみると、治療・受診の実施率が高いことや、就労支援機関につないでいる割合（1.9％）に比べて就労支援の実施率が高いことを踏まえると、民生委員がつないだ先の機関が、さらなる専門機関へとつないでいる可能性がうかがわれる。「解決した」割合は17.6％だが、福祉事務所や役所の福祉部署につないだ場合に「解決した」割合が増えるため、生活保護の受給決定につながった事例が含まれると推察される。

　以下では、報告書のなかで紹介している事例を挙げておく。

・70代の母親と40代の息子の二人暮らし。母親の年金で生活している。息子は酒・タバコ・パチンコが大好きで、仕事に就いても2、3日で辞めてしまう。近隣住民がうるさいと言って壁を叩くなどしてトラブルになっている。
・80代の父親と50代の息子。父親は施設入所していて、息子は一人暮

らしである。市役所の水道課から、4カ月水道が使われていないという連絡があり様子を見にいくと、電気、ガスのメーターも止まっていた。家に張り紙をしてやっと息子と会うことができ、生活困窮者自立支援事業の窓口につないだ。

タイプ②「親の年金頼みで子が無職」で、「ひきこもり」ではない「親」が支援対象とみられる事例の状況

［事例の状況］

　女性が65.4％と多く、年齢は75歳から84歳が48.0％と半分近くを占める。「認知症」（「疑い」も含む）が34.2％、「障がいあり」（「疑い」も含む）が28.4％になっている。「外出が困難」（20.5％）や「必要な介護や生活支援を受けていない」（24.7％）などの状態もあり、支援が必要であるにもかかわらず、「子」の存在によって必要な支援を受けることができていない可能性もあるという。親子が別居していても、別居している子が年金の管理をしていて親に少額しか渡さない、子が年金を使い込んでしまうという事例もあると推察される。

　併発している課題・状況には「ゴミ屋敷」15.0％、「近隣住民とのトラブル」18.3％がある。

［支援の経過］

　相談支援のきっかけは、「近隣住民、自治会・町内会からの相談」「本人・家族からの相談」「民生委員自身の訪問」がほぼ同率で全体の4分の1ずつを占める。「民生委員自身の訪問」もきっかけになっていることから、高齢者世帯の実態調査などで訪問した際に発見したケースが一定数あると推察されている。

　地域包括支援センターなどの介護関係機関につないでいる割合が33.0％と最も多く、支援内容としては介護保険・介護関連サービスの提供・利用支援が38.0％を占めた。公的サービスの整備が進んでいることも手伝って、「解決した」あるいは「改善した」割合は51.5％にのぼる。つないだ先の機関別には、「介護関係機関」よりも「役所のその他の部署」や「社会福祉協議会」につないだ場合に「解決した」割合が高くなっている。行政直営の地域包括支援センターが役場の建物内に設置されている場合、「親」への支援

とともに「子」への支援がおこなわれたことによる結果だろう。

・80代の認知症の母親と50代の無職の娘の二人暮らし。娘は母親の認知症を認めようとしないので要介護認定も受けない。娘は自分の時間がないのでつらいと言うが、地域包括支援センターに相談に乗ってもらっても話を聞くだけで介護サービスの利用は拒んでいる。

・80代の母親と40代の二人の息子が近所に住んでいる（世帯は別）。息子の一人は病気療養中、もう一人はときどきアルバイトをするものの長続きしない。母親が生活保護を受けられるようになったが、ほとんど息子たちが使ってしまう。母親はひどく痩せてしまい、あまり食べていない様子。介護保険のデイサービスの利用を勧めても拒否している。

・70代の一人暮らしの女性。生活保護を受給しているが、民生委員にお金を貸してほしいと依頼に来た。話を聞くと、甥がときどき来てお金を持ち出すことがわかった。甥に絶対お金は貸さないようにと言っても、止めることができない。

タイプ③「親の年金頼みで子が無職」の「ひきこもり」で本人が65歳未満の事例の状況

［事例の状況］

男性が69.4%を占める。30代が11.1%、40代が27.2%、50代が34.7%と、若年、壮年層の割合が大きい。「働く意思・教育を受けようとする意思がない」（32.8%）とともに、「精神的疾患・精神面の不調（うつ等）」を併発している割合が38.3%と多く、精神面の不調が就労に影響している可能性がうかがわれる。

年金受給は8.9%、生活保護の受給割合は18.6%である。独居の割合が43.7%と大きい。独居の場合に限ると、就労・年金受給・生活保護受給のいずれかに当てはまる人（本人に何らかの収入がある人）の割合は43.7%であり、同居していない家族からの仕送りや、貯金の取り崩しなどで生活していると推察される。

［支援の状況］

相談支援のきっかけは、「近隣住民、自治会・町内会からの相談」が28.3

％。独居の場合は、近隣住民、自治会・町内会からの相談が37.3％にのぼる。独居でひきこもり状態にあることを近隣住民が心配して、様子を見にいってほしいと民生委員に依頼する場合もあれば、ゴミ屋敷状態、ゴミ出しの曜日を間違えるなど近隣住民とのトラブルを併発している場合もある。

　つなぎ先としては、タイプ①と同様に、福祉事務所や役所の福祉部署の場合が多いが、「つなぎ先がなかった」割合が10.3％ある。就労や借金の課題も同時に起きているケースも多いものの、生活困窮者自立支援機関や就労関連機関につないでいる事例は限定的である。

　背景に精神的な疾患や障がいがあるとみられる事例も多いが、保健関係機関・障がい関係機関・医療機関につないでいる割合は小さい。ただし、実施された支援内容をみると、治療・受診の実施率が高いことや、就労支援機関につないでいる割合に比べて就労支援の実施率が高いことから、民生委員がつないだ先の機関が、さらに専門機関へとつないでいる可能性が高い。

　支援内容は「定期的な訪問」が39.4％あることから、制度やサービスを利用する前に、訪問によって関係構築に時間をかけていると推察される。ただし「解決した」割合は小さく、10.3％にとどまる。

・80代の祖母と離婚して戻った娘家族（子ども３人）の家庭。娘の長男（現在30代）のひきこもりについて祖母から相談があった。本人は、高校卒業後一度就労するも、軽い聴覚障がいもあり、すぐ失業。その後、夜、たまにコンビニに行く以外はひきこもっている状態。現在は祖母にしか会えない。

・40代の独居男性。インターネットで知り合った人からストーカーされているという思い込みから外出できずひきこもり。貯金を取り崩して生活しているらしい。近所の人とも会わないようにしているようで、夜暗くなってから買い物に行っている。

・40代男性。小学生のときにいじめにあい、不登校からひきこもりになった。うつ病を患っている。30代のときに母親が亡くなり、それ以来一人暮らしである。足腰が弱って100メートルぐらいしか歩けなかったが、民生委員が付き添って歩けるようになった。

民生委員と事例との接点

　あらためて、民生委員と事例との接点がどのように生じているのかを報告書からみていきたい。相談支援のきっかけは、表49に挙げたとおりだが、タイプ①から③を通じて多いのが「近隣住民、自治会・町内会からの相談」（約25％から28％）である。本人・家族からの相談についていえば、タイプ①では27.1％、タイプ②でも24.5％を占める。一方タイプ③では「本人・家族からの相談」の割合が18.4％と少なく、ひきこもりケースでは本人や家族から相談する難しさがうかがわれる。民生委員自身の訪問による発見はタイプ②で23.4％と多いが、タイプ①や③では16％から17％ほどで、タイプ②のような高齢の事例では民生委員が訪問しやすいといえる。

　近隣住民が事例に気づいていた割合は約58％から63％で、タイプ②での割合が比較的少ない。独居世帯に限ると約53％から66％まで幅があり、やはりタイプ②で少ない。

　民生委員や民児協（民生委員児童委員協議会）による支援の内容としては、いずれのタイプでも継続的な見守り・声かけが78％から81％で実施されている割合が高い。家事手伝いがタイプ②で約10％、①や③でも7％から8％、外出・通院の付き添いが7％から10％の割合で実施されている。

民生委員による支援に有効な視点

　報告書では、事例の経過を踏まえて、支援の視点として3点を挙げている。以下、「①複合化した課題のなかで優先課題から順に対応して状況を改善する」「②長い目で支援を継続していく」「③親子の適切な距離を確保することで状況を改善する」の順に紹介する。

①複合化した課題のなかで優先課題から順に対応して状況を改善する

　優先課題から順に対応する視点としては、親が認知症または要介護状態にあるにもかかわらず、必要な介護や生活支援を受けていない、外出が困難である場合などが相当する。この場合は、介護保険給付や生活支援サービスの利用につなげることで解決あるいは改善できることがある。障がいや疾病のために就労が見込めず、経済的に困窮状態にある場合には、本人の同意や財産などの条件を満たしたうえで、生活保護の申請や障害者手帳の取得手続き

などをおこなうことができる。支援対象者が利用しうる制度やサービスを円滑に提供するためには、つなぎ先の機関の窓口担当者と民生委員との顔がみえる関係づくりを、普段から心がけておくことが重要と考えられるという。

　一方、働く意思がない、就労不安定、借金の返済が困難、などの課題は支援の成果が出るまでに時間を要する。就労支援機関や生活困窮者自立支援機関につないだ事例数が少なく、民生委員にとって顔がみえる関係になっていない可能性もあるという。また、支援機関につないだ場合でも、本人が支援開始に同意するまでに長い話し合いが必要になる場合が多い。

　当面の対応として、民生委員あるいは専門機関が、定期的な訪問を続ける。見守り・声かけを通じて、何を目指すのか、どのような徴候を支援の中間的な目標として設定するのかについて、関係機関が合意しながら進めることが、具体的なサービスの利用につなげていくために重要だとしている。

　また数は多くないが、背景要因を解消することで顕在化した課題を解決できた例も紹介している。

・歯科治療で失敗して、歯の痛みのために仕事が手につかず失業し、精神的に落ち込み、ひきこもり状態になって生活保護受給となった。歯が痛くて水しか飲めないと嘆き、歯科受診への同行を求められた。通院に同行して治療を開始し、完治して生活保護も外れ、社会復帰した。

・40代の一人暮らし女性。亡き父が残した貯金を取り崩して生活している。ひきこもりで近所の住人も接触はない。風呂に入っていなくて、全身湿疹。行政などの協力を得て、入院を勧め、完治して退院した。その後、最低限近所の人とは接触できるようになっている。

・40代の男性。大卒後就職するがハラスメントを受け、ひきこもりになる。父親とトラブルが多く、追い込まれて自殺未遂。驚いた父親が保健所に相談し、保健所から紹介された病院に通院を始める。障害者手帳を取得し、生活保護を受給しながら一人暮らしをするようになった。

---

②長い目で支援を継続していく

「ひきこもり」などはその状態になってから数十年が経過し、支援を開始するまでに時間がかかる場合が多い。そもそも本人に会うことが難しく、支援者につなぐまでに長期間にわたる見守り・声かけが必要になるなどの例が報

告されている。

　ゴミ屋敷状態や近隣住民とのトラブルなどの課題を併発する傾向もみられ、課題がこれ以上大きくならないように、定期的に関係づくりを続けることも重要な支援である。事例概要からは、民生委員や民児協がこの役割を担っている例が多い。長期間にわたる支援のなかで、小さな前進に手応えを感じて「改善した」と回答している事例もあり、参考になる。

○民生委員が当事者に会うことができた（ドアを開けない、居留守を使う、いても会ってくれない、といった状態から、会って話ができるぐらいの信頼関係を構築できた）。
○地域包括支援センターや保健関係機関などの専門職と話ができた（役所や公的機関への不信感がある当事者の場合に、民生委員との信頼関係を土台として、民生委員から紹介された専門職とも話ができるようになった）。
○見守り・声かけをするようになった（課題を抱えている世帯であることについて、民児協内や専門機関などと情報共有し、見守り・声かけをする対象になった）。
○制度やサービスを利用して生活を立て直した（「ひきこもり」や「親の年金頼みで子が無職」と同時に発生している「必要な介護や生活支援を受けていない」という課題に対して介護サービスの利用を支援するなど）。
○社会参加や就労に向けた取り組みを開始した（「ひきこもり」の人が社会参加したり、「親の年金頼みで子が無職」の子が就職に向けた活動を行なうなど、課題そのものを解決するための取り組みをおこなった）。

　民生委員だけがこうした支援を担うのではなく、専門機関の定期的な訪問や関係づくりを手厚くしていくような体制づくりも必要だと指摘している。

③親子の適切な距離を確保することで状況を改善する

　課題を抱える子を親がかばうことで、なんとか世帯のなかで解決しようともがくうちに、次第に状態が悪化していく事例がみられる。親が元気なうちは、家族が「ひきこもり」状態の子どもの世話をすることが多いが、親自身の介護や生活の課題が顕在化することで、親が子どもの「ひきこもり」を民生委員に相談するという経過をたどる場合もある。親の介護や生活課題の顕

第6章　民生委員を対象とするひきこもり・社会的孤立調査————227

在化が、「ひきこもり」の把握や支援が入るきっかけになるという見方もできる。

　これに対して、親の死亡に際して、無職や「ひきこもり」状態だった子どもが生活に困り、民生委員や専門機関に自ら相談に来て、支援が開始する事例もあった。あるいは、子が親の介護を理由に就労せず、親の年金で親子が暮らしていたが、親が施設入所することになり、子が自立せざるをえなくなる場合もあった。親子の距離が半ば強制的に変化したことで、長期間にわたって常態化していた「ひきこもり」「親の年金頼みで子が無職」という状況が変化する事例もみられる。

【親の死亡によって子のひきこもりあるいは無職の状態が改善した例】
・父母息子の3人家族。息子は高校卒業後就職するが1年ほどで辞め、親と同居してひきこもり状態になり、就労できなかった期間が20年ぐらいあった。父母2人とも病死し、現在は市の福祉の職場に勤めるようになった。
・父と二人家族だった。父が亡くなり、家に引きこもっている男性（30代）が、いよいよ生活ができなくなって町内会長と民生委員に救いを求めてきた。市役所へ行って生活保護を受けるようになったあと、働き口も見つかり、いい方向に向かっている。
【親の施設入所や入院によって支援の糸口がみえてきた例】
・母と娘の二人暮らし。30代の娘は自宅にひきこもりで仕事はせず、母の年金で生活していて、ときどき母に暴力を振るう。福祉委員、民生委員が訪問しても会うことを拒否する。母の入院を機会になんとか民生委員に心を開いてくれるようになった。
・90代の母と息子2人、娘1人の4人世帯。息子2人は無職で、娘が家事をして、母親の年金で暮らしている。民生委員と会う事を拒絶していたが、やっと会うことを承知した。

　親子の関係はプライベートな領域のため、地域でともに暮らす住民の一人である民生委員としても踏み込むのが難しい領域だという。親子関係に介入する場合には、専門性が高いソーシャルワークのスキルが必要になる領域だが、そのための人的資源が確保できている専門機関は少ないので、その充実

も求められる。

5　まとめ──民生委員を対象とした社会的孤立調査について

　民生委員を対象にした社会的孤立調査は、対象をひきこもりなどに限定せず、社会的孤立に関する支援例を幅広く尋ねている点で意義深い。

　幅広い社会的孤立の課題群と並べて「ひきこもり」や無職の人を支援した経験を可視化するメリットは、次のような点にある。親子間の問題は家族のプライバシーのなかに埋もれやすく、支援制度につながりにくい。しかし、ひきこもりや無職という課題を単体で扱うのではなく、高齢者介護などの比較的「つながりやすい」課題や、ゴミ屋敷などの顕在化しやすく緊急度が高い課題から対応することで、結果的にひきこもりなどの課題にアプローチするルートが開けることがある。その経験をまとめて体系化することで、民生委員がもつ情報力や解決力をより高める可能性がある。

　ひきこもりを単独の課題として認識し、それを単独で解決することは難しい。「ひきこもりから入り、ひきこもりから出る」のではなく、認識や解決の双方で多様な課題群に視点を開くことが有効だといえる。

　一方、社会的孤立への支援を具体的に尋ねるという調査方法についても、民生委員たちの活動や生活の文脈により即して再考する余地があるように思われる。社会的に孤立した人や世帯という捉え方は個人の問題と世帯の問題を混在させることで、事例の分類を難しくしている面もある。単独世帯や家族との同居世帯に分け、それらのなかで気になる、心配な世帯という順で把握していく手法もあるだろう。また「誰かが住んでいるはずだが、家族構成も不明で、外からのコンタクトにも応えてくれない。行政も情報を開示してくれない」というように、民生委員が直面する状況はさらに漠然とした形をとることも多い。より民生委員自身の活動の困難に迫り、課題解決の助けになる研究を進めたい。

　次章では、事例のつなぎ先として挙がった生活困窮に関する相談窓口の支援者、また介護関係者を対象とした調査について検討していく。

注

（1）町田市保健対策課「若年者の自立に関する調査報告」2013年3月（https://www.city.machida.tokyo.jp/iryo/hokenjo/jouhou/chosahokoku.files/14-all.pdf）［2025年3月10日アクセス］、秋田県藤里町による調査（「朝日新聞」2016年9月14日付）など

（2）前掲「若者の意識に関する調査（ひきこもりに関する実態調査）報告書」

（3）厚生労働省「自治体によるひきこもり状態にある方の実態等に係る調査結果（令和2年5月時点）」（https://www.mhlw.go.jp/content/12000000/000691898.pdf）［2025年3月10日アクセス］

（4）全国民生委員児童委員連合会編『民生委員制度創設100周年記念全国モニター調査報告書』全国民生委員児童委員連合会、2018年

（5）1,848件のうち、本人または家族が「身体障がい」「知的・発達障がい、精神障がい（疑い含む）」「精神的疾患・精神面の不調（うつ等）」「認知症」である割合が1,331件、約65％だった。

（6）提示される社会的孤立の課題群はやや羅列的であり、必ずしも体系的に整理されたものとはいえない。ひきこもり（交流の欠如）、無業（参加の欠如）、親への経済的依存はそれぞれ独立した課題として調査する必要があるだろう。第8章も参照。

（7）この調査で収集される事例は「人または世帯」である。世帯単位で事例を捉える場合には子の「ひきこもり」「親の年金頼み」、親の「認知症」などの親子双方の課題が複数重なることがある。よって、課題のいずれが親のものなのか、あるいは子のものなのかが見極めがたくなっている。そのため年齢によって「本人」が親の場合と「子の場合」を区切ったものと考えられる。親子いずれの課題なのかを特定するなど、調査票を工夫する余地が残るといえる。

（8）報告書では、タイプ④（「ひきこもり」で本人65歳以上の事例）の詳しい検討はおこなわれていない。このタイプは加齢に伴う心身の機能が低下したケースが多く、また介護保険制度に基づく社会資源の整備が進んでいて、民生委員による支援の経過をみても、介護関係機関につないで「解決・改善する」割合が大きいという。よって社会的孤立を背景に制度のはざまに陥りがちな事例という調査の趣旨に合致しないと判断された。

第7章　生活困窮者窓口のひきこもり支援と
　　　　「命の危険」

1　生活困窮者相談窓口のひきこもり対応

　2015年から生活困窮者自立相談支援法に基づく相談支援が開始された。制度の対象は「現に経済的に困窮し、最低限度の生活を維持することができなくなるおそれのある者」と定めている。「断らない相談」の理念にも表れているように、相談支援の年齢や課題を問わず、包括的な支援が期待される制度といえる。[(1)]

　自立相談支援事業の窓口は、福祉事務所（全国約900カ所）がある自治体（主に市部）に設置されているほか、町村部に都道府県などが設置する窓口や、一自治体で複数の窓口を設置している例を含めて合計1,300窓口である（2016年5月現在）。

　ひきこもりや社会的孤立は、特に制度開始当初は、生活困窮者の支援制度が直接対象にする課題として必ずしも明確に挙げられているわけではなかった。[(2)] 来談者の状況を整理する帳票では、困り事の内容として「ひきこもり・不登校」や「ニート・ひきこもり」のように、複数のカテゴリーと束ねて項目化されている。

　「生活困窮者自立支援法の施行状況」[(3)]によると、2015年度の新規相談者の状況として、40代から50代の就労していない男性が全体の21.4％を占めた。新規相談者の状況では、経済的困窮（46.7％）、就職活動困難（23.7％）などをはじめとして、多岐にわたる困り事が報告されている。社会的孤立（ニート・ひきこもりなどを含む）の該当ケースは5.5％になっている。

　2017年にひきこもり支援団体が実施した調査では、生活困窮者の相談窓

表52　窓口で対応したことがある本人の年齢層（複数回答）

	2017年		2016年（参考）	
	窓口数	%	窓口数	%
10代	42	27.8%	45	29.8%
20代	83	55.0%	70	46.4%
30代	91	60.3%	79	52.3%
40代	92	60.9%	94	62.3%
50代	77	51.0%	68	45.0%
60 – 64歳	24	15.9%	26	17.2%
65歳以上	13	8.6%	12	7.9%
対応事例あり	133	88.1%	130	86.1%

（出典：KHJ全国ひきこもり家族会連合会『潜在化する社会的孤立問題
（長期化したひきこもり・ニート等）へのフォーマル・インフォーマル支
援を通した「発見・介入・見守り」に関する調査・研究事業報告書』KHJ
全国ひきこもり家族会連合会、2018年、16ページ）

口でのひきこもり状態の人に関する支援について回答を得た[4]。

　ひきこもり状態の本人の年齢について、どの年齢の相談に対応したことが
あるかを尋ねた（窓口への来談者は「本人」とはかぎらない。来談者の属性につ
いて後述）。結果は「40代」が最多になり、以下、「30代」「20代」「50代」
「10代」と続く。

　これらの年代のいずれかにも対応経験がある窓口は88.1％（2017年）で、
逆に、ひきこもり対応について回答する事例をもたない窓口は11.9％（同）
である（表52）。

　40代以上のひきこもり対応事例を1つ選んでもらい、その状況について
質問したところ、回答があったのは109窓口（72.2％）だった。

　ひきこもりの事例に関する基本的な状況では、年齢は40代、50代、60代
の順に多く、性別は男性が98例（89.9％）、女性が11例（10.1％）だった。

　自立相談支援の窓口に相談に訪れたのは、「本人の父母」「関係機関・関係
者からの紹介」「本人」の順だった。「関係機関・関係者」は、本人や家族が
自立相談支援窓口に相談する以前に相談した窓口や機関の関係者であること
が多い。具体例として、地域包括支援センター（6件）、民生委員・児童委員
（6件）、父母のケアマネジャー（3件）、福祉事務所（生活保護関係部署）（3件）、
保健所や保健センター（3件）、社会福祉協議会（3件）、地域若者サポートス

テーション（2件）、ひきこもり地域支援センター（2件）などだった。

　以下、109例の全体に関するデータと、本人の年齢が40代（61人）、50代（40人）のデータを掲げて比較する。

［窓口に相談に来た人］

　多い順に、本人の父母が46件（42.2％）、本人が29件（26.6％）、兄弟姉妹が21件（19.3％）、関係機関・関係者からの紹介が33件（30.3％）、その他の知人5件（4.6％）、自立相談支援機関のアウトリーチが5件（4.6％）、その他の家族4件（3.7％）、本人の配偶者が2件（1.8％）などだった。

　50代では本人の父母が14件（35.0％）、本人が8件（20.0％）と少なく、兄弟姉妹が14件（35.0％）と増えていることが特徴的である。

［父母の年齢］

　父の年齢として、すでに死別している場合が53件（48.6％）と最多で、半数近くになった。以下、70代が27件（24.8％）、80代が12件（11.0％）、60代が5件（4.6％）と続いている。

　50代に限ると死別が25件（62.5％）、次いで80代が8件（20.0％）になっている。

　母の年齢は70代が35件（32.1％）、80代が25件（22.9％）、死別が27件（24.8％）の順で多かった。50代に限ると80代が19件（47.5％）になり、死別は13件（32.5％）になった。

　なお、両親ともに死別している例は全体の16例（14.7％）だった。

［同居家族］

　同居している家族は、母親が58件（53.2％）、父親は32件（29.4％）だった。父母以外の家族は23件（21.1％）、その他23件（21.1％）だった。同居家族の欄に回答がない例は34件（31.2％）で、50代では15件（37.5％）になった。

［本人の課題］

　本人の課題では、「就職活動や仕事への定着が困難」「人間関係・コミュニケーションに困難がある」などが挙がっている。また「経済的に余裕がない、または困窮している」場合も多い。

第7章　生活困窮者窓口のひきこもり支援と「命の危険」————233

表53　本人が抱える課題（複数回答）

1.　就職活動や、仕事への定着困難	96	88.1%
2.　経済的に余裕がない、または困窮	65	59.6%
3.　支出面の問題がある	18	16.5%
4.　住まいに関する問題がある	14	12.8%
5.　身体的な疾病・障害に関する問題	23	21.1%
6.　精神的な疾病・障害に関する問題	55	50.5%
7.　障害者手帳を有している	6	5.5%
8.　人間関係・コミュニケーション	77	70.6%
9.　不登校を経験している	15	13.8%
10.　（家族への）DV・虐待（過去含む）	10	9.2%
11.　その他	14	12.8%

（出典：同報告書19ページ）

［両親が抱える課題］

　両親のいずれかが抱えている課題には、「経済的に余裕がない、または困窮している」「身体的な疾病・障害に関する問題がある」が多く挙がっている。

　なお、身体的な疾病・障害について、介護保険制度上の要介護状態である例が12.8％、認知症のために同様に要介護状態である例が18.3％だった。

　50代では経済的困窮が16例（40.0％）、要介護状態が9例（22.5％）、認知症が10例（25.0％）などの割合が高い。

［自立相談支援窓口よりも前に利用した機関］

　本人や家族が自立相談支援窓口で相談する以前に利用した機関や窓口として、福祉事務所24件（22.0％）や民生委員・児童委員21件（19.3％）が多く挙がった。続いて、高齢者・介護関係の機関・施設19件（17.4％）、社会福祉協議会19件（17.4％）などとなっている。ひきこもり地域支援センターは9件（8.3％）だった。

［法に基づくサービスの利用状況］

　生活困窮者自立支援法に基づくサービスの利用について尋ねた。多く利用

表54　支援によってみられた変化（複数回答）

	件数	％
1．生活保護適用	16	14.7%
2．生活保護廃止・減額	0	0.0%
3．就労開始	25	22.9%
4．就職活動開始	36	33.0%
5．職業訓練の開始、就学	2	1.8%
6．社会参加機会の増加	30	27.5%
7．健康状態の改善	19	17.4%
8．家計の改善	11	10.1%
9．対人関係・家族関係の改善	34	31.2%
10．自立意欲の向上・改善	40	36.7%
11．障害者手帳の取得	7	6.4%
12．その他	22	20.2%

（出典：同報告書22ページ）

されているものでも40％未満だが、「就労支援員による相談」40件（36.7％）、「ハローワークへのつなぎ」34件（31.2％）、就労準備支援事業24件（22.0％）、家計相談支援事業6件（5.5％）、居住の確保を支援する給付金1件（0.9％）、中間的就労7件（6.4％）、生活保護受給者等就労自立促進事業13件（11.9％）、貸付のあっせん8件（7.3％）だった。

［就労支援に関する状況］
　一般就労を目標に支援した例が40件（36.7％）、本人に就労の意思がない例が33件（30.3％）、福祉就労を目標に支援を実施した22件（20.2％）、就労の意思はあるが支援を実施していない10件（9.2％）、その他19件（17.4％）となった。
　50代では就労の意思がない15件（37.5％）と増え、一般就労を目指した支援が12件（30.0％）、福祉就労を目指した支援が7件（17.5％）とやや減っている。

［支援によってみられた変化］

表55　実際の相談ケースに関して連携をおこなった相談機関や窓口（複数回答）

	件数	％
1．福祉事務所（生活保護担当）	49	45.0％
2．行政の子ども家庭担当部署	7	6.4％
3．行政の高齢担当部署	15	13.8％
4．行政の障害担当部署	29	26.6％
5．行政の税担当部署	15	13.8％
6．行政の保険・年金担当部署	18	16.5％
7．その他行政の担当部署	15	13.8％
8．ハローワークなど就労関係窓口	49	45.0％
9．医療機関	31	28.4％
10．高齢者・介護関係の機関・施設	25	22.9％
11．保健所・精神保健福祉センター	27	24.8％
12．障害者関係の支援機関・施設	21	19.3％
13．地域若者サポートステーション	10	9.2％
14．ひきこもり地域支援センター	13	11.9％
15．社会福祉協議会	40	36.7％
16．警察	8	7.3％
17．民生委員・児童委員	29	26.6％
18．司法関係の専門家（弁護士など）	7	6.4％
19．NPO・ボランティア団体	12	11.0％
20．その他	16	14.7％

（出典：同報告書22－23ページ）

　自立意欲の向上、就職活動の開始、対人関係・家族関係の改善、社会参加機会の増加の順に多く挙がった。しかし、多い項目でも40％未満であり、支援によって変化がみられる例が多数ではないことがわかる。

［支援にあたって連携した機関や窓口］
　支援にあたって連携した機関や窓口として、福祉事務所、ハローワークなど就労支援関係の窓口が多く挙がった。続いて社会福祉協議会、医療機関などが多い。
　50代では行政の高齢担当部門が13件（32.5％）、行政の税担当部署が8件

表56　当該の事例の支援にあたって困難と感じられた内容（複数回答）

	件数	％
1．本人が相談の場に現れない	44	40.4%
2．本人とのコミュニケーション困難	48	44.0%
3．本人に精神的な問題がある	52	47.7%
4．本人が支援の必要性を理解せず	37	33.9%
5．相談が中断しやすい	35	32.1%
6．対応方法がよく分からない	13	11.9%
7．改善がみえにくい	42	38.5%
8．家族に困難な問題がある	27	24.8%
9．家族が本人に対して拒否的	14	12.8%
10．家族が支援に対して消極的	21	19.3%
11．使える制度や資源が少ない	36	33.0%
12．紹介先がない	15	13.8%
13．他の窓口などの連携関係に課題	6	5.5%
14．窓口で支援への合意形成困難	11	10.1%

（出典：同報告書23 − 24ページ）

（20.0％）、行政の保険・年金担当部署が9件（22.5％）、高齢者・介護関係の機関・施設が14件（35.0％）と増えている。一方、ハローワークなど就労関係窓口が15件（37.5％）、障害者関係の支援機関・施設が7件（17.5％）、地域若者サポートステーションが1件（2.5％）、ひきこもり地域支援センターが3件（7.5％）、社会福祉協議会が12件（30.0％）と減っている。

［支援にあたって困難と感じた内容］

　支援にあたって困難と感じた内容として、本人の精神的な問題、本人とのコミュニケーションの課題、本人が相談の場に現れないこと、改善がみえにくいことが挙がっている（表56）。

　50代では「本人が支援の必要性を理解せず」が16件（40.0％）、「改善がみえにくい」22件（55.0％）と高くなっている。

　現在実施しているひきこもり支援の内容として、電話相談118件（78.1％）、家庭訪問115件（76.2％）、同行支援101件（66.9％）、インターネット相談23件（15.2％）、本人の居場所が35件（23.2％）、ピアサポートが9件（6.0％）、

第7章　生活困窮者窓口のひきこもり支援と「命の危険」————237

表57　ひきこもり状態の人の支援について困難を感じること（複数回答）

	窓口数	％
1．本人が相談の場に現れない	100	66.2％
2．本人とのコミュニケーション困難	93	61.6％
3．本人に精神的な問題がある	99	65.6％
4．相談が中断しやすい	68	45.0％
5．対応方法がよく分からない	54	35.8％
6．改善がみえにくい	76	50.3％
7．解決に至るまで支援継続できない	65	43.0％
8．家族に困難な問題がある	75	49.7％
9．家族が本人に対して拒否的	44	29.1％
10．使える制度や資源が少ない	82	54.3％
11．紹介先がない	43	28.5％
12．人手が足りない	39	25.8％
13．担当エリアが広い	12	7.9％
14．担当ケース数が多い	8	5.3％
15．予算が足りない	14	9.3％
16．窓口での支援への合意形成困難	28	18.5％
17．その他	11	7.3％

（出典：同報告書25－26ページ）

家族会、家族教室が16件（10.6％）、宿泊型施設が1件（0.7％）だった。

　また、現在実施している支援内容に加えて、今後実施する必要性を感じる内容として、「本人の居場所」69件（45.7％）、「ピアサポート」50件（33.1％）、「家族会・家族教室」48件（31.8％）、「就労準備支援事業」46件（30.5％）、「宿泊型施設」20件（13.2％）、「家計相談支援事業」13件（8.6％）などが挙がった。

　すでに「就労準備支援事業」を実施している窓口が37.1％あり、加えて今後実施する必要があるという回答が30％ほどの窓口で集まった。

　以下では、ひきこもり事例の支援一般に関して、困難と感じていることとして自由記述欄に回答された内容をまとめる。窓口や個人の情報が明らかになるような内容を省き、回答で多数みられた内容について、カテゴリーごとに列挙する。

238

（A）支援に時間を要する。支援員は時間をかけて本人と会い、信頼関係を
つくる一方、多くの労力がかかったり人手不足を感じている。職員の異動な
どもネックになる。

・心を閉ざしている本人と信頼関係を築くには時間と手間がかかる。改善が
みえにくく、急いではいけないケースも多いので、長期的な支援が必要であ
る。

・時間がかかる。焦ると失敗する。他機関とつなぐタイミングが難しい。本
人が少数の関わりを好む。

・8050のような高年齢、長期間のひきこもりの方への支援ノウハウが少な
い。特に初期対応に時間がかかることが多く組織的な負担が大きい。地域で
連携できる団体などが少ない（連携が進んでいない）。受け入れ場所が少ない。

・支援が長期化（数年から数十年単位）しやすく、支援者側がもたない。

・本人と面会できるまで、半年間訪問を続けた。訪問を継続している最中は
自分自身の支援方針に不安を感じる場面があったが、相談相手がいなかった
（自分自身が開示できなかった）。

・本人以外の人から相談を受けた場合、本人との面談に至るまで非常に時間
がかかってしまう。アウトリーチを試みても、本人が支援または面談を拒否
することで、家族も諦めてしまうケースがある。

・親が亡くなるなど動きださざるをえない状況にならないと、なかなか支援
につながっていかない。実際の支援開始までには長い時間を要するが、その
間職員の異動があったときにうまく支援が継続していけるのか。

・本人に会えない場合の家族への支援に必要性を感じているが、まだ成功事
例が少ない。支援が長期化するなかで、ほかに緊急支援を要するケースがあ
ると、そちらを優先せざるをえないこともある。

・行政が主体になってひきこもりの支援をする場合、単年度主義（予算）で
どうしても成果を求められるため、長期的展望をもっての支援がおこないに
くい。

（B）状態像が多様で、本人の意思確認も難しい。支援方針に不安があり、
専門性も必要と感じている。

・ひきこもりへの対応は非常に難しい。専門機関に連絡して、対応をお願い

第7章　生活困窮者窓口のひきこもり支援と「命の危険」————239

している。自立支援機関だけでの対応では限界がある。

・ひきこもりも多様すぎて、対応もさまざまである。どう対応していくか、手探りでやろうとしていくなか、本人との相談が途切れがちになるのが現実である。

・研修では本人が拒否しても、継続してアプローチしつづけることが大切と学んだ。しかし、ほかの専門職の職員からは本人が拒否しているのに行き続けると逆に関係が悪化すると指摘された。どちらが正しいのか、わからない。

・ひきこもりの専門機関が一緒に訪問するなどのフォローがほしい。

・総じて、どう対応していけばいいのか、どう支援していくべきかは課題として残っていくだけである。

（C）本人が問題を感じておらず、支援を受ける動機が乏しい。支援を受ける必要性が理解されていない。

・支援者側が何かアクションを起こそうとしても、そもそも本人が乗ってこない。

・ひきこもりとされる対象者については、意外に困り感がない（親も同様）。

・ひきこもり本人の家族は、本人の将来を心配しているが、本人が相談や支援を拒否していて、支援の介入をすることが難しいと感じるケースが多いと感じる。ひきこもり状態の本人が、家族がいなくなる前に地域や支援者とのつながりをもてるようになど、前もって課題をアセスメントし、アプローチしている。しかし、現状は、本人が目にみえて困る状況が起こらないと、支援につながりにくいと感じている。ひきこもり本人が人と会わないように生活しているため、会う約束をとりつけることがとても困難（支援者を避けている）。

・ひきこもりに対する専門的な窓口はあるものの、ひきこもり本人が意欲をもって相談窓口に行くなど動きがなければ支援につながらず、アウトリーチ型の支援が難しい。また家族に対しても相談には乗るが、やはり本人に対して積極的なはたらきかけをしなければ改善が見込めない。

・本人は課題に感じていない（本人にとっては困り事ではない）。本人と家族の思いのギャップがある。周囲（地域住民など）のひきこもりへの理解度が低い。地域の声を気にして、外に出られないこともある。

・対象者自身が生活に不自由を感じていないため、初期は支援を望んでいな

いケースが目立つ。また、相談者の多くは両親であり、両親の問題（生活費など）に対応することが優先するため、対象者との信頼関係を築くことが後回しになってしまうことが現状である。

（D）家族が支援を受けることに消極的である。家族との連携が難しい。
・家族からの相談があるが、本人に直接会えない事例がある。親御さんに「息子さんに会えませんかね？」とお願いするも、「そちらに相談していること自体、息子には言えない」と言われることもある。どのようなアプローチが必要か悩んでいる。
・ひきこもりの情報を得てアウトリーチするが、両親に介入を拒否されるケースがある。
・一人暮らしでひきこもりの場合、どのように対処したらいいのかわからない。離れて住んでいる家族の協力が得られればいいが、家族が仕事中で時間が合わない場合、親が認知症で施設に入所している場合もある。このように家族の協力が得られない場合、本人がこちらの接触を拒否すると何も対応できなくなる。最近はこのようなケースが増加していて、現状の施策だけでは解決は大変困難だと感じる。
・家族関係が密なために（特に母親との関係）、本人へのアプローチがなかなかできず、母親を介した支援しかできないケースがあり苦心している。困難な状態のなかで形成される親子関係の絆は、閉ざされた世界になりやすく、母子がともにひきこもりの状態になっていることがあるため、これをどのように防ぐかは悩ましい。
・親は自分が逝ったあと、子はどうやって生きていくのかという不安・苦悩が強いものの、自らが子の自立を阻害しているケースもある。

（E）地域資源の必要性。紹介先、移動手段がないなどの点で支援が難しい。
・対応した事例に関しては、本人の拒否を感じないため、コミュニケーションなどはとれている。しかし、地域柄使える制度が少なく移動手段がない人もいるので家から出た先の支援が困難な現状にある。
・必要に応じて精神科を受診したり、また手帳の申請など制度を利用する提案をしたりして、本人と家族と相談し理解してもらうことが大切だと感じる。就労する気持ちになったとき、中間的就労で社会に出て自身の生活を見直す

第7章　生活困窮者窓口のひきこもり支援と「命の危険」————241

ことで少しずつ働く意欲を高めてもらいたいと思うが、中間的就労ができる場がないので確保していきたい。

・相談者が家族である場合が多く、本人と話をすることが難しい。専門の知識をもつ職員もおらず、ひきこもり専門の相談窓口や居場所などの数も限られていて紹介先が少ない。

・支援対象者への関わりが2、3年かけてはじめて信頼してもらえるケースが多く、時間がかかる。ひきこもりの人は就労準備支援などに積極的に参加することは少ない。そのため送迎によって参加を促すなどのサポートが必要だが、予算措置がないため来所を待っている状況になり進展がない。

・実際に若年者の支援は比較的容易な感があり、8050問題にいわれるように40代、50代のひきこもりの場合、期間も長く、就労へのつなぎにも問題は山積みである。ぜひ出口支援に対する整備を急いでほしい。

（F）支援体制、連携体制が発展途上である。

・市内のひきこもりについての取り組みは、窓口や担当者が決まっておらず進展していない状況。したがって、就労に向けて支援する十分なノウハウがない。就労準備支援事業で関わるのが理想だが、事業の参加者は、ある程度、コミュニケーション力がある社会性が備わっている人がほとんどである。

・市内に潜在するひきこもり状態の人の存在は、福祉部局以外でも隣人からのゴミの苦情の対応、市税滞納整理の際のように表面化したときに知る機会も多く、察するに、市内のひきこもりを抱える世帯の総数は相当数あると感じる。そのような世帯を見つけ、なるべく多くひきこもり状態の人や世帯の生活実態に触れて、傾向やノウハウを蓄積し、対応を考えていくような体制をつくりたいと思うが、緊急性や実害が薄いからか、停滞している分野といえる。先進的な自治体の取り組みを参考にしたい。

・ひきこもり状態から前進するためには、継続的な訪問支援などを通じて、本人に支援者を受け入れてもらうことが大切だと思っている。そういった関わりができる専門の相談機関を増やしていく必要があると感じた。市として、ひきこもりの窓口が一本化できていないため、対応については関わった機関や窓口が個々におこなっていて、庁内連携もできていない。

・ひきこもり対応の一つに訪問は重要とはわかっていても、職員数に限界があり、十分に実施することは困難。

・精神保健福祉センターなどに相談してもなかなか対応してもらえない。

（G）早期支援の必要について。高年齢化後の支援は困難であり、学齢期からの教育が必要である、など。

・本人たちの話を聞いていると、過去の失敗経験のトラウマから抜け出せない人が多い。早い段階で専門機関が支援に入っていればここまで長くひきこもりにならなかっただろうと思われる人もたくさんいる。できるだけ早期発見、すぐに支援に入れるようにしておくことが大切だと感じる。

・これまで対象者を支援していた親などが死亡する、また病気などで支援継続が困難になってはじめて相談に来る人が多い印象がある。前述の場合、対象者が40歳以上であったり長期間ひきこもり状態になっていたりして支援が困難になるケースが多く悩むところである。

・家人との衝突などを経てひきこもりが長期になってくると、子への対応に苦慮し、親が自分を責め解決の糸口がみえない状況で主に母親が相談に来る。支援機関につながれば早期の解決につながると期待されていて、相談員も何か目に見えることをと考えがちである。しかし、ひきこもり本人が支援にたどり着くまでは時間が必要で、また社会参加、就労までにはいくつかのステップがあるというのも事実である。ひきこもりはどの家庭でも起こりうることであり、それはさまざまな要因があるということ、また親の接し方、支援機関の利用の仕方など小・中・高校で生徒と親へのレクチャーなどがあればひきこもりへの理解が深まり対応も変わってくると考える。

（H）そのほか、支援の際に重要と思われること、重視していることなど。

・既存の社会資源を育てることが大事だと思う。ひきこもり者の親の会や当事者の会などを育てることで、新たな社会資源になりえると思う。たとえば、家庭訪問、ピアサポート、インターネット相談などをひきこもり者の親の会や当事者の会に担当してもらい、行政が運営のサポートをする方法を考える。ひきこもり者の親の会や当事者の会に行政からも参加し、風通しのよい関係をつくったうえで自立相談支援窓口などにつなぐ役割を果たしてもらう。

・家族の状況をよく知ることにまず力点をおく。本人のひきこもりに対して家族の受け止め方を探る。本人が悩んでいる本当の理由をつかむ努力を種々考え、実践する。家族の理解と協力を得て、立ち直る機会を与えていく。家

族が本人と向き合えない場合は、相談員をはじめ本人が気を許せる相手ができるよう手助けする。本人が興味のもてる会話や趣味から心を開くきっかけづくりを目指し、徐々に近づいていく。

2　命の危険調査

2020年11月29日、NHKスペシャル『ある、ひきこもりの死　扉の向こうの家族』が放送された。筆者はNHKの取材班による調査票調査に参加協力した。本章では、支援中の死亡事例に関する報告をもとに、ひきこもり状態の人が抱える命の危険について論じる。[5]

本章が関心を寄せるのは、多様なひきこもり状態のなかで、社会的孤立の支援ニーズが高いケースや、支援の緊急性が高いケースを取り巻く支援条件とは何かという課題である。本章の前半で論じてきたように、支援対象者との信頼関係の構築に長期の時間がかかるケース、ひきこもっている本人や親が支援を強く拒否するケースなど困難な支援事例の存在が明らかになっている。

ただし、ひきこもり状態にある人のなかに命の危険を抱える人がいるにしても、ひきこもり状態であることがどのような経緯や因果を通じて命の危険をもたらすのかについては慎重な議論が求められる。以下で論じる諸事例は、たとえばひきこもる人が、まさにそのひきこもり状態を苦にして自己放任や死へ進んだとして一括できるものではない。長年にわたる疾患が緩やかに悪化するとともに死期を迎えたといえる事例や、自らの生活状況を外部に相談した矢先、本人にも予期できない状況の変化から早い死を迎えたとみられる事例も含まれる。

日本でも高齢者の死亡リスクを経年的に追跡調査する研究[6]があるが、これはあくまで相談支援の窓口で支援者が経験した事例をもとに分析したものであり、結果の一般化は難しい。相談窓口が関与している事例は孤立状態にあっても本人や関係者が何らかの社会的接触を保つ努力を図っているケースが含まれる。一方で支援現場を対象にした調査のメリットは、支援者側が捉えた支援のプロセスや困難といった知見を活用可能であることだろう。特に支援の拒否が孤立死のリスクをもたらす深刻な兆候であることを考えれば、支

表58　ひきこもり支援例がある窓口（生活困窮者の相談窓口、年齢層別）

年齢層	窓口数	割合（%）
30代以下	685	70.6
40代	619	63.8
50代	584	60.2
60代前半	207	21.3
65歳以上	162	16.7
全体	817	84.2

表59　ひきこもり支援例がある窓口（ひきこもり地域支援センター、年齢層別）

年齢層	窓口数	割合（%）
30代以下	52	100.0
40代	44	84.6
50代	42	80.8
60代前半	25	48.1
65歳以上	15	28.8
全体	52	100.0

援者自身が感じている支援の困難さは、深刻な事例を見極めるための手がかりになりうる。

　本章の目的は、これらの事例から命に関するリスクを一般化するのではなく、深刻な支援事例はどのような困難と隣り合っているのか、さまざまな困難に応じた支援事例はどのように分類可能なのかという議論を先に進めることである。プロジェクトの性質上、課題に対する共通理解の構築や、調査設計に関する時間的余裕の限界を抱えたなかでの調査実施だったため、可能な範囲での報告と議論になっている[7]。

調査の概要

　2020年2月から4月にかけて郵送調査を実施し、生活困窮者の自立相談支援窓口1,317窓口中970窓口（回収率は73.7%）、ひきこもり地域支援センター75窓口中52窓口（回収率は69.3%）から回答があった。

第7章　生活困窮者窓口のひきこもり支援と「命の危険」————245

表60　死亡事例がある窓口（生活困窮者の相談窓口）

死亡事例の分類	窓口数	割合（%）
通算	139	14.3
40代以上	115	11.9
2019年度	57	5.9

表61　死亡事例がある窓口（ひきこもり地域支援センター）

死亡事例の分類	窓口数	割合（%）
通算	10	19.2
40代以上	5	9.6
2019年度	7	13.5

表62　死亡事例の件数に関する回答状況（電話調査）

分類	件数
通算	126
2019年度	63
40代以上	108

　ひきこもり事例に関する支援の経験があるのは、生活困窮者の相談窓口で817窓口（84.2%）、ひきこもり地域支援センターで52窓口（100%）だった（表58、表59）。

　表60と表61は、「これまでに窓口で相談を受けたひきこもりのケースのなかで、本人が死亡した事例の有無」を尋ねた結果である。少なくとも1件の死亡事例を経験している窓口は生活困窮者の窓口で139窓口、ひきこもり地域支援センターで10窓口だった。また「死亡事例のうち40歳以上のケースがあった窓口」は、双方の窓口を合わせて120窓口（115＋5窓口）だった。2019年度中に死亡事例がある窓口は64窓口（57＋7窓口）だった。

　表62は、死亡事例を経験した窓口が、実際に経験した事例の数をまとめている。表60と表61で死亡事例があると答えた窓口を対象に、NHK取材班が事例数などに関する電話調査を実施した（2020年8月から9月）。該当する139窓口のうち97窓口から事例の件数について回答があった。支援者が回答時までに経験した死亡事例として126例が寄せられており、1窓口あた

り平均1.3件だった。多くの窓口は1事例だけを経験しており、最も多い窓口でも4事例（2窓口が該当）である。126例のうち、19年度中の死亡事例は63事例だった。このように回答者が把握している事例は比較的最近の例に集中しているとも考えられる。

　表60と表61に戻ると、郵送調査では40代の死亡事例の120例（120窓口が回答）について回答があった。これは電話調査（表62）で把握された通算の死亡件数126例（97窓口が回答）と、それほど隔たりがある数ではない。40代の108例（同じく97窓口が回答）と比較しても同様である。

　また、1窓口あたりで把握する死亡事例の経験数は1事例を上回ることは少ないため、窓口内で事例を抽出する際の偏りによる影響は小さい。

　なお回答者には、支援中の対象者に「命の危険」を感じたケースについても尋ね、333窓口から実際の事例について回答があった。このデータに関する報告は紙幅の関係から別の機会に譲りたい。

3　死亡事例に関する実態

死亡事例に関する生活状況

　以下では、40代以上の死亡事例である120事例についての回答結果を検討する。

①死因

　死亡事例の死因を「病死」「不慮の事故」「自殺」「他殺」に分けて尋ねた。[8]
「病死」が55例（45.8％）、「自殺」が36例（30.0％）、「不明」が25例（20.8％）、「不慮の事故」が2例（1.7％）、「その他」が2例（1.7％）、「他殺」は0例（0.0％）だった。「不明」については文字どおり情報不足での不明も含むが、後述するように一定の特徴をもったグループとも考えられ、独立させて検討することがふさわしいと思われた。以下では「病死」「自殺」「不明」を主要な死因として論じる。

　「病死」の具体的な病名は、新生物（腫瘍）、急性心筋梗塞、虚血性心疾患、くも膜下出血、脳内出血、肺炎、肝硬変などだった（ICD-10による分類体系の分類コード順）。[9]

第7章　生活困窮者窓口のひきこもり支援と「命の危険」————247

②年齢

　死亡ケース全体に占める割合が最も高いのは45歳から49歳であり、次いで65歳以上、続いて50歳から54歳と60歳から64歳が同数、55歳から59歳の順である。死因別では、病死が比較的多様な年齢層にみられるのに対し、自殺は40代だけで50％以上を占める。不明は55歳から59歳が最も割合が高く、その前後を含めてピークを形成している（表63）。

③性別

　男性が103事例（85.8％）、女性が17事例（14.2％）だった。男性の主要死因ごとの割合をみると「病死」（50事例、90.9％）と「不明」（22事例、88.0％）、「自殺」（29事例、80.6％）の順に高かった。

④ひきこもりに関する状況

　近所のコンビニなどへの外出（62事例、51.7％）、趣味の用事への外出（29事例、24.2％）、自宅中心の生活（15事例、12.5％）、自室中心の生活（9事例、7.5％）の順で割合が高かった。死因別にみると、趣味の用事への外出は自殺事例で多く（12事例、33.3％）、不明で少ない（3事例、12.0％）。自宅中心や自室中心は不明が多かった。

⑤ひきこもり期間

　1年以上から5年未満、5年以上から10年未満の順に割合が高い。

　死因別にみると、病死の場合は5年未満、自殺の場合は5年未満と10年未満の事例が最も多い。必ずしも長期のひきこもりが死亡に至るリスクを高めているわけではない。一方、不明ではひきこもり期間30年以上が最も多い（表64）。

⑥両親との同居の状況

　同居の状況を、「両親が死別し単身」（28事例、23.3％）、「両親と別居し単身」（28事例、23.3％）、「同居家族あり」（63事例、52.5％）の3つに分類した。1事例（0.8％）は同居状態が不明である。「両親が死別し単身」の割合は主要死因では不明（8事例、32.0％）、病死（13事例、23.6％）、自殺（6事例、

16.7%）の順に多かった。

⑦発見までの日数

死亡から発見までの日数は病死、自殺、不明の順に短い。死因が不明の場合、発見までの日数も不明の割合が高かった（表65）。

⑧最初に相談に訪れた人

窓口に最初に相談に訪れた人は関係機関が半数近くを占める。特に、死因不明の場合に多くの割合を占めている（表66）。

⑨両親が抱える課題

経済的困窮、身体疾患、孤立、認知症の順に多い（表67）。

⑩本人が抱える課題

先行する生活困窮者の相談窓口への調査と同様に、身体疾患や精神疾患、経済的な困窮などについて尋ねた。またセルフ・ネグレクトの概念を参考に、住まいの衛生管理や金銭管理、サービスの拒否などの各項目について尋ねた[10]（表68）。

⑪支援者が感じる支援での困難

支援者が感じる困難の内容として、「本人が支援の必要性を感じない」「支援に拒否的である」などの割合が高かった（表69）。

クラスター分析による死亡事例の分類

40代以上の120の死亡事例についてクラスター分析によって検討した（階層クラスター分析、Ward法）。

本人に関する課題についての11の質問項目を用いて、4つのクラスターに分類した（表70）。「クラスター1」は37事例（30.8%）、「クラスター2」は18事例（15.0%）、「クラスター3」は27事例（22.5%）、「クラスター4」は38事例（31.7%）となった[11]。主な死因との対応としては、病死はクラスター3以外に分散しているのに対し、自殺はクラスター3に多い。

本人が抱える課題との対応（表71）では、クラスター1で精神疾患に関わ

る課題やセルフ・ネグレクトが顕著だった。クラスター2は身体疾患に関わる課題にほぼ集約される。クラスター3は精神疾患以外に突出する課題がみられない一方、30%強ではあるが家族への虐待の割合が高い。クラスター4は精神疾患の課題以外に経済的困窮、孤立の割合が高い。

両親が抱える課題との対応（表72）では、クラスター4で経済的困窮、認知症、住環境の問題、身体疾患に関わる問題、孤立の割合が高い。課題を抱える割合は半数以下ではあるが、ほかのクラスターとの差がみられる。

発見までの日数は、クラスター1で長くなっている（表73）。

支援者が感じる困難（表74）では、クラスター3で本人とのコミュニケーションや支援の必要性の理解困難、クラスター4ではクラスター3と同様の困難に加え、本人との面談困難、本人が支援に拒否的という回答の割合が高い。父母に関する困難では、クラスター3で面談の困難、支援の必要性の理解困難の割合がやや高い。

以上から、クラスター1は本人の精神疾患やセルフ・ネグレクトの課題が顕著といえる。

クラスター2は身体疾患の問題の割合が高く、ほかの課題はあまりみられない。それが主として病死に結び付いている。

クラスター3は自死の割合がやや高く、本人の虐待、両親の認知症や身体疾患も多い。父母が本人を支える力が衰えている状況もうかがわれる。

クラスター4は両親と本人ともに経済的困窮や孤立の割合が高く、家族ぐるみの生活課題を抱えた事例の存在がうかがわれる。

このようにクラスター分析からは、身体疾患を主な特徴とするケースや、家族ぐるみの困窮や孤立を抱えたケースが一定のまとまりをもって存在することがわかった。複数の困難が複合しているケースや、逆に身体疾患のように単一の背景が大きく関与していると思われるケースなどもあり、死亡という深刻な結果に結び付く条件の重なりについて理解を進める必要がある。

自由記述にみる死亡事例の経緯

以下では、回答者による自由記述の内容を検討する。生前の生活などの経緯がわかる例に限り、個人を特定する情報を省いて掲載する。

①病死事例

［アルコール依存症から受診を支援］

　50代の男性。本人は医療や福祉的支援に拒否的だった。アルコール依存症の可能性が高いため医療機関への受診勧奨を実施し、医療機関への受診や失業給付の手続きなどにつながった。しかし本人の拒否的姿勢から支援の継続が難しいなか、家族から肝硬変による他界が伝えられた。本人から自身の状況をありのままに聞くことが難しく、家族もアルコールの課題について強くは言えないなど、関係の維持と支援の継続に支援者として課題を感じた。

［医療受診を機に生活保護申請の支援］

　50代の男性。本人には栄養摂取の課題がある一方、医療や福祉的支援に拒否的だった。母親を支援者の一員と捉え、本人の状況把握に努めたことで本人との距離が近くなり、本人との面談や医療への受診が実現できた。また受診に際し生活保護申請の手続きを実施し、受給後も本人の手続きに同行した。生活保護のケースワーカーとの連携によって本人の詳細な情報が共有可能になった。健康レベルの低下によって心疾患で亡くなったが、支援の努力を続けた結果として生前に医療につながったことを支援者は不幸中の幸いと感じている。

［安否確認を継続中に栄養失調による死亡］

　50代の男性。両親は死別し独居している。経済的に困窮していて、栄養摂取の問題、医療や福祉サービスの拒否があった。携帯電話の料金が未納で使えなくなり安否確認が難しいために、家庭訪問時に食料支援をしながら、食料が屋内に引き揚げられているか、インターホンが鳴るか（電気の有無）などの確認を続けた。不動産会社から家賃滞納のため強制執行の連絡が入るなか、支援者は食料が引き揚げられていない異変に気づいた。開錠の問題から強制執行に時間がかかり、警察立ち合いで開錠されたときには本人が死亡していた。

②自殺事例

［父親の急死で本人が後を追う］

　50代の男性。父母に身体疾患や精神疾患に関する課題、認知症があった。

表63　死亡ケースの死因別にみた年齢

		40－44歳	45－49歳	50－54歳	55－59歳	60－64歳	65歳－	不明	計
病死	度数	4	12	10	7	10	11	1	55
	%	7.3	21.8	18.2	12.7	18.2	20.0	1.8	100.0
自殺	度数	8	10	8	4	2	2	2	36
	%	22.2	27.8	22.2	11.1	5.6	5.6	5.6	100.0
不明	度数	1	4	4	7	4	3	2	25
	%	4.0	16.0	16.0	28.0	16.0	12.0	8.0	100.0
計	度数	14	27	24	18	16	16	5	120
	%	11.7	22.5	20.0	15.0	13.3	13.3	4.2	100.0

表64　死亡ケースのひきこもり期間

		1年未満	5年未満	10年未満	20年未満	30年未満	30年以上	その他・無回答	計
病死	度数	4	20	8	3	4	7	9	55
	%	7.3	36.4	14.5	5.5	7.3	12.7	16.4	100.0
自殺	度数	4	8	8	5	4	0	7	36
	%	11.1	22.2	22.2	13.9	11.1	0.0	19.4	100.0
不明	度数	0	2	2	3	5	6	7	25
	%	0.0	8.0	8.0	12.0	20.0	24.0	28.0	100.0
合計	度数	8	33	18	12	13	13	23	120
	%	6.7	27.5	15.0	10.0	10.8	10.8	19.2	100.0

本人は精神疾患に関する課題のほか、軽度の知的障害の可能性があり、他者とのコミュニケーションが苦手だった。幼少期から父親との関係で苦労していたという。その父親が要介護状態で寝たきりになっていたが、突然亡くなったことで後を追うように本人が自死した。窓口が関わった期間は短く、本人の生い立ちや心境などを理解して支援する必要性を感じた。

　［自立へと焦る本人へ支援中の自死］
　40代の男性。厳格な父親のもとで育ち、本人は誕生日を迎える前に自立したいという思いがあり、面談やハローワークへの紹介を求めていた。支援者は面談の間隔の調整などに苦慮しながら本人の意向に応えた。そうした折に、別居する両親の言葉に反応するように本人が突然自死を選んだとみられ

表65　死亡ケースの発見までの日数

		当日	2日以内	2日以上	不明	無回答	合計
病死	度数	23	11	17	3	1	55
	%	41.8	20.0	30.9	5.5	1.8	100.0
自殺	度数	13	6	13	4	0	36
	%	36.1	16.7	36.1	11.1	0.0	100.0
不明	度数	4	3	7	10	1	25
	%	16.0	12.0	28.0	40.0	4.0	100.0
合計	度数	42	21	38	17	2	120
	%	35.0	17.5	31.7	14.2	1.7	100.0

表66　最初に相談に訪れた人

		本人	父母	兄弟姉妹	配偶者	その他の家族	その他の知人	関係機関の紹介	窓口が勧奨	不明	合計
病死	度数	9	8	6	0	3	4	25	0	0	55
	%	16.4	14.5	10.9	0.0	5.5	7.3	45.5	0.0	0.0	100.0
自殺	度数	8	8	2	1	0	1	14	1	1	36
	%	22.2	22.2	5.6	2.8	0.0	2.8	38.9	2.8	2.8	100.0
不明	度数	1	2	4	0	2	1	15	0	0	25
	%	4.0	8.0	16.0	0.0	8.0	4.0	60.0	0.0	0.0	100.0
合計	度数	18	19	12	1	6	6	56	1	1	120
	%	15.0	15.8	10.0	0.8	5.0	5.0	46.7	0.8	0.8	100.0

表67　両親が抱える課題（複数回答）

		経済的に余裕がないまたは困窮	精神疾患・障害の問題	認知症	身体疾患・障害の問題	住まいの衛生管理の問題	他人との関わりを拒否（孤立）	本人への虐待（疑い含む）	必要な医療や介護を拒否
病死	度数	17	2	11	11	6	15	1	2
	%	30.9	3.6	20.0	20.0	10.9	27.3	1.8	3.6
自殺	度数	10	4	6	9	3	5	0	1
	%	27.8	11.1	16.7	25.0	8.3	13.9	0.0	2.8
不明	度数	4	0	4	4	2	4	1	2
	%	16.0	0.0	16.0	16.0	8.0	16.0	4.0	8.0
合計	度数	32	6	22	25	11	24	1	5
	%	26.7	5.0	18.3	20.8	9.2	20.0	0.8	4.2

表68 本人が抱える課題（複数回答）

		身体疾患・障害の問題	精神疾患・障害の問題	家族への虐待（疑い含む）	住まいの衛生管理の問題	金銭管理の問題
病死	度数	26	40	5	22	19
	%	47.3	72.7	9.1	40.0	34.5
自殺	度数	4	25	8	5	7
	%	11.1	69.4	22.2	13.9	19.4
不明	度数	5	17	4	9	6
	%	20.0	68.0	16.0	36.0	24.0
合計	度数	35	85	17	36	32
	%	29.2	70.8	14.2	30.0	26.7

表69 支援者が感じる支援での困難（複数回答）

		（本人）				（父母）			
		面談困難	コミュニケーション困難	支援に拒否的	支援の必要性感じず	面談困難	コミュニケーション困難	支援に拒否的	支援の必要性感じず
病死	度数	13	13	20	22	3	5	2	2
	%	35.1	35.1	54.1	59.5	8.1	13.5	5.4	5.4
自殺	度数	6	7	10	13	3	4	0	3
	%	26.1	30.4	43.5	56.5	13.0	17.4	0.0	13.0
不明	度数	7	7	8	6	3	0	3	1
	﹒%	58.3	58.3	66.7	50.0	25.0	0.0	25.0	8.3
合計	度数	26	27	38	41	9	9	5	6
	%	35.6	37.0	52.1	56.2	12.3	12.3	6.8	8.2

医療やケアを拒否	保健・福祉サービスを拒否	栄養面で偏りや不足	経済的に余裕がないまたは困窮	他人との関わりを拒否（孤立）	入浴など身体の保清の問題
32	23	22	39	34	16
58.2	41.8	40.0	70.9	61.8	29.1
12	6	5	19	9	6
33.3	16.7	13.9	52.8	25.0	16.7
9	9	9	13	15	8
36.0	36.0	36.0	52.0	60.0	32.0
54	39	37	72	60	30
45.0	32.5	30.8	60.0	50.0	25.0

表70　死亡事例のクラスター別にみた死因

クラスター		病死	自殺	不明	その他[1]	合計
1　精神疾患とセルフ・ネグレクト	度数	21	6	9	1	37
	%	56.8	16.2	24.3	2.7	100
2　身体疾患と病死	度数	11	3	4	0	18
	%	61.1	16.7	22.2	0	100
3　精神疾患と自殺・虐待	度数	5	15	6	1	27
	%	18.5	55.6	22.2	3.7	100
4　精神疾患と複合的課題	度数	18	12	6	0	36
	%	47.4	31.6	15.8	5.2	100
合計	度数	55	36	25	4	120
	%	45.8	30	20.8	3.4	100

＊1　死因「不慮の事故」を「その他」に含めた。

表71　死亡事例のクラスター別にみた本人の課題（複数回答）

クラスター		身体疾患・障害の問題	精神疾患・障害の問題	家族への虐待（疑い含む）	住まいの衛生管理の問題	金銭管理の問題
1	度数	15	32	3	24	12
	%	40.5	86.5	8.1	64.9	32.4
2	度数	17	7	1	5	4
	%	94.4	38.9	5.6	27.8	22.2
3	度数	3	18	9	0	1
	%	11.1	66.7	33.3	0.0	3.7
4	度数	0	28	4	7	15
	%	0.0	73.7	10.5	18.4	39.5
合計	度数	35	85	17	36	32
	%	29.2	70.8	14.2	30.0	26.7

表72　死亡事例のクラスター別にみた両親の課題（複数回答）

クラスター		経済的に余裕がないまたは困窮	精神疾患・障害の問題	認知症	身体疾患・障害の問題	住まいの衛生管理の問題	他人との関わりを拒否（孤立）	本人への虐待（疑い含む）	必要な医療や介護を拒否
1	度数	9	1	3	6	2	7	0	1
	%	24.3	2.7	8.1	16.2	5.4	18.9	0.0	2.7
2	度数	5	0	3	5	0	3	0	0
	%	27.8	0.0	16.7	27.8	0.0	16.7	0.0	0.0
3	度数	4	2	6	6	1	1	2	1
	%	14.8	7.4	22.2	22.2	3.7	3.7	7.4	3.7
4	度数	14	3	10	8	8	13	2	3
	%	36.8	7.9	26.3	21.1	21.1	34.2	5.3	7.9
合計	度数	32	6	22	25	11	24	4	5
	%	26.7	5.0	18.3	20.8	9.2	20.0	3.3	4.2

医療やケアを拒否	保健・福祉サービスを拒否	栄養面で偏りや不足	経済的に余裕がないまたは困窮	他人との関わりを拒否（孤立）	入浴など身体の保清の問題
32	27	26	26	30	28
86.5	73.0	70.3	70.3	81.1	75.7
5	2	6	13	4	1
27.8	11.1	33.3	72.2	22.2	5.6
6	6	2	4	2	0
22.2	22.2	7.4	14.8	7.4	0.0
11	4	3	29	24	1
28.9	10.5	7.9	76.3	63.2	2.6
54	39	37	72	60	30
45.0	32.5	30.8	60.0	50.0	25.0

表73　死亡ケースのクラスター別にみた発見までの日数

クラスター		当日	2日以内	2日以上	不明	合計
1	度数	10	9	15	2	36
	%	27.8	25.0	41.7	5.6	100.0
2	度数	9	4	3	2	18
	%	50.0	22.2	16.7	11.1	100.0
3	度数	7	4	8	7	26
	%	26.9	15.4	30.8	26.9	100.0
4	度数	16	4	12	6	38
	%	42.1	10.5	31.6	15.8	100.0
合計	度数	42	21	38	17	118
	%	35.6	17.8	32.2	14.4	100.0

表74　死亡事例のクラスター別にみた支援者の感じる困難（複数回答）

クラスター		（本人）				（父母）			
		面談困難	コミュニケーション困難	支援に拒否的	支援の必要性感じず	面談困難	コミュニケーション困難	支援に拒否的	支援の必要性感じず
1	度数	9	7	13	14	3	3	1	2
	%	34.6	26.9	50.0	53.8	11.5	11.5	3.8	7.7
2	度数	4	4	9	6	2	2	1	0
	%	30.8	30.8	69.2	46.2	15.4	15.4	7.7	0.0
3	度数	4	6	4	8	2	1	0	2
	%	33.3	50.0	33.3	66.7	16.7	8.3	0.0	16.7
4	度数	9	10	12	13	2	3	3	2
	%	40.9	45.5	54.5	59.1	9.1	13.6	13.6	9.1
合計	度数	26	27	38	41	9	9	5	6
	%	35.6	37.0	52.1	56.2	12.3	12.3	6.8	8.2

る。本人の情報を親と共有するタイミングの難しさ、本人の希望に添って支援を進めることの是非が支援者には課題と感じられている。

［親との生活の分離後に自死］
　40代の男性。本人に精神疾患に関する課題や経済的困窮があり、認知症や身体疾患に関する課題がある父母への虐待があった。親子双方が離れて生活することを選んだが、親の年金で生活を支えられていた本人に戸惑いがあり、自死に至ったとみられる。支援者には、独居になった本人の見守りの難しさが課題と感じられた。

③その他事例
［一人暮らしへの支援後の自死］
　40代の女性。本人の希望で一人暮らしを支援し実現したが、精神的に不安定になったとみられ、過量服薬による急性薬物中毒で亡くなった。本人から両親への虐待（疑い含む）があった。希死念慮がある本人は心療内科には受診していたが、結果的には入院ができる病院へのつなぎなど踏み込んだ対応が必要ではなかったかと支援者は考えている。

すでに触れたように死亡に至る経緯には複合的な要素があり、ひきこもり状態であることが単独で死亡につながっているわけではない。身体疾患の既往症やメンタルヘルスの課題を抱えるなかで、また本人や周囲の生きやすさの向上を目指して支援が実施されるなかで、支援者が命の危険を察知しながらも、健康状態の悪化や本人の拒否的姿勢の強さから介入の糸口が限られることで、死亡に至ったと思われる例が多い。ここで紹介した以外にも、支援期間の短さなどから支援者にとって十分な情報が得られないまま不意に死亡した例もある。

限定された事例から傾向や改善策を導き出すことは難しいが、支援者の立場からの回答を踏まえれば、健康上のニーズをもつ対象者を医療機関につなげることの難しさ、人権やプライバシーと安否確認などの生存保障を両立することの難しさなどが浮かび上がる。特に精神保健の専門家ではない自立相談支援の窓口で、本人の希死念慮などの情報をもとにした多様な専門機関の連携が求められている。

4　考察と課題

調査結果をまとめると、生活困窮者の相談窓口の14.3％、ひきこもり地域支援センターの19.2％で支援対象者の死亡事例を経験していた。死因は病死、自殺、死因不明の順に多く、それぞれ年齢や外出範囲、本人や両親が抱える課題に応じて特徴が認められた。また死亡事例のクラスター分析の結果、精神疾患やセルフ・ネグレクトに関する課題、身体疾患に関する課題、家族関係や家庭環境に関する課題が事例を分類する軸になりうることが明らかになった。

自由記述からは、支援者が対象者の命の危険を察知しながらも、健康状態の悪化あるいは本人の拒否的姿勢の強さから介入の糸口が限られた例、支援者にとっても本人理解の手がかりが少ないなかで不意の死亡に至った例などがみられた。支援者の立場からの回答を踏まえるかぎりでは、健康上のニーズをもつ対象者を医療機関につなげることの難しさ、人権やプライバシーと安否確認などの生存保障を両立することの難しさが浮かび上がった。

社会的に孤立する人の死亡リスクを明らかにするためには、ひきこもり状

態の人に特化した調査ではなく、死亡事例自体を多角的に取り上げるなかで
その背景の検討を進める必要がある。死亡事例に含まれるリスクは、精神疾
患、身体疾患、家族環境などに分けられ、必ずしもひきこもり状態が直接死
亡に関係しているわけではない。

　特に50代は、立会人がいない死亡の統計でもリスクの高さがうかがわれ
た。壮年期の孤立事例について、「ひきこもり」や「ひきこもり死」という
キーワードに目を奪われることなく、孤立がもたらすリスクを引き続き検討
する必要があるだろう。

　注

（1）鏑木奈津子『詳説 生活困窮者自立支援制度と地域共生——政策から読み
　　解く支援論』中央法規出版、2020年
（2）みずほ情報総研によって作成された「基本帳票類」では、相談に訪れた人
　　自身が考える「ご相談の内容（お困りのこと）」を次のように列挙している。
　　「病気や健康、障害のこと」「住まいについて」「収入・生活費のこと」「家賃
　　やローンの支払いのこと」「税金や公共料金等の支払いについて」「債務につ
　　いて」「仕事探し、就職について」「仕事上の不安やトラブル」「地域との関
　　係について」「家族関係・人間関係」「子育て・介護のこと」「ひきこもり・
　　不登校」「DV・虐待」「食べるものがない」「その他」
　　　また相談員が記入すると想定される「アセスメント結果の整理（課題と背
　　景要因の整理）」の「チェック項目」は、以下の項目から構成される。「病
　　気」「けが」「障害（手帳有）」「障害（疑い）」「自死企図」「その他メンタル
　　ヘルスの課題（うつ・不眠・不安・依存症・適応障害など）」「住まい不安
　　定」「ホームレス」「経済的困窮」「（多重・過重）債務」「家計管理の課題」
　　「就職活動困難」「就職定着困難」「生活習慣の乱れ」「社会的孤立（ニート・
　　ひきこもりなどを含む）」「家族関係・家族の問題」「不登校」「非行」「中
　　卒・高校中退」「ひとり親」「DV・虐待」「外国籍」「刑余者」「コミュニケー
　　ションが苦手」「本人の能力の課題（識字・言語・理解等）」「その他」
　　　みずほ情報総研株式会社「自立相談支援機関における相談支援プロセスに
　　おけるケアマネジメントのあり方と帳票類の実用化に向けた調査研究報告
　　書」みずほ情報総研株式会社、2014年
（3）厚生労働省「生活困窮者自立支援のあり方等に関する論点整理のための検
　　討会」第1回（平成28年10月6日）資料3「生活困窮者自立支援法の施行状
　　況 」（https://www.mhlw.go.jp/file/05-Shingikai-12201000-Shakaiengokyokusho

ugaihokenfukushibu-Kikakuka/shiryou3_2.pdf）［2025年3月10日アクセス］

（４）KHJ全国ひきこもり家族会連合会『潜在化する社会的孤立問題（長期化したひきこもり・ニート等）へのフォーマル・インフォーマル支援を通した「発見・介入・見守り」に関する調査・研究事業報告書』KHJ全国ひきこもり家族会連合会、2018年

（５）筆者は、本章で紹介する調査で調査票の作成などに携わった。一方で、番組は生活困窮者の支援現場のルポルタージュによって構成され、生命の危機に瀕しながらも支援を積極的に望まない対象者の姿や、対象者に伴走する支援者の葛藤が描かれた。調査内容の紹介は2019年中の死亡事例件数という一点に限られた。その意味で、番組と本章は独立した内容になっている。

（６）杉沢秀博「高齢者における社会的統合と生命予後との関係」「日本公衆衛生雑誌」第41巻第2号、日本公衆衛生学会、1994年

（７）本文で触れたように「ひきこもり」層は均質な人口集団ではなく、「ひきこもり」と「命の危険」の関係についても未知の部分が大きい。その点で、『"ひきこもり死"〜中高年　親亡きあとの現実〜』（「クローズアップ現代」NHK、2019年8月1日放送）という番組タイトルは、番組制作上の意図とは別に、研究や支援の立場からみれば因果関係を過剰に読み込ませる懸念があることには触れておきたい。「ある、ひきこもりの死」のように「ひきこもり」を人の種類を指す言葉のように用いることも（「ホームレス」などの場合と同様）、対象となる人の理解の固定化につながらないよう注意したい。

（８）厚生労働省のマニュアルでは、死因を「病死及び自然死」「不慮の外因死」「その他及び不詳の外因死」（自殺と他殺はここに含む）、「不詳の死」に区別している。厚生労働省医政局政策統括官（統計・情報政策担当）編集『死亡診断書（死体検案書）記入マニュアル　令和6年度版』厚生労働省医政局、2024年

（９）『死亡診断書記入マニュアル』では「不慮の外因死」に含まれるアルコール依存症や熱中症も少数ながら病死として記入されたが、回答者の判断を優先した。

（10）セルフ・ネグレクトの中核概念は、セルフケアの不足に属する「個人衛生の悪化」「健康行動の不足」、住環境の悪化に属する「環境衛生の悪化」「不十分な住環境の整備」から構成される。また付随概念として「サービスの拒否」「財産管理の問題」「社会からの孤立」がある。なお命の危険の兆候という意味では、水道などのライフラインの停止、自殺企図・自殺未遂を質問項目に含まなかったことは課題といえる。前掲『セルフ・ネグレクトのアセスメントとケア』

(11) 以下に Word 法によるクラスター分析の結果を系統樹の形で表現したもの（デンドログラム）を示す。

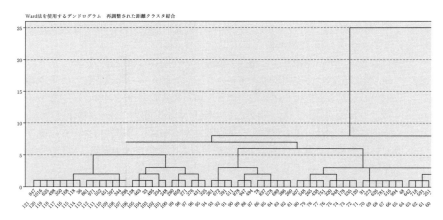

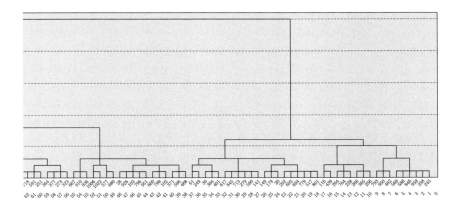

第 7 章　生活困窮者窓口のひきこもり支援と「命の危険」

第8章　地域包括支援センターでの
　　　　8050事例への対応

　「介護の必要がある高齢者のいる家庭を支援者が訪問したところ、無業やひきこもりの状態の子どもが同居していることがわかった」。こうしたエピソードは、8050世帯を認識する典型的なパターンになっている。このような8050世帯の事例が多く集まる窓口の一つが地域包括支援センターである。

　支援者は、親の介護などをきっかけに社会参加から遠ざかっている人の存在に気づくことができる。本書で論じてきたように、従来、壮年期の孤立について十分な認識や対応がされてきたとはいえない。結果として家庭のなかに封じ込めてきた悩みが、高齢期の課題を通して他者に知られることになる。人が生き続ければ必ず直面する高齢期の課題は、それまで家庭内に閉ざされていた悩みをも顕在化させる。このように8050問題は隠れていた悩みが解き放たれるという意味で、さまざまな困難も希望も飛び出してくるパンドラの箱なのである。

　8050問題を通して明らかになる社会的孤立には、本書の冒頭で示したように幅広い要素がある。しかし、家庭のなかで生活している壮年期の「子ども」を指すために最もよく用いられるのが「ひきこもり」という言葉だろう。すでに述べたように、働き盛りの年齢層の孤立を指す言葉が存在しないこともあり、もともとは子どもや若者の課題を指す言葉だった「ひきこもり」が壮年期の孤立にも転用されている。しかも、それは問題の本質を指す言葉としてではなく、家庭のなかにとどまりがちな人を指す包括的な用語として使われている。

　ひきこもりという言葉で何をイメージするかは人による。ひきこもりの「6カ月以上」という期間、「家族以外の交流がない状態」といった細かい条件に合致するかどうかを外部の支援者が確認することは困難であるため、そ

の見極めは恣意的になりやすい。

　また壮年期以降に仕事を失ったり、親の介護に専念したりするなかで社会的に孤立した人にとって、子どもや若者の自立問題と結び付きが強い「ひきこもり」という用語で語られることには違和感があるだろう。専門家や支援者が狭義の「ひきこもり」に特化して策定した支援論が当てはまらない可能性も高い。

　本章で論じるが、8050世帯が抱える困難の一つであるセルフ・ネグレクトや高齢者虐待の問題は、ひきこもりの深刻度に比例して重症化するわけではない。

　これらの理由から、無業などより理解しやすい共通の基準で社会的に孤立した人についての認識を促進していくことが望まれる。

　高齢者に関する総合的な相談窓口である地域包括支援センターでは、「子ども」側の支援を専門としているわけではなく、親子双方の課題を解決していくことを目標に多くの支援機関・専門機関の連携を進めている。重層的支援体制整備事業などの施策では、8050問題が包括的な支援や多機関連携の試金石として位置づけられている。高齢者の支援からその子ども世代が抱える課題が明らかになった。さらに今後、若者や壮年期の社会的孤立に関する理解をどれだけ豊かにすることができるだろうか。既存の調査や研究から読み解いていきたい。

1　地域包括支援センターのひきこもり事例への対応

　日本公衆衛生協会は、全国の地域包括支援センター617カ所を対象に、高齢者世帯のなかにひきこもり状態の人の同居者がいるかどうかを調べた（410カ所からの回答があり、有効回収率は66.5％）。2017年度中に相談もしくは介護・福祉サービスを実施した家族のなかに、ひきこもり状態の人がいたセンターは247カ所（60.2％）だった。[1]

　該当者数は874人（男性579人、女性290人、不明5人）で、50代が320人（40.8％）、40代が227人（29.0％）にのぼった。状況が把握できる378人のうち、総合相談支援業務として受けた件数が190件（57.8％）、権利擁護業務（虐待など）として受けた件数が85件（25.8％）、その他が54件（16.4％）だ

った。また、「相談・支援を受けている」人は143人（37.8％）、「過去に受けたが今は受けていない人」は70人（18.5％）、「相談・支援は受けていない人」が165人（43.7％）だった。

　ひきこもり状態の人の介護・福祉サービスの介入に対する反応は、730人中「協力的である」132件（18.1％）、「無関心である」252件（34.5％）、「不都合が生じている」177件（24.2％）、「その他・何とも言えない」169件（23.2％）となっている。不都合が生じている内容としては、介護サービス介入への拒否が大半を占め、そのほか経済的問題、過度の要求、虐待・介護放棄などがある。「不都合が生じている」場合に対応する機関や連携する機関としては、自治体（高齢者担当部署、障害担当部署）、生活保護窓口、医療機関などが挙げられる。

　ひきこもり状態の人の問題として現在考えられるもの（推定を含む）として、多い順に「経済的問題、将来への不安がある」「家族亡き後が心配、自立ができない」「医療機関への受診の必要性が感じられるが、受診につなげることが困難」などが挙がっている（図18）。

　報告書の自由記述では、介護サービス導入の困難と関連づけて、ひきこもる本人の課題について紹介している。経済的な依存によって、父母が自らの介護のために自由に金銭を支出することができない。

　　　ひきこもり者には収入がなく、本人の年金を使い込んでいる、もしくは
　　　金銭管理能力に疑問あり。本人の収入は介護保険の施設サービスを利用
　　　するに足る状況だったが、金銭管理はひきこもり者がおこなっており支
　　　払いの滞納があった。

　ひきこもる本人は他者への拒否感があり、父母を支援する目的の人が家庭に入ることが難しい。

　　　ひきこもり者が人（支援）が家に入ることに対して抵抗感が強く、親の
　　　支援としてヘルパーなどの利用の必要性があるが、なかなか導入ができ
　　　ない。ひきこもり者が、親が家にいないと不安になってしまったことが
　　　あり、親自身が自身の介護サービス利用（デイサービスなど）を躊躇する。

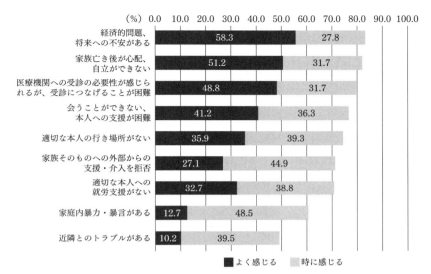

図18　ひきこもり本人が抱える問題に関する回答
(出典:日本公衆衛生協会『保健所、精神保健福祉センターの連携による、ひきこもりの精神保健相談・支援の実践研修と、中高年齢層のひきこもり支援に関する調査報告書』日本公衆衛生協会、2019年、127ページ)

　本人が親の介護を担っている例もあるが、本人の精神的な波に左右されたり、父母に対して攻撃的になったりして、介護サービスの導入も難しくする。

　　ひきこもっている子が親の介護をしているが、子の病気の波により、体調をくずされて、連絡がとりにくく、親の支援者らが困ってしまう。
　　父に威圧的な態度で怒鳴るため、父のサービス利用意向が変わってしまう。

　家族自身が子どもとの閉じた関係を望むという記述もある。

　　ひきこもっている子が介護できると、家族で介護したほうが親が元気になるから大丈夫と言う。

第8章　地域包括支援センターでの8050事例への対応━━━━267

2 地域包括支援センターの支援事例調査
──自己放任（セルフ・ネグレクト）と依存

　KHJ全国ひきこもり家族会連合会では、厚生労働省の社会福祉推進事業を受託し、社会的孤立（無職・ひきこもり）状態の子どもと同居する高齢者の事例について調べた。[2]

　「8050問題」を念頭に置いた調査ではひきこもり事例を収集することが一般的だが、すでに述べたように社会的孤立は社会的参加と対人的交流の欠如という2つの側面をもつ。参加が狭められている状態としての無職の事例と、そのなかでも交流が失われている事例（特に外出が限定されている「ひきこもり」状態の事例）がどの程度含まれるのか、各事例に伴う困難はどう異なるのかを検討することには意義がある。[3]

　調査対象として全国約5,100カ所ある地域包括支援センターの6分の1にあたる844窓口に調査票を郵送した（全国のセンターに関するリストを人口規模別に並び替えて、層化抽出を実施）。有効回答数は263（回収率31.2%）。無職の子どもと同居する高齢者の支援例があったのは220カ所（263カ所のうち83.7%）、「なし」という回答は43カ所（16.3%）だった。

　前述のように無職の子どもと同居する高齢者の支援例について「あり」と回答したセンターから、2018年度中に対応した事例1例の経緯を記載してもらい、220例が集まった。事例の選定にあたっては、最も時間を費やして支援した事例など、情報量が多い事例を優先した。主な結果は以下のとおりである。

［本人と家族のプロフィル］

　本人（無職・ひきこもり状態の子どもを以下、「本人」とする）の年齢は、多い年代から50代が104例、40代が72例、60代が22例となった。性別は男性が181例、女性が38例。本人の婚姻歴は未婚が178例、配偶者と離別が19例、既婚が6例。就労歴については、全体の108例に正規職の就労歴があったのに対し、まったく就労した経験がない人は29例だった。

［父母との同居］

　父母双方と同居している例が65例、父とだけ同居が28例、母とだけ同居が122例。父と死別している例が103例、母と死別している例が21例ある。父の年齢は多い順に80代（48例）、70代（40例）など、母の年齢は多い順に80代（99例）、70代（61例）などだった。

［地域包括支援センターの主な支援対象］

　本人の父が220例中の36例、母が137例、父母双方が31例だった。父が要介護の例は55例、認知症があるのは35例、母が要介護の例は127例、認知症があるのは78例だった。

［本人と家族が抱える課題］

　本人が抱える課題をグラフに示した（図19）。高齢者の親と無職の子どもとの同居例が対象であるため、1年以上にわたって就労していないことや、仕事の困難が最も多く挙がっている。ほかに経済的な困窮、精神的な疾病・障害などの割合も高い。ひきこもりについては4つの選択肢を示して尋ねた結果、自宅中心の生活をしている一方でコンビニなどへの外出、趣味の用事への外出が多くなった。自宅から出ない、自室から出ない人は相対的に少数といえる。

［支援の現状］

　地域包括支援センターが実施した支援内容として、家庭への訪問（両親への支援目的を含む）が189例、本人の状況についての他機関への相談が159例、本人との直接面談が140例、他機関の支援者と合同での家庭訪問が111例などで、本人を含めた接触が試みられている。ただし支援するうえで困難だった内容として「本人が自身への社会参加支援などに拒否的である」（94例）、「本人との面談」や「コミュニケーション」が困難である（それぞれ70例、68例）、「父母が本人への支援の必要性を認識していない」（44例）、「本人が父母の介護サービスに対しても拒否的である」（32例）などがある。

　社会的孤立とセルフ・ネグレクトの関係について仮説的にイメージすると、図20の下から上に向けて何重もの孤立が折り重なり、状況を深刻化させているとみられる。

第8章　地域包括支援センターでの8050事例への対応────269

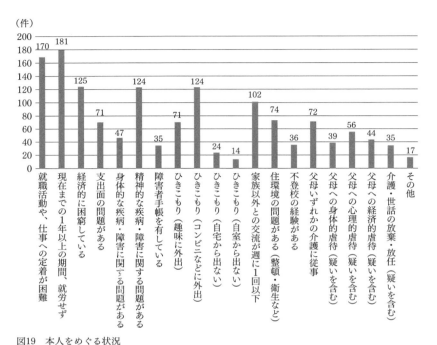

図19　本人をめぐる状況
(出典：KHJ 全国ひきこもり家族会連合会「長期高年齢化する社会的孤立者（ひきこもり者）への対応と予防のための「ひきこもり地域支援体制を促進する家族支援」の在り方に関する研究報告書――地域包括支援センターにおける「8050」事例への対応に関する調査」〔KHJ 全国ひきこもり家族会連合会、2019年〕14 - 15ページをもとに筆者作成)

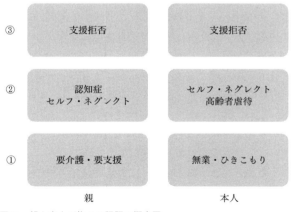

図20　親と本人が抱える課題の概念図

①調査対象者は親が地域包括支援センターから支援を受けている点で、要介護や要支援に当てはまる。同時に本人は無業状態であり、ひきこもり状態の人も含まれる。

②親が認知症であることや、セルフ・ネグレクトによって家庭内の衛生や整頓に配慮することが難しいと予測される。本人も衛生や整頓の問題を抱えている場合がある（セルフ・ネグレクト）。

　また、一定の事例では親に対する暴力、金銭的依存やネグレクトが発生している。本人の支出の問題が、親への経済的な依存と関連している場合もある。親への加害は、親が認知症などによって自己管理の力が弱っていることを背景にしていると思われる[4]。

③親と本人の双方に、外部から支援を受ける力が低下、または積極的に支援を拒否している場合がある。本人による支援拒否は、自身の金銭的自由が損なわれることへの懸念と関係している場合がある。親による支援拒否は、本人の反応や暴力を恐れている場合も含まれる。

自己放任と依存

　あらためて整理すると、調査対象者の世帯には①「子どもの無業と親の要支援・要介護」を基本的な課題として、②のレベルでの依存や暴力が加わることで状況が深刻化している。②のレベルの課題は関係性の病ということもできる。

　当初の課題は親か子いずれかが自己管理の力を失い、家族の残りのメンバーが世話をすることを強いられる。特に子が親を支える場合、介護とともに暴力が始まったり、介護を十分におこなえずネグレクトに至ったりすることがある。

　また、親が高齢化する以前から子どもが親に金銭的に依存し、趣味や買い物を優先するあまりに金銭的な搾取へとエスカレートしたり、経済的理由から親の介護サービス導入を拒否したりすることがある。

　このような依存、放任、暴力は、ひきこもりの深刻化に比例して悪化するわけではない。自宅や自室にひきこもる層では虐待事例が相対的に目立たない。むしろひきこもりを伴わない無業や、ひきこもりのなかでも趣味の用事には外出できる、買い物には外出できる層に虐待事例が多い傾向がみられる。8050問題を、単にひきこもりの問題として理解してはならない理由の一端

がここにある。

3　連携の課題

　高齢者の支援を目的とする地域包括支援センターの支援者が発見したひきこもり事例について、本人の社会参加支援などを実施するには、精神保健福祉関係の機関や生活困窮者の自立相談支援窓口との連携が必要である。しかし、連携の場面で課題を感じる支援者が少なくないことが、前述の日本公衆衛生協会の報告書からうかがわれる。最後に、この課題について触れておきたい。

　精神疾患などの症状をもつ対象者は、障害福祉サービスの利用によって経済的問題や社会的孤立の問題に対応していく余地が大きい。しかし、日本の福祉サービスは申請主義であり、本人が積極的に意思表示して申請手続きをしなければサービスを受けることができない。

　　　行政・医療どこへ相談すればいいのか。申請主義ということで、本人たちが声をあげなければなにもできない。本人たちがなげやりになっていたりと対応に難しさを感じることも多い。

　福祉サービスなどの利用意義を伝え、本人の意欲を喚起する役割を担う相談機関も、地域包括支援センターからみて必ずしも協力的ではないとみられる。

　　　特に精神疾患が疑われるひきこもり者の支援について。「本人が希望していないと…」と専門機関に相談しても、そう返答されると、介入の方法がない。

　　　地域包括支援センターと違い、基幹センターや自立支援センターもひきこもり地域支援センターも本人・家族が希望しないところに介入できない。早期介入の時期はそれだけでも逃していると思うし、専門機関として早期解決介入についての手立てを検討してほしい。

272

本人、家族（親族）からの希望や意思がないと関われない、支援ができないとの返答をいただくことがあるが、判断力、自己決定する力がない対象者や家族（親族）に対してそれを同様に求めるのは意味不明である。そういった対象者、家族（親族）だからこそ支援が必要だと思う。

　地域包括支援センターの関係者は、8050問題を抱える世帯に親の介護の課題を通じてアプローチすることができる。そこで50の側に属する子どもの課題を認識することも可能である。

　しかし、気づいた課題を別の機関につなげることが困難だという声が上がっている。地域包括支援センターが親の課題を通して家庭に入ることは、本人にとっても抵抗感が少ない可能性があるが、ひきこもりや無業といった課題を直接焦点化することは難しい。介護関係者が家庭に入っている間は、何らかの形で外部との接点が生まれているが、親の入院、施設への入所、死亡などで介護サービスとの関わりが終了すれば、再度本人が取り残されてしまうことになる。その状況になり、何もないところから本人との関係を構築することは自立相談支援の支援員にとっても難しい課題になる。

　本人や家族の意思を固定的なものとして捉えず、地域の住民やNPO団体によるインフォーマルな関わりから本人や家族との接点を形成し、対象者側から声を出しやすいニーズに関する介入から徐々に支援を実施していくようなアプローチも求められる。

4　まとめ

　3つの節を通じて、40代以上の社会的孤立の事例に直面しやすい民生委員、生活困窮者の相談窓口、地域包括支援センターを対象にした調査を検討してきた。

　地域で身近に事例に接する民生委員の調査を振り返ってみよう。ひきこもりや社会的孤立の課題に直接対応するのではなく、生活困窮や介護など制度的な対応が確立されているテーマを中心に、福祉事務所や地域包括支援センターに事例を「つなぐ」というルートが浮かび上がった。またゴミ屋敷のよ

うに近隣への影響が大きく、緊急性が高い事例についても一定の対応手法が確立されているといえる。

　一方で、社会的孤立や就労の課題については、生活困窮者の相談窓口でも問題解決が難しいことがうかがわれた。困窮者制度で実施されている就労支援を実施した割合は低い。ひきこもりや社会的孤立の事例では、本人との関係確立自体に時間がかかることが指摘されている。

　地域包括支援センターは、両親の要介護や要支援をきっかけに関わることができる相談窓口である。介護を目的とする家庭との関わりをきっかけに、福祉事務所や自立相談支援機関に「つなぐ」ことが期待される。事例ではメンタルヘルスを要望する声も多く、本人の意思を狭く捉えることがネックになり、多機関の連携が十分機能しているとはいえない現状が浮かび上がった。

　糸口として期待されるのは、ひきこもりや就労など限定的な領域への支援に本人が「同意」することを期待するのではなく、幅広い生活課題について支援のメニューを提示することである。また相談支援という枠組みに限らず、地域での「つながり」の維持や発展という方向性が展望される余地が大きい。

　このような支援のあり方を続く第3部「多元的包摂への展望」で論じたい。

注

（1）日本公衆衛生協会『保健所、精神保健福祉センターの連携による、ひきこもりの精神保健相談・支援の実践研修と、中高年齢層のひきこもり支援に関する調査報告書』日本公衆衛生協会、2019年
（2）KHJ全国ひきこもり家族会連合会「長期高年齢化する社会的孤立者（ひきこもり者）への対応と予防のための「ひきこもり地域支援体制を促進する家族支援」の在り方に関する研究報告書──地域包括支援センターにおける「8050」事例への対応に関する調査」KHJ全国ひきこもり家族会連合会、2019年。同様の関心から地域包括支援センターの支援事例を調査した例として、横浜市と長崎市による調査がある。横浜市健康福祉局生活福祉部生活支援課『社会的孤立（無職、ひきこもり）状態の中高年齢期の子どもと同居する高齢者世帯への支援に関するアンケート調査 調査結果報告書』、2021年、長崎県ひきこもり地域支援センター・長崎県ひきこもり支援連絡協議会『ひきこもりの長期・高年齢化と「8050」世帯に関する実態調査報告書』長崎県ひきこもり地域支援センター、2023年（https://www.pref.nagasaki.jp/shared/uploads/2023/09/1694400227.pdf）［2025年3月10日アクセス］

横浜市の調査では市内140カ所の地域包括支援センターから寄せられた179事例を通じ、成人子本人の状況として「精神的な疾病・障害がある（疑い含む）」68.7％、「知的障害がある（疑い含む）」11.2％、「発達障害がある（疑い含む）」29.6％、「経済的に困窮している」43.0％などを挙げている。課題・問題行動として「支出面の課題がある（家計管理ができない、多重債務があるなど）」30.2％、「住環境の問題がある（不衛生など）」25.7％、「セルフネグレクトがある（入浴や歯磨きなど身の回りを整えないなど）」17.3％、「近隣住民への迷惑行為や近隣住民とのトラブルがある」16.8％、「（父母いずれかに対して）身体的虐待がある（疑い含む）」20.1％、「（父母いずれかに対して）心理的虐待がある（疑い含む）」27.4％、「（父母いずれかに対して）経済的虐待がある（疑い含む）」20.1％、「（父母いずれかに対して）介護、世話の放棄・放任がある（疑い含む）」24.6％などを挙げている。市内18区ごとの事例の分布について報告している点にも特徴がある。

　長崎県の調査では、地域包括支援センター29機関に加え、一定の条件を満たす居宅介護支援事業所52機関からも回答を得ている。寄せられた91事例のうち本人に経済的困窮がある場合が26.3％、精神的問題がある場合39.5％、親への虐待がある場合17.1％などが報告されている。また支援事例集に8事例を挙げている。

（3）内閣府調査とは異なり、「本人の課題」を複数回答で尋ねているため、それぞれの回答結果には重なりがある。

（4）高齢者虐待をめぐる要介護ニーズ、親子関係などの検討は機会を改めておこないたい。厚生労働省の発表では、被虐待高齢者からみた虐待者の続柄は息子が39.0％と最多であり、以下、夫や娘が続いた。虐待者の年齢は、「50〜59歳」が27.0％と最も多く、70歳代や60歳代がそれに続いた（「令和4年度「高齢者虐待の防止、高齢者の養護者に対する支援等に関する法律」に基づく対応状況等に関する調査結果」〔https://www.mhlw.go.jp/stf/houdou/0000196989_00025.html〕［2025年3月10日アクセス］）。

第3部　多元的包摂への展望

第9章　支援における分断と
　　　全方位型のアセスメントの展開

　8050問題に代表される複合的な課題は、支援に当たる行政の窓口や社会福祉協議会、NPO法人などの支援者にとって難しい課題を提起する。親と成人子の双方や、世帯全体が抱える困難すべてに対応できる専門領域はほとんど存在しない。本人や家族自身が支援を望んでいないうえに、関係を築くだけでも時間がかかる。これらの事情から、ともすれば「私の担当ではない」「本人や家族が支援を望んでいない」「解決まで導くノウハウや制度がない」、そのため支援者が気づいていても支援の手を届けられないケースも少なくない。

　もちろん、孤立している人自身が多くの場合に支援を望まない現実がある。客観的にみて課題を抱えているのに困り感が見られないというギャップは、提供される支援のミスマッチや、無力感や諦めの結果である可能性にも注意したい（第7章、第8章）。ライフコースの早い段階から社会的に周辺化され、その状態を「普通」として受け入れているケースもある（第2章）。そのため、支援は必要ないという言葉を額面どおり受け入れて支援を手控えるのであれば、社会的な不利益の結果として生じた孤立を追認し、温存してしまう可能性がある。

　以上のように、社会的に孤立する人の支援は、支援者の側にさまざまなジレンマを投げかける。孤立が深刻であるほど支援は難しく、むしろ問題の長期化や放置につながりかねない。

　このようなジレンマに向き合って支援の糸口を探すうえで、対象者の多面的な理解が欠かせない。孤立した人が社会とつながる道筋は一つではない。就労や就学ではなく趣味や交遊から接点をもちたい人もいるし、その逆の場合もある。対人関係などのつながりではなく、経済的な課題や健康問題の解

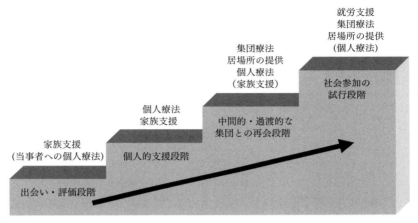

図21　段階論的なひきこもり支援
(出典：齊藤万比古・代表『ひきこもりの評価・支援に関するガイドライン──厚生労働科学研究費補助金こころの健康科学研究事業「思春期のひきこもりをもたらす精神科疾患の実態把握と精神医学的治療・援助システムの構築に関する研究」』厚生労働省、2010年、42ページ)

決が優先される場合もある。本書ではすでに生物・心理・社会アプローチを紹介したが、孤立の背景理解だけでなく支援の方策を広げるためにも個人を取り巻く背景の包括的な把握が望まれる。

　対象者が一見「支援を望まない」とき、多面的な理解に基づく支援の提案が十分におこなわれているかどうかを再考する余地がある。支援者が自らの職種や知識の範囲内にとどまらず、多職種と連携しながら情報提供することも方策の一つだろう。狭い意味での支援という発想にとどまらず、対象者がすでにおこなっている活動を支えることなども、関係を構築して提案を続けるきっかけになる。

　本書では、まずひきこもり支援に関するガイドラインを検討し、段階的な支援論の利点と課題を論じる（第1節）。続いて、特定の段階にとらわれない包括的な枠組みとして生物・心理・社会アプローチを通じた支援を論じる（第2節）。第3節では、支援者側の視点と対象者側の視点を組み合わせる全方位型アセスメントと支援を紹介する。

はじめに——ひきこもり支援ガイドラインを手がかりに

　厚生労働省によるひきこもり支援のガイドラインは2003年と10年の2回にわたって公表され、2025年1月には「ハンドブック」の名称で新たな指針が策定された。

　ひきこもりの背景について、2003年に発表された厚生労働省のガイドラインでは、心理的・生物学的・社会的側面に分けて解説している[2]。「心理的側面」としては、ひきこもる以前から抱えていたストレス、他人に会うときの緊張感や不安感などがある。「生物学的側面」としては、統合失調症、うつ病などの精神疾患や知的障害、学習障害、発達障害などを挙げている。「社会的側面」としては、就労や就学以外に選択肢を認めない環境や、相談できる身近な場所がない状況ではひきこもりが長期化する可能性があると指摘している。

　一方で、2010年公表のガイドラインは、評価や対応のガイドラインと題しているように、精神医学的な評価を重視している[3]。支援の段階をみると、最初の段階で精神医学的な評価が位置づけられており、これまで本書で用いている言葉では生物学的な背景の理解に近い。続く段階は、心理的な意味での人間関係構築であり、最終的には社会的な機会の提供を目指している。

段階論的な支援の限界

　このような段階論的な支援の構想には標準的モデルとしての意味合いがあり、もちろんその順序どおりに支援が進むべきだと考えられているわけではないだろう。しかし、特に孤立した人に対する支援手法は多角的に、そして柔軟に考えるべきであり、こうした順序どおりに支援が進まないケースも軽視できない。

　段階論的な支援の限界の第一は、精神医療的な評価が最初の段階に位置づけられていることで、対象者との出会いの場や手法が限定されることである。生物学的な側面の評価が重要であることに異論はない。しかし出会いの場面は多様化しており、精神医療や保健福祉への相談だけでなく、就労支援や困窮者相談、さらには高齢者福祉がひきこもり事例との接点になっている。そ

表75　アセスメントにおける生物・心理・社会の各側面

①生物	疾患や障害、気質など
②心理	不安、葛藤、希望、自己感、認知、内省性、感情統制、防衛機制など
③社会	対人関係、職場・学校への適応

（出典：近藤直司『医療・保健・福祉・心理専門職のためのアセスメント技術を高めるハンドブック（第3版）──ケースレポートとケース記録の方法からケース検討会議の技術まで』〔明石書店、2022年〕41ページをもとに筆者作成）

うした場面を含めた多様な相談支援の経路が想定されていないように思われる。

　第二に、その場で精神医療的な評価をおこなうことがどれだけ可能なのかという点が挙げられる。自ら精神医療を望む人や、精神医療的な課題を自覚している人以外は、自分は病気ではないと主張し、評価されることを敬遠してしまうだろう。最初の接点が精神医療に限られてしまうと、これらの人々は、支援が必要であるにもかかわらず「支援を拒否した」ことになり、数少ない接点をみすみす逃してしまうことになるだろう。

　段階論的な支援では中盤や後半に設定されている視点を、出会いの段階でも十分に活用することが求められる。心理的な動機づけや社会的な環境調整、制度の活用などである。

　本人が望まない支援であっても、必要がないということではない。社会的孤立については、本人が望む支援と、支援者が必要と判断する支援を、最大限組み合わせていくことが重要である。

1　生物・心理・社会アプローチ

生物・心理・社会アプローチの導入

　生物学的・心理的・社会的という3つの側面から困難の背景を探ることは、ひきこもりだけでなく不登校や非行などの分野にも共通している。

　2010年のひきこもりに関するガイドライン策定に携わった近藤直司は、精神保健福祉に関わるアセスメントの概説書で、生物─心理─社会アプローチ（モデル）を紹介している。生物学的な側面は個人に属する精神・身体的な特性や障害などを指すのに対し、社会的側面では個人を取り巻く環境に焦

表76　不登校のアセスメントの観点

観点	着目点	現在の状況・様子（一部）
①身体・健康面〔生物学的観点〕	睡眠、食事、運動、疾患、体調不良、特別な教育的ニーズなど	〔疾患・体調不良〕頭痛やめまいがある、吐き気や嘔吐がある、胃痛・腹痛・下痢がある　など 〔特別な教育的ニーズ〕コミュニケーションが苦手である、聴いて理解することが苦手である、読み書き計算が苦手である　など
②心理面〔心理学的観点〕	学力、学習、情緒、社交性、集団行動、自己有用感、自己肯定感、関心、意欲、過去の経験など	〔情緒〕すぐイライラしてしまう、緊張することが多い、気分が落ち込むことが多い、自分の気持ちを抑えすぎる　など 〔社交性・集団行動〕人と関わることが苦手である、一人でいることが増えた、人に暴言を吐くことが多い　など 〔過去の経験〕無力感や恐怖心がある、ものごとから逃げたがる、自己嫌悪や自責の念がある　など
③社会・環境面〔社会学的観点〕	児童・生徒間の関係、教職員との関係、学校生活、家族関係、家庭背景、地域での人間関係など	〔児童・生徒間の関係〕いじめの訴えがある・いじめの情報がある、孤立している、気まずくなっている、相談できる友達がいない　など 〔教職員との関係〕教職員を避ける、教職員の前では本心を見せない　など 〔家族関係・家庭背景〕保護者に反発している、家族の話をほとんどしない、心身の不調を抱えている家族がいる、家庭内での変化が激しく安定していない、家族が経済的な厳しさを抱えている、虐待の痕跡が見られる、保護者と連絡が取れない　など

（出典：東京都教育委員会『児童・生徒を支援するためのガイドブック』2018年〔https://www.kyoiku.metro.tokyo.lg.jp/school/content/files/guidebook/05.pdf〕〔2025年3月10日アクセス〕から一部抜粋）

点を当てる。その間にある心理は、個人と社会との適応によって左右される状態として理解することができる。[4]

　不登校に関する東京都のガイドラインでも、こうした3側面を活用している。[5]これらの側面のうちどれかが原因となって不登校やひきこもりを引き起こすというよりも、一つひとつのリスクの積み重なりが困難を引き起こすと考えるといいだろう。ストレスや心身の健康問題、社会的ネットワークの喪失は、誰もが多少なりとも抱えている。それらの悩みを補う「プラスの要素」が十分にあれば、問題が表面化することは防がれる。孤立すること自体もすべてがマイナスの要素ではなく、それをきっかけに心身の健康や、新たな社会的ネットワークを構築する機会にもなりうる。逆に、孤立がさらなる生活の質の低下を引き起こしてしまうこともある。

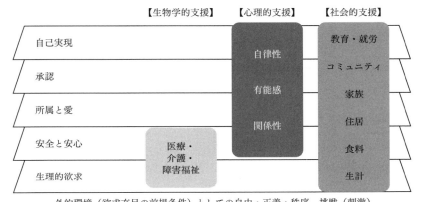

図22 マズローの欲求階層のピラミッドからみた生物学的・心理的・社会的支援

欲求階層論との関係——何を優先して支援するか

　ここまでは、生物・心理・社会の各側面の内容を確認してきた。ただ、それらを並列的に列挙するだけでは、どのようなニーズがあるのかは把握できても、何から支援をおこなっていくのかという糸口が得られにくい。そこで、著名なアブラハム・マズローの欲求階層論をヒントに、支援の優先順位を考えてみたい。

　マズローは基本的な欲求から高次の欲求に至るまでを列挙し、基本的には低次の欲求が満たされることで高次の欲求が満たされると考えた。欲求のピラミッドの図に、生物学的・心理的・社会的支援を組み合わせると図22のように表現できる。ただし、それぞれの段階に対する支援の対応関係は無数に考えうるため、図22の内容はあくまで試案的な例示にとどまる[6]。

　生理的欲求に関わる支援として、生計に関する支援、食料や水などの最低限のライフラインに関わる支援がある（社会的支援）。また食料や水の摂取が困難な状態に陥った場合には、健康状態を維持する支援がある（生物学的支援）。また睡眠に不調や障害を抱える場合、心身の健康状態への支援が必要になる（心理的支援）。

　安心と安全に関わって、住居は外部の危険から身を守り、生活に秩序をもたらすうえで重要である。子どもの虐待や障害者、高齢者の虐待防止に関す

る施策は、身体的・心理的・経済的・性的虐待を防ぐ（社会的支援）。

　所属と愛が失われていることは、社会的参加の場が失われていることに対応する。また他者との関係を保障するような対人的交流の喪失にも重なる。それらを保障するのが既存の職場や学校、あるいは地域のコミュニティである。

　承認もまた社会的参加や対人的交流の回復によって保障される。自己決定理論では関係性、有能感、自律性を重視する。[7] たとえば良好な職場環境は多様な人々との関係性を築き、個人の強みを生かした役割を獲得し、また仕事の進め方に一定の裁量が認められる機会を得ることで心理的なニーズを満たす。

　自己実現は、コミュニティへの所属や就学・就労を通じて、その人の能力を最大限に発揮することに関わる。既存の就学・就労の場だけでなく、中間的就労やオルタナティブ教育などの新しい働き方・学び方が自己実現の助けになる。

　従来のひきこもりの支援は、所属と愛のニーズを満たすこと、関係性を回復することに焦点がおかれていた。しかし、このレベルが常に優先されるわけではない。また、このレベルを満たさなければ次に進めないわけでもない。本人のニーズをくみとることで支援の糸口をつかむことも重要といえる。

個人にとっての障壁の視点——障害構造論

　ニーズを満たすための支援の各側面に続き、個人からみた場合の障壁という観点から、障害構造論をもとに考えたい。[8]

　障害とは、何らかの「機能障害」が前提になり、能力が限定されるために社会参加の困難をもたらすと考えられ、それは機能障害に能力の限定、社会参加の困難を追加するという、直線的・付加的なモデルによって描かれた。

　それに対して、より相互作用的視点を強調するのが障害構造論である。以下、上田敏の整理に基づいてみていこう。

　1980年の国際障害分類（International Classification of Impairments, Disabilities and Handicaps; ICIDH）は、画期的な障害の3レベル論を提示した。

　機能・形態障害（impairments）は、脳卒中や脳性まひなどの病気から生じるまひや言語障害である。形態障害は手足の切断、あるいは手足や臓器の一部の欠損（生まれつきの心臓の奇形など）のことを指す。

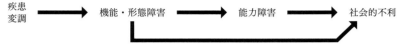

図23　ICIDHモデル
（出典：上田敏『ICF（国際生活機能分類）の理解と活用——人が「生きること」「生きることの困難（障害）」をどうとらえるか［第2版］入門編』萌文社、2021年、11ページ）

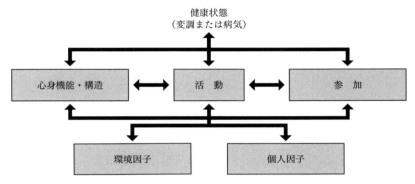

図24　ICFモデル
（出典：前掲『ICF（国際生活機能分類）の理解と活用』18ページ）

　能力障害（disability）は、歩くことが困難、字が書けない、職業上必要な能力を失ってしまったという状況を指す。能力障害は毎日の生活上の不自由として直接経験され、障害として実感しやすい。
　社会的不利（handicaps）は、職を失う、経済的に困難になることを指す。社会参加ができなくなる、家庭内にもめごとが起きるなどがその例である。
　このモデルでは、機能・形態障害から能力障害、社会的不利に至る過程全体を「障害」と呼ぶ。重要なのは、各レベルを独立させたことである。これによって、機能・形態障害とは別に能力障害を、また能力障害とは別に社会的不利の問題を解決することができると考えられた。
　しかし、以上のICIDHには、いくつかの問題点が指摘された。まず、各要素の間、たとえば機能障害と能力障害をつないでいる矢印が一方向的であるため、これらの間の移行が運命論的である、あるいは時間的順序を表すなどの誤解が生じる余地があった。
　それらを克服するために登場したのが、ICF（生活機能・障害・健康の国際

分類International Classification of Functioning, Disability and Health）である。
ICFは、2001年にWHO（世界保健機関）の総会で採択された。

　ICFモデルは、以下の要素から構成されている。

①心身機能・構造（生物レベル）。この部分に問題が生じると機能障害
（Impairment）が起きる。

②活動（個人レベル）。この部分に問題が生じると活動制限（Activity
Limitation）になる。

③参加（社会レベル）。この部分に問題が生じると参加制約（Participation
Restriction）になる。

　さらに、環境因子と個人因子の影響を考慮する。

　以上のICFの健康状態には、疾患・変調だけでなく妊娠や加齢も含んでい
る。マイナスのイメージで捉えられる疾患ではなく、人が生きている状態す
べてをICFを使って見直すことができる。

　またICFの各要素の関係は、一方向的な矢印ではなく、相互作用モデルを
想定している。このことが、精神障害者を図式に組み込むための新たな一歩
になったと思われる。

　要因間には、悪循環や好循環が生じる可能性がある。活動が低下すること
によって、生活不活発病（廃用症候群）という心身機能の低下が生じること
がある。精神障害者の場合にも、精神機能の障害だけでなく、閉じこもって
外出しない、家のなかで何もしない、という生活全体の不活発さが身体機能
にも影響を与えてしまう。逆に、活動が活発化することで、障害や身体機能
にいい影響が生じる。

　ICFの新しい点は、図式に環境因子が取り入れられていることである。精
神障害のように、明確な機能障害を見いだすのが難しい人でも、社会的参加
の障壁が大きい「生きづらさ」が存在する。この場合、医学的な疾病や障害
だけでなく、社会の側の受け入れ態勢を問題にする必要がある。

　社会における包摂の問題を強調したのが、障害の社会モデルである。ICF
は、医学モデルと社会モデルの歩み寄りによって完成された。[9]

　環境因子は、能力を発揮したり、社会的に参加したりすることを阻むよう
な要因や、逆に促進する要因を意味している。そして、この環境因子こそ、
障害の種別によって大きな差が現れる部分だと考えられる。障壁によって発

揮を妨げられている能力、それには障壁が明確にイメージできるケース（駅がバリアフリーでないために利用できない）と、そうでないケースがある。

個人因子のなかには障害の主観的側面も加えられている。障害の主観的側面とは、「健康状態」、3つの「客観的障害」（機能・構造障害、活動制限、参加制約）、および「不適切な環境因子」のすべてを主観に反映させたものであり、これらの問題に対する個人の「認知的・情動的・動機づけ的な反応」として生じてくる。つまり客観的な状態に対する個人の捉え方や、個人が何とかして対処しようとする反応やスキルだといえるだろう。

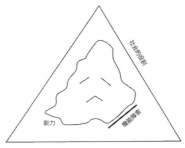

図25　機能障害による社会的役割の阻害
（出典：大橋秀行「障害構造論を臨床にどう生かすか——イメージモデルを使って」〔『精神障害とリハビリテーション』第1巻第2号、日本精神障害者リハビリテーション学会、1997年〕をもとに筆者作成）

上田が列挙する主観的側面は、次のように多岐にわたる。「自己の価値と人生の意味」（自尊心・劣等感、人生の意味、生きる目的・目標・使命感などを含む）、「身近な人との関係」（愛している、愛されている、信頼している、信頼されているなど）、「集団への帰属感・疎外感」（周囲からの受け入れ、称賛、扱われ方、他人の役に立っている、仲間・世間とうまくいっている・孤立している）、「基本的な生活態度」（困難への対応など）である。特に、「集団への帰属感・疎外感」は社会的孤立に関する参加の側面に関連し、その項目として孤立感が含まれていることに注目したい。

以上のICFに基づく区別をこれまで述べてきた生物・心理・社会モデルに対応させると、心身機能・身体構造や健康状態が生物学的側面、個人因子のなかの主観的側面が心理的側面、活動や参加および環境因子が社会的側面に属すると考えられる。

具体的に各側面の関連性について考察するうえで、大橋秀行による障害構造論の論考が有益である。大橋は、環境と人との関係を、三角形の外枠とアメーバ状の主体（雨場さん〔アメーバ〕と名付けられている）のイラストによって表現している。機能障害によって「社会的役割」がうまく果たせないと、雨場さんと三角形の外枠との間に隙間が生じている。また、雨場さんの主観

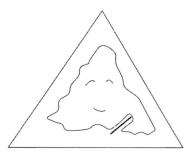

図26　機能障害への代替的対応アプローチ
（出典：同論文をもとに筆者作成）

図27　環境調整アプローチ
（出典：同論文をもとに筆者作成）

的側面は曇った表情で表現される。[11]

　前述のような状態の人が社会的役割を果たすようになるためには、まず機能障害を克服するという道筋がある。身体障害をもつ人が、メガネや杖を使うことで社会参加を果たすように、精神障害や発達障害を抱える人も、何らかの道具を用いることで社会参加ができる。

　また、機能障害はそのままにしておいて、能力障害を克服することもできる。そのためには、環境を変化させる。あるいは、代替的な社会参加の手段を採用することも選択肢になる。

2　全方位型アセスメント

　ここでは、支援者と対象者の間に生じる視点の分断を考察したい。

　伊藤健次らによる『「困難事例」を解きほぐす』は、本人の主観的視点と、専門職の客観的視点を組み合わせた全方位型アセスメントおよび全方位型支援を提案している。

　表77では縦軸で主観的視点と客観的視点を分類している。横軸では、過去から現在までの問題の理解（見立て）と、現在から未来に至る支援の方向性（手立て）を区別する。

　このようなアセスメントによって、現在の問題に焦点化するだけでなく、本人の視点からみた過去から未来に至る生活状況を他者と共有することができる。同時に、客観的視点として支援者からみて解決すべき課題にも目を配

表77　全方位型アセスメントにおける「見立て」と「手立て」

	過去　　　　　現在	未来
	見立て	手立て
客観的視点	領域 B	領域 C
主観的視点	領域 A	領域 D

（出典：伊藤健次／土屋幸己／竹端寛『「困難事例」を解きほぐす──多職種・多機関の連携に向けた全方位型アセスメント』〔現代書館、2021年〕をもとに筆者作成）

表78　アルツハイマーと診断されゴミ屋敷状態の家屋に住む女性の例

	見立て	手立て
客観的視点	領域 B　本人のできない部分を補う存在の不在。できないことを表に出したくないためにゴミ屋敷化、人付き合いが希薄化している。	領域 C　ゴミ屋敷状態の解消。悪臭や虫の発生の解消。上記が解決することによる近隣住民の不満解消。再発防止。
主観的視点	領域 A　他人の目を意識し、きちんとしよう、迷惑をかけないようにしよう、という規範で生きてきた人。認知症発症後は夫がうまく支えていて問題が表面化しなかったが、夫の死後うまくできないことが増えた。	領域 D　近隣住民とよりを戻す。誰かに手伝ってもらってきちんと分別でき、ちゃんとゴミ出しができる。「きちんとしている人」として認められる。夫が果たしてきた役割が受け継がれる。

（出典：前掲『「困難事例」を解きほぐす』をもとに筆者作成）

ることができる。その際にも、本人の現在の状態に至るまでの状況を理解し、未来に向けて採用可能な手立てを模索することが望まれる。

　事例として、アルツハイマーと診断されている女性の例を挙げている。5年前にアルツハイマーと診断され、2年前から重度化、夫が主な介護者として物心両面で適切に支えてきたが、夫は2年前死去し、女性は独居になった。ゴミのことを気にかけて訪問した支援者に、本人は「自分でやってます」「大丈夫です」と言い張る様子である。

　本人の視点からみれば、きちんとしようという意識で生きてきた人であり、単にゴミ屋敷化した家屋の住民とみなすことはふさわしくない。一方、客観的にみれば本人ができない部分を補う夫が不在になったことが現在の状況を招いている。手立てとして、客観的な立場で考えるとゴミ屋敷状態の解消も望まれるが、本人の視点からみれば本人の有能感を取り戻すことや、「夫に代わる役割」を補うことが重要だといえる。

第9章　支援における分断と全方位型のアセスメントの展開────289

表79　援助の領域の分類

	専門家の判断が必要ない	専門家の判断が必要
本人が利用希望する	自発的サービス	契約サービス
本人が利用希望しない	啓発・予防	介入サービス

(出典：山野則子「日本におけるスクールソーシャルワーク構築の課題——実証的データから福祉の固有性探索」〔日本学校ソーシャルワーク学会研究誌編集委員会編「学校ソーシャルワーク研究」第1号、日本学校ソーシャルワーク学会、2007年〕72ページをもとに一部改変して筆者作成)

　伊藤らによる全方位型アセスメントは、過去から未来に至る時間軸、また主観と客観という方向に視野を広げたことに大きな意義がある。ときに、対人援助で本人中心の視点が強調されることがある。しかし、「本人」に資するような支援だけではなく、「現在の本人が必ずしも望まないが将来の本人には必要である」「主観的には望まないが客観的には必要である」といった支援もある。そうした視点のズレをどう埋め合わせるのかが課題になる。

　より明確に、本人が望む支援であるかどうか、専門的な視点が必要な支援であるかどうか、という視点によって支援を分類したのが表79である。個人の複合的な課題を支える支援は多層的であり、本人が望む支援と望まない支援のどちらか片方が必要なわけではない。専門的な支援は、生活困窮者支援や重層的支援による「問題解決」に重なるのに対し、専門家の介在が必要ない支援は支援者が定期的に訪問するなどの「つながり続ける支援」に重なる。

　孤立する人に対する支援は、ときに介入の必要性と本人の自己決定の尊重との間でジレンマを抱える。比較的本人が希望しやすく、専門性が高くないつながりを日常的に確保しながら、生命に関わるような介入の必要性や機会をつかんでいくことが現実的だろう。

　また、全方位型支援の「全方位」の方向性を豊かにするためにはさらなる議論も必要である。ゴミ屋敷問題の解決のように特定の問題に対処する場合には、それに応じてアセスメントや支援の幅も限定される。一方、社会的孤立という課題を視野に入れると、本人と環境のつながりを増やすうえでは、限定的な問題とは無関係な領域に糸口が見つかることも多い。本章で論じたように、生物、心理、社会の全方面に視野を広げることもその助けになる。たとえば前述のゴミ屋敷状態の家屋に住む女性の趣味や日常的な楽しみは何

なのかを探ることなどである。

「ピンチはチャンス」というように、一見マイナスと思われる要素にも社会とのつながりを保つ糸口が潜んでいる。社会的孤立という課題が目の前にあるからこそ、本人の悩みや希望を全方位的に洗い出し、外部とつながるきっかけになるものを探し出すことを重視すべきだろう。[13]

3 まとめ

社会的孤立は誰にでも起こるといわれるが、貧困や精神疾患など、個人によって異なる条件が孤立のリスクを増加させている。

それは孤立が単に個人の選択ではなく、社会的不平等や神経発達的な多様性を反映した問題であることを示唆している。

ただし、孤立状態に該当する人が孤立の緩和や解消のための支援を積極的に求めることは少ない。たとえば学校や仕事でつまずいて孤立を深めている人の場合、真に助けが必要な時期に支援が得られなかったという思いを抱えている場合や、人間関係や就労を失敗体験として色濃く記憶している場合がある。人との関わりを避けること自体、その人なりの安心を確保する手段であるかもしれない。

孤立問題の場合、このように支援の必要性が本人からのニーズとして浮上しづらい。だから支援が必要ない、ということではない。

こうした複雑な課題についてきめ細かく考えていくためにも、孤立を多面的に捉えることが求められる。

孤立している人自身が、自分をひきこもり状態と認識していることは、あまり多くない。外部からは「参加」と「交流」の双方を失っているようにみえても、本人の意識とは一致していない。仕事や学業へのアイデンティティを失わず、「次の仕事を探すのに時間がかかっている」「途中で挫折したが、大学時代まで真面目に勉強していた」と思っているかもしれない。また人との交流が乏しいようにみえて、「買い物や家族の世話などを通じて最小限の社会参加をしっかり続けている」と考えている可能性がある。

このように考えると、ひきこもりなどのキーワードにとらわれず、社会参加が「できていない」部分ではなく、本人にとって「できている」「やりた

い」部分に着目することも支援するうえで有益だろう。

　ただし、本人の意識に注目する場合でも、本人の意識に寄り添うだけでは十分ではない。本人が意識していないような社会参加の選択肢についても支援者の側から提案すべき場合がある。孤立とは、本人が必ずしも意識していないにせよ、社会的機会の制約がもたらした結果という側面がある。そして過去の人生で受けた制約によって、「他人は信頼できない」「支援を受けるのは恥ずかしい」というように現在の行動の選択肢を減らす方向にも作用しうる。

　もちろん本人の意思を尊重することを前提にしながらも、表面的な言葉をうのみにすることで孤立の進行を追認することも望ましくない。状況の変化が本人の気持ちの変化を生むことを想定し、息の長い関わりを続けていくべきだろう。社会的孤立の理解や支援では、このように「参加」「交流」の双方にわたる孤立の多面性や、孤立した人を取り巻く生活を包括的に理解することが求められる。

注

（1）前掲『10代・20代を中心とした「ひきこもり」をめぐる地域精神保健活
　　　動のガイドライン』、前掲『ひきこもりの評価・支援に関するガイドライン』
（2）前掲『10代・20代を中心とした「ひきこもり」をめぐる地域精神保健活
　　　動のガイドライン』
（3）前掲『ひきこもりの評価・支援に関するガイドライン』
（4）近藤直司『医療・保健・福祉・心理専門職のためのアセスメント技術を高
　　　めるハンドブック（第3版）——ケースレポートとケース記録の方法からケ
　　　ース検討会議の技術まで』明石書店、2022年。生物・心理・社会モデルは
　　　1970年代後半、ジョージ・L・エンゲルによって提唱された。George L.
　　　Engel, "The Need for a New Medical Model: A Challenge for Biomedicine,"
　　　Science, 196(4286), 1977, George L. Engel, "The clinical application of the
　　　biopsychosocial model," *Amerian Journal of Psychiatry*, 137(5), 1980.
　　　　エンゲルの主な目的は生物医学的な医療のモデルの批判であり、病気や健
　　　康の問題を分子生物学だけによって理解しようとする還元主義や、心と身体
　　　を切り離して扱う心身二元論の克服が志向されている。エンゲルは、個人の
　　　経験や行動に影響するレベルとして、「神経システム」に始まり「臓器、組
　　　織、細胞、細胞構成物、分子、原子、原子以下の物質」に至るまで、人体の

各レベルを列挙する。逆に「二者関係、家族、地域、文化、国、地球」といった、個人を取り巻く各レベルも列挙している。生物としての個人の体内を順次細分化したものが生物学的要素であり、逆に個人を取り巻く環境を小さいものから大きいものまで段階的に例示したものが社会的な要素であると考えられる。渡辺俊之／小森康永『バイオサイコソーシャルアプローチ──生物・心理・社会的医療とは何か？』金剛出版、2014年、100ページ

　エンゲル自身が心理的要素や社会的要素によって心筋梗塞が発生・悪化する過程を詳細に描いているように、BPSモデルは狭義では疾患の病因論や、その経過の左右を説明する理論として理解されていると思われる。

　一方、健康の社会的決定因のような研究が進展するなかで、生物・心理・社会の影響関係に関する統計的な分析が進んでいる。それらの分野で、エンゲルの名前やBPSモデルが言及されることは少ないが、エンゲル自身が挙げるミクロな医者・患者関係の例と統計的分析の間に乖離が存在するためではないかとも考えられる。

　医療に限らず福祉や心理に関わる対人援助領域でもBPSモデルは応用可能であり、たとえば本章で挙げる障害機能分類（ICF）との類似性が指摘できる。障害に関しては、必ずしも生物学的な（言い換えれば人体内部の要因に還元できるような）疾患や障害自体ではなく、社会的な障壁によって困難や不利益が生み出されることが強調されている。

（5）文部科学省による小・中学校や高校の生徒指導の手引『生徒指導提要』の2022年改訂版でも生物・心理・社会モデルを紹介している。文部科学省『生徒指導提要（改訂版）』文部科学省、2022年、前掲「教育における生物・心理・社会（BPS）モデルの活用可能性」

（6）キャスリーン・A・ムーアは、マズローの欲求階層と心理学的健康、社会的健康、生物学的健康を関連づけている。生理的欲求と安全および安心は生物学的、所属と愛は社会的、承認と自己実現は心理学的な健康に対応する。Kathleen A. Moore, "Positive Psychology and Health: Situational Dependence and Personal Striving," in Erica Frydenberg ed., *Beyond Coping: Meeting Goals, Vision, and Challenges*, Oxford University Press, 2022.

（7）Richard M. Ryan and Edward L. Deci, "Self-determination theory and the facilitation of intrinsic motivation, social development, and well-being," *American Asychiologist*, 55(1), 2000.

（8）上田敏『ICFの理解と活用──人が「生きること」「生きることの困難（障害）」をどうとらえるか［第2版］入門編』きょうされん、2021年

（9）同書

（10）同書

（11）大橋秀行「障害構造論を臨床にどう生かすか──イメージモデルを使って」「精神障害とリハビリテーション」第1巻第2号、日本精神障害者リハビリテーション学会、1997年

（12）前掲『孤立不安社会』

（13）主観と客観のすり合わせについては、「ジョハリの窓」のように、双方がまだ気づいていない領域にも何らかの可能性が潜んでいる場合があることも記憶にとどめておきたい。現在持ち合わせている主観的情報、客観的情報だけから解決策を導くだけではなく、時間の経過やコミュニケーションによって、異なる可能性が開けることもある。前掲『アイデンティティ・ゲーム』

（14）第2章で言及した原は、貧困世帯出身のひきこもり経験者に関する支援を論じ、自ら支援を求めない人への支援手法についても検討している。それは、支援機関が訪問や声かけといった一方向的な関わりを通じて接点をもち、やがて双方向的な関係へと発展させていくという、順を追った支援のあり方である（前掲『見過ごされた貧困世帯の「ひきこもり」』87ページ）。

　これに対して、本章で検討してきた枠組みが示すのは、支援の「方向性」だけでなく、「角度」に関する選択肢の拡大、さらには支援のプロセス全体にわたる複眼的な視点だといえる。支援に際しては必ずしも孤立の解消を直接目指す必要はなく、安心・安全といった基本的ニーズの充足や、孤立を保ったままの自己実現といった多様なアプローチが可能である。補論1で紹介したように、食料の提供や趣味への誘いといった支援が、対象者との関係構築に寄与する場合もある。

　さらに、主観的な視点と客観的な視点のすり合わせは、支援の過程全体を通じて継続的に追求されるべき課題である。孤立した人が比較的表に出しやすいニーズをきっかけに拾い上げて要望に応えていくことで、「こんなことも頼んでいいのだろうか」という気づきや、ニーズ・権利意識の形成へとつながる糸口となる。こうした支援は、すでに日常的な支援（介護やフードバンク）の利用をしている人から新たに社会的孤立に関する相談を受けるなど、多様な形をとりうるだろう。

第10章　ひきこもりと孤立に関する支援論の変遷

　本章では、厚生労働省が公表したひきこもり対応のガイドラインをはじめ、現在までのひきこもり支援に関する動向を整理する。精神保健、生活困窮者支援など、異なる視点からの多種多様な議論が交わされてきたひきこもり支援について網羅的に整理することは難しいため、前章で検討したような全方位型の支援の視点から、代表的な資料を取り上げて比較することにしたい。

1　ひきこもりに特化した支援論

　前章でも紹介したが、ひきこもりの支援論は2003年の厚生労働省のガイドラインをはじめとして、主に精神保健分野での支援を念頭に提案されてきた。その後、10年にもガイドラインが公表されているほか、ガイドライン[1]を監修した専門家によるガイドブックなども編纂されている。

　ひきこもりに特化した行政窓口として2009年からひきこもり地域支援センターが設置され、現在ではすべての都道府県と政令指定都市に設置されている[2]。

　ひきこもりに特化した施策ではないが、子ども・若者育成支援法は社会生活を円滑に営むうえで困難がある子ども・若者（おおむね39歳まで）を対象に支援することを趣旨としている。この法律に基づいて子ども・若者育成支援地域協議会や、子ども・若者総合相談窓口が設置されている。しかし制度の導入は自治体の任意であるため、窓口での相談支援を利用することができる地域は一部にとどまる[3]。

生活相談や地域共生社会に関連する支援

　一方、幅広い孤立問題に関する施策として、生活困窮者自立支援制度や重層的支援体制整備事業を挙げることができる。

　ひきこもりや社会的孤立に関する生活課題は、児童や障害者、高齢者に対する既存の支援にそのまま当てはまるわけではない。生活困窮者自立支援制度は、生活保護を受給する手前にある困窮者を支援するという意味で「第2のセーフティネット」と呼ばれることがある。貧困に陥るおそれがある者という意味で、社会的に孤立した人やひきこもり状態の人が制度の対象者に位置づけられる。

　このように困窮や貧困という生活課題にストレートに対応するだけでなく、生活困窮者の制度は「制度の狭間」にある人を支えるという理念を掲げている。縦割り的に並べられた生活課題に対応するのではなく、それらの領域に「横串をさす」ような役割が期待されているのである。その意味で、支援にたどり着くことが難しいひきこもり状態の人や孤立した人にも支援を届けることは、制度の理念にかなっている。

ひきこもりや孤立の相談先はどの窓口なのか

　以上のように、ひきこもり状態の人や孤立している人が相談することができる窓口は多様といえる。つまり、ひきこもりを直接掲げた窓口や包括的に生活相談に応じる窓口をはじめ、「ひきこもり状態の人や家族」がひきこもりと同時に抱える課題（教育、貧困、就労、介護、精神保健など）に対応する窓口など、さまざまな窓口に相談する可能性がある。逆にいえば、窓口が定まっていないということだ。

　一人の人が抱えている課題が複合的であるため、一つの窓口や縦割りの制度のなかでは対応が完結できない。さらにひきこもりや孤立については、どのような社会参加を求めるかによって教育や就労、福祉などの分野と連携が必要になる。「入り口」に関する側面だけでなく、「出口」についても関連領域との連携が欠かせない。

　しかしながら、ひきこもりの支援論は必ずしも複合的な課題の包括的支援に対応して発展させられてきたわけではない。むしろひきこもり以外には抱えている課題がなく、家族がひきこもりを主訴として相談するようなケース

を念頭に置いて構築された支援論も散見される。

　狭い意味でのひきこもりの支援でも、支援の入り口や出口が必ずしもひきこもりの問題に限られるわけではない。さらに幅広い生活課題や社会的孤立との関連から、対象者が抱える困難を理解し、支援する枠組みが求められている。以下では、ひきこもりに関して国が最初に取りまとめた2003年のガイドラインから、10年に公表のガイドライン、25年1月に策定されたガイドラインなどについて順に検討する。

2003年ガイドライン

　2003年のガイドライン⁽⁴⁾は、ひきこもりを精神保健福祉を中心とする行政の課題として初めて位置づけた文書である。表題に「10代・20代を中心とした「ひきこもり」をめぐる地域精神保健活動のガイドライン」とあるように、ひきこもりを子ども・若者の課題と考えていることがうかがえる。ひきこもりが社会問題化してから数年で公表されたガイドラインであるために限界もあるが、その内容は現在の視点からみてもバランスがとれており、示唆に豊む。

　ガイドラインではひきこもりの背景について、「生物学的要因、心理的要因、社会的要因などが、さまざまに絡み合って、「ひきこもり」という現象を生むのです」と述べ、ひきこもりの背景を3つの角度から考察している。あくまでひきこもりを「状態」として理解しており、ほかのいろいろな状況と重なることを基本に置いて理解を進めている。また、ひきこもりに該当する人が特定の性格やパターンに当てはまることを否定し、ひきこもりかどうかという線引きに大きな意味がないことも指摘している。

　　ひきこもりをしている人々の性格の特徴が、あたかも一種類にくくれるような言われ方をすることがありますが、実際には、多彩な人々が、ひきこもりの状態におちいっています。⁽⁵⁾

　　「社会的ひきこもり」というカテゴリーにあてはまる人々のなかにも、さまざまな病態や状況の人々がいるのが現実なのです。

　　あるひとが「社会的ひきこもり」か否かという議論には、それほど大

きな意味があるとはいえません。[6]

　以下では、2003年ガイドラインの心理的・生物学的・社会的側面について順に紹介する。[7]

　心理的側面：「ひきこもる以前に、本人にとってはかなりのストレスがあり、それに耐えようと踏ん張っていたため、ひきこもると同時に大きな挫折感や疲労感をかかえ、回復が遅れてしまうことがあります」「あるいは、ひきこもりという生活パターンを繰り返すなかで、次第に人との交流の機会が減少し、他人に会うときの緊張感や不安感を考えて、また他者からの否定的な評価におびえて、社会に出ていくことがより困難になるような場合もあります」

　生物学的側面：「ひきこもりという行動をとる人のなかには、生物学的要因が影響している比重が高くて、そのために、ひきこもりを余儀なくされている人々がいます。たとえば、統合失調症、うつ病、強迫性障害、パニック障害などの精神疾患にかかっている人々です」「また、軽度の知的障害があったり学習障害や高機能広汎性発達障害などがあるのに、そのことが周囲に認識、理解されず、そのために生じる周囲との摩擦が本人のストレスになることがあります」

　社会的側面：「就労や就学以外に選択肢を認めない環境では、いったんひきこもった人が再び社会参加をするのに、多くの困難があるでしょう」「また、気軽にこのような問題を相談できる適切な場所が身近にあるかないか、ということも長期化に影響をあたえている可能性があります」「「ひきこもり」の状態からの回復は、なかなか個人の力では難しいときがあるからです。多様な価値観が尊重されるように社会のあり方をかえることで、困難を抱えながらも、生きやすくなっていくこともあるのです」

　以上のように平易な言葉で3つの側面を紹介しているが、それぞれの側面について補うべき点も残るだろう。社会的側面については、社会参加の多様な選択肢を認めない環境や相談先の乏しさについて指摘しており、その点では示唆的である。一方、具体的な社会制度の創出・活用や本人と社会との間の環境調整について触れていないところに課題が残る。

　以下では2003年ガイドラインで示された背景の検討と、支援方法の分類に基づいた各種の支援方法論を整理する。

表80　ひきこもりに関する指針の内容と生物学的・心理的・社会的側面

	2003年ガイドライン[1]	2010年ガイドライン[2]	『ひきこもり支援者読本』[3]	『ひきこもりに出会ったら』[4]
理解				
生物学的	精神疾患、知的障害、学習障害、発達障害	精神障害、発達障害との関連、ひきこもりの3分類など	発達障害（第2章）、精神保健（第4章）	不登校（第3章）・青年期ひきこもりケース（第4章）の精神医学的診断・評価
心理的	ひきこもる以前のストレス、ひきこもり後の緊張感・不安感など	思春期心性（自己感覚の過敏性の増大など）	心理状態への理解と対応（第1章）	
社会的	就労や就学以外の選択肢、相談の場など	ニート状態の人の専門的支援の必要性など		社会学的側面（第12章）
支援				
生物学的	抗精神病薬・抗うつ薬・抗不安薬、医学的診断による見立てなど	個人療法、集団療法	発達障害（第2章）、精神保健（第4章）	個人精神療法（第6章）、集団療法（第7章）、薬物療法（第9章）
心理的	個人カウンセリング、SSTグループ、認知行動療法など	個人療法、集団療法	心理状態への理解と対応（第1章）	
社会的	居場所、就労・就学支援プログラム、家族の会、緊急時対応、インフォーマルな関係作りなど	居場所の提供、就労支援など	就労支援（第3章）、親の高齢化・死亡後の備え（第5章）と相談支援・社会制度（第6章）	経済支援・生活支援、就労支援（第11章）
早期介入・予防	教育領域との連携、子育て支援、ハイリスク児への支援、不登校の遷延化予防など	来談・受診の早い実現	長期化への予防（第4章）など	
緊急対応	暴力が生じている場合の介入、家族の避難など	危機介入としての精神科受診と入院治療など	家庭内暴力への対応（第1章）など	精神科救急医療及び入院治療（第10章）

＊1　厚生労働省『10代・20代を中心とした「ひきこもり」をめぐる地域精神保健活動のガイドライン——精神保健福祉センター・保健所・市町村でどのように対応するか・援助するか』2003年
＊2　齊藤万比古・代表『ひきこもりの評価・支援に関するガイドライン——厚生労働科学研究費補助金こころの健康科学研究事業「思春期のひきこもりをもたらす精神科疾患の実態把握と精神医学的治療・援助システムの構築に関する研究」』厚生労働省、2010年
＊3　内閣府子ども若者・子育て施策総合推進室『ひきこもり支援者読本』内閣府、2011年
＊4　齊藤万比古編著『ひきこもりに出会ったら——こころの医療と支援』中外医学社、2012年

2010年ガイドライン

　2010年のガイドラインは、前述の03年のガイドラインで取り上げられた3側面のうち生物学的側面を前面に押し出して強調している。

　第1軸：背景精神障害の診断：発達障害とパーソナリティ障害を除く精神障害の診断です。
　第2軸：発達障害の診断：発達障害があればそれを診断します。
　第3軸：パーソナリティ傾向の評価（子どもでは不登校のタイプ分類）：パーソナリティ障害を含むパーソナリティ傾向の評価です。子どもの不登校では過剰適応型、受動型、衝動型といった不登校の発現経過の特性による分類が有益です。
　第4軸：ひきこもりの段階の評価
　第5軸：環境の評価：ひきこもりを生じることに寄与した環境要因とそこからの立ち直りを支援できる地域資源などの評価です。
　第6軸：診断と支援方針に基づいたひきこもり分類：第1軸から5軸までの評価結果やそれに基づく支援計画の見通しなどを総合して、三群にわたるひきこもり分類のどれにあたるかを評価します。[8]

　このガイドラインでは、ひきこもり状態の人について第1軸から第6軸まで多面的に評価することを提案している。第1軸から第3軸までは生物学的な背景について触れており、評価の中心部分といえる。第4軸はひきこもり状態にあるなかでの推移を考慮している。第3軸にもあるように、ここには不登校に対する医学的対応による知見が関連している。社会的要因が含まれるのは第5軸である。第6軸はそれまでの評価の総合であり、なかでも第1軸から第3軸までの評価と分類が重視される。
　第1軸で触れられる精神疾患は、3つの群に分けて解説している。

　第一群　統合失調症、気分障害、不安障害などを主診断とするひきこもりで、薬物療法などの生物学的治療が不可欠ないしはその有効性が期待されるもので、精神療法的アプローチや福祉的な生活・就労支援などの心理―社会的支援も同時に実施される。

第二群　広汎性発達障害や知的障害などの発達障害を主診断とするひきこもりで、発達特性に応じた精神療法的アプローチや生活・就労支援が中心となるもので、薬物療法は発達障害自体を対象とする場合と、二次障害を対象として行われる場合がある。

　第三群　パーソナリティ障害（ないしその傾向）や身体表現性障害、同一性の問題などを主診断とするひきこもりで、精神療法的アプローチや生活・就労支援が中心となるもので、薬物療法は付加的に行われる場合がある。[9]

　2010年のガイドラインは、前章でも論じたようにひきこもりの評価を第一段階とする段階論的支援の枠組みを提示した。そのなかでも評価、すなわち医学的な疾病や障害の位置づけが重要視されている。このような視点の背景はガイドライン以後にまとめられた解説書で示しているため、項を改めて検討したい。

『ひきこもりに出会ったら』——社会と医療をめぐる二者択一的な議論

　2012年に出版された『ひきこもりに出会ったら』[10]では、10年ガイドラインの背景となる考え方を、そのとりまとめに携わった齊藤万比古らが解説している。

　編者の齊藤は、「はじめに」で次のように述べている。

　本書は、（略）青年および成人のひきこもりに関する医学的な考え方を中心に編集した解説書である。

　ひきこもりという現象は医学的意味だけでなく、社会学的な意味合いを強くもつ現象であることは、編者は承知しているつもりである。しかしひきこもり支援の実践ということになると、就労支援や若者の心理的サポートを提供するフリースペースなどの活動が前面に立つ一方で、なかなか支援にたどり着けない強度のひきこもりを示す当事者に対して、精神保健領域および精神科医療に携わる臨床家・実践家が地を這うような地道な支援活動を続けてきた事実が忘れられがちという印象を編集者はもってきた。

2010年5月に厚生労働省が公表した『ひきこもりの評価・支援に関するガイドライン』はこうした状況に対して精神保健を中心とする臨床家・実践家に支援活動の標準を示し、支援活動をさらに拡大し深めようとの動機をもってもらうことを目的に作成されたものである。[11]

　このように、「社会学的」あるいは心理的な考え方と「医学的」な考え方を対比して、2010年ガイドラインにおいて医学的な考えを前面に押し出した背景を解説している。「就労支援や若者の心理的サポートを提供するフリースペース」で対応可能なケースと異なり、「強度のひきこもり」を示すケースは精神保健領域や精神科医療の領域が地道に支援してきたという。

　ただし、このような二分法的な整理が実情を反映しているのか、疑問を挟む余地がある。

　第一に、「なかなか支援にたどり着けない強度のひきこもり」と表現されるケースは、単に精神疾患や障害のケースにだけ当てはまるのだろうか。「強度のひきこもり」という言葉自体について、支援を開始することの困難さを指すのか、孤立の状態の重さを意味するのかなどによっても困難の内容は異なる。

　確かに支援現場を訪れやすい対象者と、そうではなく見過ごされる可能性がある対象者が存在している。しかし第2章でみたように、不登校を対象とする精神医学も相談窓口に来談可能な層を中心に発展してきた可能性がある。医療の窓口でも来談型の支援とアウトリーチ型の支援では、出会うことができる対象者の像は異なるだろう。

　アクセスの課題は、社会的なアクセスからの排除、制度的な選択肢の乏しさ、心理的な支援への拒否感の大きさ、身体的な疾病や障害など、多面的に考える余地が大きい。すでにみたように、ひきこもりを深刻化させる心理的・社会的側面の影響については2003年のガイドラインでも示唆している。

　第二に、仮にひきこもりの医学的な側面が軽視されてきたとしても、社会や心理と医療を対立的に捉え、医学や医療の側面だけを強調することは支援にとって得策なのだろうか。ひきこもり状態の人が治療を必要としていたとしても、単に医療や治療の世界だけで生活を成り立たせていくわけではない。対人関係や就労を通じて社会と関わりたいというニーズについても、何らかの形で対応が必要である。

302

つまり、個人がもつニーズは必然的に多層的である。そのなかで、ひきこもり状態にある本人がどのニーズを自覚しているかも多様である。「医療が必要だが本人は就労を第一に望み、就労支援の窓口を訪れたケース」や、その逆に「本人は対人関係を求めているが、医療の窓口しか身近に思い当たらなかったケース」もある。重要なのは、最初にどの窓口に相談するかによってその後の支援の選択肢が狭まらないように、支援者や専門家同士が十分に連携することだろう。

　あたかも陣地争いのように、医療と社会的支援の役割を相互排他的に理解することや、「片方の支援を受けるのであればもう片方は受けられない」というような二者択一的な姿勢をもつことは望ましいとはいえない。[12]

　このように、2010年のガイドラインに関連して、原因論や支援論で相互排他的な議論も展開されてきた。こうした議論には、ほかの支援の必要性や可能性を排して精神疾患としての視点を優先すべきだと主張するように読み取れる部分がある。実際には、支援に関する多様な手法やアプローチを両立させながら考えることが現実的であり、より望ましいだろう。社会的に孤立した人は利用できるリソースが限られていることからも、いっそう多様な選択肢の提示が求められ、多くのアプローチを併立させる必要性が高い。

　前章で述べたように、段階論的な支援論で最初の段階に「診断や評価」を位置づけることが、生物学的背景や医療の理解に役立ったかどうかは検証されてよいテーマといえる。フリースペースや就労支援だけでなく、生活困窮や介護など、ひきこもりのケースが気づかれる場面は多様である。そのなかで、最初の「出会い」の場面で医療の関わりが求められるという主張があることは理解できるが、実際に医療がそのとおりに機能しているかは疑問が残る。むしろ、ひきこもり状態の人と出会った支援者と医療関係者の連携が機能しない事例や、本人が医療を拒否するがゆえに支援自体を拒否すると受け取られてしまい、孤立がさらに進行するような事例も報告されている（第8章を参照）。出会いの場面は本人の状況に合わせて多様であるべきであり、どのようなケースであっても柔軟に医療と連携できるような支援モデルが望まれる。

『ひきこもり支援者読本』

　順序は前後するが、2011年に刊行された『ひきこもり支援者読本』[13]は、

高年齢化や「親亡きあと」への視点を早い時期に盛り込んだ資料といえる。

ひきこもり状態の人や家族は、必ずしもひきこもりを優先課題としているわけではない。むしろひきこもりとは直接関係ない生活困窮や身体的健康や介護の課題を抱えていながらも、ひきこもる人がいることでひきこもり以外の支援を受けることをためらってしまう事例がある。これらの生活課題の対応が重要なテーマとして浮上する。[14]

ひきこもりを解決することに特化した狭義の「ひきこもり支援」を提案することは本人や家族にとって受け入れにくく、孤立の緩和につながらないことがある。むしろ生活課題を通じて支援者や制度とつながることも孤立の深刻化を防止するといえるだろう。

「ひきこもり支援ハンドブック～寄り添うための羅針盤」

2025年1月、厚生労働省による新たなひきこもり支援の指針が取りまとめられ公表された。2010年のガイドライン策定から10年以上が経過し、ひきこもりという状態の多様さやその概念の広がりを踏まえた新しい指針として位置づけられている。

新たな指針は「ひきこもり支援ハンドブック～寄り添うための羅針盤」と題されている。以下に目次の部分を示す。[15]

ひきこもり支援ハンドブック

はじめに

第1章 本書について

 （1）本書の目的、活用方法

 （2）ひきこもり支援の変遷

 （3）ひきこもり支援の現状と課題

第2章 ひきこもり支援の対象者と目指す姿

 （1）ひきこもり支援対象者の考え方

 （2）ひきこもり支援の目指す姿

第3章 ひきこもり支援における価値や倫理

 （1）支援において大切にしたい拠り所

 （2）支援者として求められる姿勢

 （3）支援にあたっての留意点

第4章 ひきこもり支援のポイント
　（1）ひきこもり支援の全体像
　（2）ひきこもり支援で重要な7つの場面
第5章 事例で見る支援のポイント
ひきこもり状態が長期にわたる事例
相談期間が長期にわたる事例
チーム支援を行う事例
一人暮らし／本人以外の関係者がいない事例
地域（行政）を超えたやりとりが発生する事例
本人もしくは家族が疾患／障害を有する事例
家族への暴力がみられる事例
専業主婦の事例
LGBTQ＋／SOGIE に関する事例
メタバースを活用した事例
その他（本書の名称について）
参考資料（アセスメントシートの例）

　ハンドブックは、2010年のガイドライン策定から10年以上が経過し、ひきこもりという状態の多様さや概念の広がりを踏まえ、生きづらさを抱えた人々を広くひきこもり支援の対象とする指針として策定されている。また従来のガイドラインが精神保健福祉の枠組みで整理されていたのに対し、ソーシャルワークの視点による支援を提示することを意図したという。このような性質の違いゆえに、従来のガイドラインを必ずしも代替するものではなく、併用されるべき資料として位置づけられている。[16]

　以下に詳しくみるように、ハンドブックではひきこもりの概念や定義についての論述はみられず、どのような状態をひきこもりとみなすのか明らかではない。一方で孤立や生きづらさという用語によって対象者を幅広く位置づけている。またひきこもりに限らず、対人援助に共通するとされる「価値や倫理」に重きが置かれている。

　こうした点から、このハンドブックがどのような支援対象者を念頭に置いたものであるのかは必ずしも明確ではなく、支援での有効性についても判断が難しい。しかし、まさにこうした特徴はこれまで論じてきたようなひきこ

もりに関する「過剰拡張」や「見過ごし」の問題に重なっている。これらの点を中心に批判的に検討していきたい。

①定義に関する議論

　ひきこもり支援対象者の部分では、支援の対象者を次のように示している。

　　　ひきこもり支援における対象者とは、社会的に孤立し、孤独を感じている状態にある人や、様々な生きづらさを抱えている状態の人となります。それぞれ一人ひとりの状況は違いますが、具体的には、
　　　・何らかの生きづらさを抱え生活上の困難を感じている状態にある、
　　　・家族を含む他者との交流が限定的（希薄）な状態にある、
　　　・支援を必要とする状態にある、
　　　本人やその家族（世帯）です。また、その状態にある期間は問いません。[17]

　この規定では、従来のガイドラインにおける定義とは異なり、ひきこもりの基準（就学や就労など社会参加の欠如、自宅にとどまるなどの行動範囲の限定）は明示されていない。それらに代わって社会的な孤立や孤独、さまざまな生きづらさが支援対象者の要件になっている。ひきこもりの概念や定義に関する論述はおこなわれていないため、これらの支援対象者とひきこもりとがどのような関係にあるのかは読み取れない。ハンドブック前半では既存のガイドラインの定義を紹介しており、それらの定義に当てはまらない人が支援を受けることをためらう実情があったという指摘もしている。[18]ハンドブックの論述は、既存の定義を前提に、幅広い対象者を補う意図があるとも考えられる。
　しかし本書の立場からいえば、まず社会的孤立や孤独とひきこもりを漠然と同一視することの問題点が指摘できる。社会的孤立や孤独に関する解説がなく、それらを適切に理解することがないまま既存の「ひきこもり」という用語に置き換えられてしまう。本書で論じてきたひきこもりの「過剰拡張」という特徴に当てはまるだろう。
　また従来の「ひきこもり」の概念に基づく支援を継続するという意味でも、明確な定義の欠如は問題視されうる。定義にこだわらず支援対象を柔軟化することには意義があるだろう。しかし定義すること自体を放棄してしまうと、

ひきこもりとは元来どのような困難や悩みだったのかも不明確になる。結果として、どんな人が支援対象であるのかは支援者や対象者の主観に委ねられることになるだろう。支援者の間での共通理解や連携、支援手法の蓄積や検証が難しくなるなどの混乱にもつながりかねない。

　対象者の把握や相談支援の促進という点でも大きな課題が残る。孤立した人であればあるほど、進んで自分自身が支援の対象であると考えるわけではない。明確な定義がないまま相談することには強い意志が必要となり、暗黙のうちに「相談控え」や「支援控え」を促進することも懸念される。

　ハンドブックでは社会参加や就労を必ずしも支援のゴールとせず、生き方や社会との関わり方に関する「自律」を支援の目標に掲げている[19]。こうした目標設定は普遍的な理念として重要だが、では「ひきこもり」状態の人はなぜ自律が危ぶまれるのか、どんな支援が求められるのか、その解説こそがハンドブックに求められる。就学・就労や交遊の欠如は、深刻な場合には人としての権利の剥奪を意味しうる。権利の基盤となる概念は明確に示し、相談や支援に結び付けるべきだろう。

②支援対象者像の課題──ひきこもる心理の過剰な一般化

　ハンドブックでは、他者が生きづらさの有無やその大きさを判断することはできないというように、個人の多様性が強調されている。一方で支援対象者については、「社会的に孤立し、孤独を感じている」「様々な生きづらさを抱えている」というように、本人の心理のあり方が一面的に断定されているように思われる。また次のような解説は、困難や生きづらさの自覚をきっかけに、自分を守るためにひきこもるという行動が選ばれていることを示唆する。

　　本人や家族は、社会（いわゆる学校や社会生活だけではなく家庭も含む）の中で多くの傷つきを経験し、生きづらさを抱え、他者との関わりが困難な状態から「ひきこもる」という自己防衛状態になっているといえます[20]。

　しかし、こうした解説は対象者像について予断を抱かせる恐れがある。孤立している人が共通の心理や動機を有するわけではない。困り感が乏しい場

合や、図らずも孤立に陥っている場合があり、自覚的に孤立を選んでいるケースばかりではない。特定の対象者像を一般化することで、イメージに当てはまらない対象者の「見過ごし」につながる可能性がある。引用文では本人だけでなく家族にも同じような理解を当てはめており、親子双方からなるひきこもり家庭というイメージの固定化につながっている。[21]

　孤独な人の心理的背景に自己防衛が含まれるとはいえ、いったん始まった孤立には本人も望まないような深刻化のリスクも潜んでいる（第3章を参照）。孤立することが一時的にみて合理的な選択であったとしても、単純にそれを追認することや、社会参加の機会に関する不平等などの現実を見過ごすことは適切ではないだろう。

　こうした対象者の動機についての理解は、対象者がどのように社会を捉えているかについての類推につながっている。

　　　本人や家族は、これまでの人生をどのような社会環境の中で暮らしてきたのか、ひきこもり状態となる理由や背景には、今の社会の中での生きづらさを理解されないことによる傷つきを重ねた結果があるといった見方をもつことが必要です。[22]

　　　本人や家族は、社会一般で考えられている常識や規範に基づく行動を取ることに困難を抱え、それができていない自らを責め、生きづらさを感じ、悩み、苦しんでいる場合が少なくありません。そのため、支援者は、一般的に常識と考えられる社会規範などを語り出すことや、それらを用いて説明、支援することなどは避けなければいけません。[23]

　ひきこもりとは、生きづらさを感じた人が自覚的に社会と距離を取る行動だと考えれば、本人が社会との関係に悩んでいるという推測も成り立つかもしれない。しかし、孤立は一概に社会との関係が悪いために生じるわけではない。学校から仕事への移行、出産や育児または介護、病気や障害などもきっかけになる。社会との関わりも個人ごとに多様であり、常識的な社会規範がおしなべて苦痛をもたらすわけではない。

　このように、あらかじめ本人と社会との関係を仮構することも、一人ひとりに適した支援をおこなううえでむしろバイアスになることが懸念される。

③支援観に関する議論

　ハンドブックの中盤では「支援における価値と倫理」「支援のポイント」というように、支援者が身につけるべき価値観や姿勢が強調される。支援者が共通して持つべき理念として「人間観」「社会観」「支援観」を挙げている。⁽²⁴⁾こうした価値観や姿勢は重要だが、それらが対人的援助全般に関する心構えとして述べられているのか、ひきこもり支援に特有の必要性に由来する指針なのかは明確ではない。こうした価値や規範を強調することに含まれる課題についても検討していきたい。

　「人間観」では、「すべての人々は「人として尊厳ある存在」と理解し、それぞれが主体的かつ能動的であり、無限の可能性を持っていると捉える」ことを掲げている。「社会観」は、すでに述べたように一般的な社会規範や常識にとらわれない姿勢などを指す。「支援観」では、ひきこもり状態にある人々の意志や意向を尊重し、彼らが社会の一員として尊重されることを求めている。

　ここで懸念されるのは、前述したように生きづらさを理解されず傷ついているとされる人たちを尊重する重い責任を、支援者だけが背負わされるのではないかという点である。対象者が抱える個別の課題や背景などが特定されないまま、支援者の価値観や行動規範が大きく位置づけられているため、支援のキーポイントが支援者との対人的な関係や支援者の人格に置かれているようにも思われる。

　本来、支援は対象者が置かれた状況を理解し、さまざまな社会資源や制度の活用、支援者以外のキーパーソンや社会的ネットワークによる協力も検討しながら計画されるべきだろう。実際に第2部でみたように、狭い意味でのひきこもり支援者ではない民生委員や地域包括支援センターの職員らによって対象者との関わりは始まっている。その発端はひきこもりの課題とは限らず、生活全般の幅広い支援や見守りが糸口になっている。

　しかしハンドブックではひきこもりの「相談」を機に支援が始まることが半ば当然視されている。⁽²⁵⁾そのため、生きづらさを感じ、傷ついた人に対して、支援者が個人的な関係や人格を通じて支援することが自明視されるおそれもある。

　これによって、支援対象者がもつニーズを幅広く捉えることから外れてし

まうことも懸念される。孤立している状態の人であればあるほど、必ずしも支援者側が想定するような形での支援を求めているとはかぎらない。制度に関する情報提供を通じて市民としての権利意識を再生する関わりなども重要だろう。

ハンドブックは、従来のガイドラインで強調されていたという医療モデルに加えて「社会モデル」を掲げている[26]。つまり、個人が抱える疾病や障害に問題の原因を求めるのではなく、環境・社会との関係性のなかにある問題を、関係を調整することで改善していこうとするという。この理念自体は賛同すべきものだが、ハンドブックでは実質的に傷ついた人の心理を理解し尊重することが強調され、社会は「傷つける存在」としてだけ平板に位置づけられてしまうように思われる。真の社会モデルでは、既存の社会がもつ多様な価値や機会の十全な実現を目指し、個人の自己実現に資する環境調整や障壁を除去することが不可欠だろう。支援対象者の個別の状況の理解や、社会とつながるうえでの多様なルートの検討が望まれる（生物・心理・社会アプローチによる支援の提案は第9章を参照）。

④従来のガイドラインとの比較

新しい指針を2003年や10年のガイドラインと比較すると、むしろ過去のガイドラインで支援の視点や選択肢を豊富化する方向性が含まれているようにも思われる。以下で確認しておきたい。

ハンドブックでは、ひきこもりの状態像や支援の必要性に関する吟味がなく、さまざまな事例で支援や支援者の存在が前提されているようにも見える。それに対して、2010年のガイドラインでは「ひきこもり状態に在る子どもや青年がすべて社会的支援や治療を必要としているわけではない」[27]ことが強調されていた。また03年のガイドラインでは、長期化による弊害や適切な支援なしには離脱が難しくなるなどの根拠が示されている[28]。

また2003年のガイドラインでは、「「ひきこもり」の中で本人がやれていることはどんなことか」「本人は、これからの生活がどのようになれたらと、望んでいるか」[29]というように、支援や支援者だけが本人を支えているのではなく、本人の能力や強み、生活実態を確認することが必要だと指摘している。このことは、対象者と支援者の間の二者関係だけでなく、幅広いネットワークの中で本人を理解する視点につながる。

援助の際に生物・心理・社会的な側面からのアプローチが必要となりますが、結局目標は再社会化なので、多様な人が関わる（多様な機関が関わる）ような、より社会に近い形が望ましいといえます。[(30)]

　具体的には2003年のガイドラインでは、必要とされるネットワークとして、①早期介入・予防のためのネットワーク（教育領域との連携）、②緊急対応ネットワーク（医療・司法領域との連携）、③回復支援ネットワーク（地域の社会資源との連携）を挙げている。また家族についても単に客体的な支援の対象に位置づけるのではなく、家族がもっているネットワークを重視している。[(31)]

　このガイドラインでは、支援者が万能な専門家として存在するのではなく、本人の周囲に広がる「ネットワークの一員」として位置づけられているように読み取れる。家族がもっている社会資源を発見して広げることも重視し、「本人の友人、家族の友人、親戚、近隣、宗教関係」「遠くに離れている兄弟など」も有効な資源となる可能性を指摘する。[(32)]

　このように孤立した自身も能力や強み、生活実態をもった人であり、社会的参加や対人的交流を広げるために役立つネットワークや資源は多角的に探索されてよい。支援者の役割は個人の人格によって対象者を支えるだけではなく、そうしたネットワークや資源への調整や仲介の役割を担うことができる。

　以上のように、過去のガイドラインはひきこもり状態の対象者における支援の必要性の吟味、支援・被支援の関係にとどまらないネットワークの視点を備えていた。ハンドブックでは、こうした視点はむしろ後退している。孤立状態からの出口が特別な人格や価値観をもつ支援者に限定され、むしろ支援の視点や選択肢が狭められることが懸念される。

まとめ

　以上のように、2025年に策定されたひきこもり支援のハンドブックは、本書で論じてきたひきこもりに関連する「過剰拡張」や「見過ごし」の特徴と重なる課題を含んでいることを確認した。概念や定義に関する議論が回避されていることから、03年や10年のガイドラインの内容を活用することが、

既存の「ひきこもり」概念を前提にした支援についても有益だろう。

　社会モデルを掲げるハンドブックだが、支援対象者の心理や社会との関連をむしろ固定的に理解する解説が含まれる。生物・心理・社会アプローチなどを通じて対象者を多角的にアセスメントし、必要な支援や制度へと柔軟に結び付けることが望まれる。[33]

2　生活困窮者自立支援や地域共生社会の観点からの支援論

生活困窮者自立支援制度

　1990年代以降、経済の停滞や雇用の非正規雇用化などによって、日本社会には長らく水面下に隠れていた貧困問題などの新たな生活課題が浮上した。[34]生活保護受給者が増加し、稼働年齢層で生活保護受給率が大きく増加したことが指摘された。また単身世帯の増加や地縁・血縁の衰退など、本書で述べる社会的孤立の課題が拡大化・深刻化したことで、さまざまな生活課題に既存の行政の相談窓口では十分に対応できない状況が明らかになった。

　2008年にはリーマンショックの影響による製造業派遣切りが起き、仕事と住居を失う人々の発生も報じられた。路上生活を強いられた人などを対象にした日比谷公園での年越し派遣村などの支援活動が各地でおこなわれた。

　こうした新しい生活課題に対応するための新たな法律に基づき、2015年に開始されたのが生活困窮者自立支援制度である。制度の対象は「現に経済的に困窮し、最低限度の生活を維持することができなくなるおそれのある者」と定められている。[35]

　法律の制定に至る議論では生活困窮だけではなく社会的孤立も支援の対象になる課題として検討された。[36]しかし対象者の範囲や支援の方法などが特定しづらいという理由から、法律制定時に社会的孤立を対象とすることは見送られた。その後、2018年の法改正によって「就労の状況、心身の状況、地域社会との関係性その他の事情」[37]によって経済的に困窮している者が対象者に位置づけられ、困窮に至る背景に社会的孤立が含まれることになった。

　一方で、生活困窮者には複合的な課題をもつ人がいて、それらの人々には縦割り型の相談や支援制度では対応しきれないことが早くから認識されてい

た。困窮者支援制度は、縦割りの各領域をつなぐ役割として位置づけられる[38]。社会的に孤立死した人には、状態としての社会的孤立があるだけでなく、支援の窓口にたどり着きにくいという社会的排除、自己放任（セルフ・ネグレクト）、場合によっては支援の拒否が伴う。

このように考えると困窮者制度ははじめから特定の要件に合致する人を対象として支援するだけでなく、複雑な課題の整理そのものを使命としているとも考えられる。その意味で、支援から遠ざけられている孤立状態の人を対象にできるかどうかに成否がかかっている。

地域共生社会と重層的支援体制整備事業

生活困窮者自立支援制度は、縦割りの「制度」に「人」を合わせるのではなく、人を支援の中心とすることを理念に掲げた[39]。さらにこの理念を、困窮者だけではなくすべての福祉分野に広げる方向も、地域共生社会の理念によって示された。

生活困窮者自立支援制度や「断らない相談」をもってしても、真に支援を必要とする人は自ら SOS を発することができないという限界がある[40]。ここから「相談」ではなく、地域づくりという発想が生まれる。政策担当者は、この経緯を次のように振り返っている。

> 支援機関に本人がダイレクトにつながることは少ない（略）。例えば、いわゆるごみ屋敷の状態にある人が相談につながる経過をみると、悪臭に悩む近隣住民が、交番や自治会長に相談して、困った自治会長が地域包括支援センターに相談し、地域包括支援センターが自治体に相談し、ようやく自立相談支援機関につながる、といったように複数のステップを経ている[41]。

このように、相談者本人を中心とした支援を徹底して目指すこと（支援の考え方を改革する挑戦）と、人と人とがつながる生活を基盤とした地域づくりを目指す（支援の進め方を改革する挑戦）という2つの挑戦を同時におこなうことが地域共生社会の政策とされている[42]。

2018年4月に施行された社会福祉法では、次の5点が位置づけられた。

第1に、地域福祉の理念として、地域共生社会の理念に合わせ、地域住民

など（地域住民や福祉関係の専門職、ボランティアなど）が本人だけでなく世帯にも着目し、福祉関連分野に限らない「地域生活課題」を把握するとともに、支援関係機関と連携して課題の解決を図るよう留意する（法第4条関係）。

　第2に、地域福祉を推進するうえで公的責任を明確にし、地域生活課題を解決していくための体制整備をおこなっていく責務を位置づけた（法第6条第2項関係）。

　第3に、子ども、介護、障害などの各分野の相談支援事業所に対して、自ら支援が困難な地域生活課題を把握した場合には、適切な支援機関につなぐことを努力義務化した（法第106条の2）。

　第4に、市町村に対して、市域と住民に身近な圏域をセットで包括的な支援体制を整備することを努力義務化した（法第106条の3関係）。

　第5に、地域福祉施策推進のシールとなる地域福祉計画の充実を図るため、策定を努力義務とするとともに、当該計画への記載事項として、地域における横断的な分野の福祉に関し共通して取り組むべき事項を追加し、各種福祉計画の上位計画として位置づけた（法第107条、法第108条[43]）。

　こうした議論を経てまとめられた地域共生社会推進検討会の「最終とりまとめ」では、本編冒頭に記した地域共生社会の理念を記したうえで、2つのアプローチと3つの支援を明記した。具体的には、複雑化・多様化が進むなかでの福祉政策の新しいアプローチとして、専門職による対人支援は、「具体的な課題解決を目指すアプローチ」と「つながり続けることを目指すアプローチ」の2つを支援の両輪として組み合わせていく必要があると整理した。なお、伴走型支援という用語には多義的な面があるが、「最終とりまとめ」では、2つ目のアプローチを伴走型支援と表現している。

　そのうえで、「断らない相談支援」「参加支援」「地域づくりに向けた支援」という3つの支援を一体的におこなう市町村の新たな事業を創設すべきだとした[44]。

　重層的支援体制整備事業は、法第106条の4第2項で、以下の事業などで構成される。

　　第1号　包括的相談支援事業
　　第2号　参加支援事業
　　第3号　地域づくり事業

表81　福祉行政のこれまでとこれから求められる「包括的支援」

	これまでの福祉行政の対応	これからの福祉行政の対応＝「包括的支援」
目標	対象者が表明している困りごとに対応する。	対象者や対象世帯が、「自律的な生活」を送ることができる。衣食住など物理的な側面"自立"＋社会的なつながりなど関係性の側面"孤立の解消"。
ケースの受け止め	相談窓口に来る人を待つ。	相談窓口で対応するだけでなく、生活課題を抱えるケースを見つけに行く。
アセスメント	対象者が訴える具体的な課題を中心に聞く。	必要に応じて、世帯全体の生活課題、その経緯・背景まで把握する。
支援調整	所掌する事務の範囲内で、制度サービスにつなぐ。	世帯の生活課題を包括的に支援するため、多岐にわたる支援を調整。
伴走支援	支援・サービスを受けることに合意している人を主な対象としており、必要性が低い。	課題を緩和しながら長期に関わる場合、ライフステージの変化に応じた柔軟な支援が必要な場合は必要性が高い。

（出典：三菱 UFJ リサーチ＆コンサルティング『重層的支援体制整備事業を検討することになった人に向けたガイドブック　重層的支援体制整備事業を始めてみたけどなんだかうまくいかない人に向けたガイドブック』〔三菱 UFJ リサーチ＆コンサルティング、2023年〕5ページをもとに作成〔https://www.mhlw.go.jp/content/zyuso_guidebook-R5.pdf〕〔2025年3月10日アクセス〕）

　　　第4号　アウトリーチ等を通じた継続的支援事業（以下、アウトリーチ
　　　　　　等事業）
　　　第5号　多機関協働事業
　　　第6号　支援プランの作成[45]

　以上紹介してきた地域共生社会および重層的支援体制整備事業が求める包括的支援の視点は、表81のように集約される。
　目標に掲げられている対象者や対象世帯の「自律的な生活」は、自らの生き方や社会とのつながりを本人が選択して追求することとされている。そのためには、衣食住といった物理的な側面での自立だけでなく、家庭や地域、職場などでの人との関係性、社会的なつながりを形成すること、すなわち孤立の解消も必要だと指摘されている[46]。

まとめ

　ひきこもりや孤立の支援施策は、早くから認識されてきたひきこもり問題の施策に、生活相談や複合的課題解決の制度が並行して開始されることで発展してきた。

　近年、厚生労働省は都道府県や政令指定市に設置されるひきこもり地域支援センターと並んで、市町村でもひきこもり支援を実施することを要請し、生活困窮者自立相談支援や重層的支援体制整備事業もひきこもり施策の全体像のなかに位置づけられている。

　図28では、上段左側にひきこもりに特化した支援、右側に包括的な支援を実施する施策が並べられている。同時に市町村域での支援（中段）、都道府県によるバックアップ（下段）体制が位置づけられている。

　こうした施策の全体像は必ずしも読み取りやすいものではない。市町村域の相談窓口だけでもひきこもり地域支援センター、ひきこもり支援ステーション、ひきこもりサポート事業といった名称が分けて掲載されているが、利用者側からみたときにその違いがどの程度重要なのか十分に明らかとはいえない。また中段の市町村プラットフォームに位置づけられる居場所づくりや地域のネットワークづくりなどは、いずれも「ひきこもり」支援を共通点として実施されるさまざまな形態の支援が、他領域から独立してピックアップされていると思われる。

　本書で論じてきたようにそれぞれの個人のニーズは必ずしも「ひきこもり」という共通項に収まるものではなく、むしろさまざまな生活課題をめぐるつながりの回復を包括的に実現することが重要といえる。2003年のガイドラインにみられるように、初期のひきこもり施策には多角的な支援の視点も用意されていた。しかし、ひきこもりの問題が再度注目を集めるようになったことで、ひきこもりという単独の視点に特化する傾向が強まってきた。

　個人が複合的な課題を抱えている、あるいは多面的な可能性をはらんでいるという視点と、「ひきこもり」に特別な理解や支援が必要という視点が並立しており、整理を要する状況がある。

　ひきこもりに特化した支援は、従来の縦割り型の支援に「ひきこもり」という領域を加える形態をとると考えられる（図29）。ひきこもりの支援を自ら望む層にとっては、数ある窓口のなかで必要な場所を探すために、ひきこ

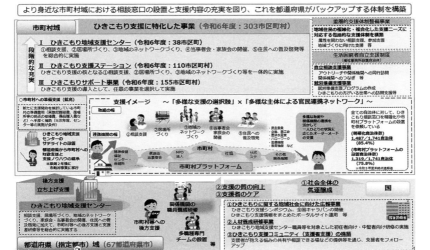

図28　ひきこもり支援施策の全体像
（出典：厚生労働省「ひきこもり支援推進事業」〔https://www.mhlw.go.jp/stf/seisakunitsuite/bunya/hukushi_kaigo/seikatsuhogo/hikikomori/index.html〕〔2025年3月10日アクセス〕）

もりという目印は有効なものになるだろう。

　一方で、ひきこもり状態に当てはまる人が支援の典型的なメニューを自ら望むわけではなく、むしろ自分自身のニーズがわからない、支援自体を望まないといった状況を前提にして支援を構想せざるをえない場合もある。このような対象者に限定的なメニューを提案しても「支援拒否」を引き起こす。ひいては「使える制度がない」という結論から「様子をみましょう」「困ったらまた来てください」という対応を招きやすい。

　経済的な困窮などの具体的な問題解決と切り離された「ひきこもり特化型」の支援を積極的に受け入れる人にとっても、家族内の人間関係の調整や心理的に安全な居場所の提供にとどまりがちである。このような支援は家族同士の経済的・対人的な依存関係を前提にしているため、場合によってはそこに潜む課題の顕在化を先送りし、結局は自律的な生活のための支援を先送りにする懸念もある。

　一方で、包括的な支援の視点を導入することで、問題解決の領域（縦軸）は一つではなく複数用意しながら支援を構想することが可能であり、必要で

第10章　ひきこもりと孤立に関する支援論の変遷────317

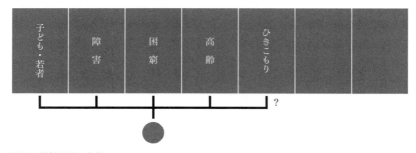

図29　縦割り型の支援

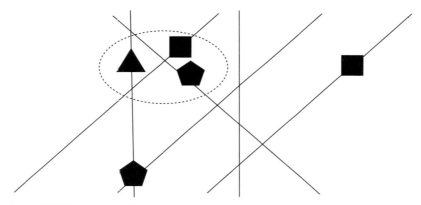

図30　問題解決とつながり続ける支援を組み合わせた多元的支援

ある。直接的な問題解決だけでなく、つながり続けるための支援によって孤立の深刻化を防ぐことができる。つながり続けるための支援の選択肢も一つではなく複数存在することが前提になる（図30）。次章でもその具体的イメージを論じる。

　ひきこもりはあくまで「状態」であり、人を分類するような概念、あるいはその人の全体を示すような用語ではない。社会的孤立の状態を理解するうえで、ひきこもりとは交流の状態を示す言葉の一つと考えるのが妥当である。支援の方向としては、会話や外出など、どのようなつながりを回復するかについて目標を立てることが望ましい。また参加については交流とは別の問題として理解し、目標を立てるべきだろう。

　そのうえで、これらの「つながり」の問題とは別に解決を必要とする問題

を抱えている場合がある。優先されるのはひきこもりとは別の次元の生活困窮や疾病・障害、あるいは家族内や地域での人間関係の問題かもしれない。ひきこもりという看板を掲げた支援、あるいはそうではない支援に訪れた人に対しても、こうした全方位型のアセスメントや、多角的な支援手法の検討が望まれる。

注

（1）前掲『10代・20代を中心とした「ひきこもり」をめぐる地域精神保健活動のガイドライン』、前掲『ひきこもりの評価・支援に関するガイドライン』

（2）厚生労働省「ひきこもり支援推進事業」（https://www.mhlw.go.jp/stf/seisakunitsuite/bunya/hukushi_kaigo/seikatsuhogo/hikikomori/index.html）［2025年4月1日アクセス］

（3）こども家庭庁「こども・若者育成支援」（https://www.cfa.go.jp/policies/youth）［2025年4月1日アクセス］

（4）前掲『10代・20代を中心とした「ひきこもり」をめぐる地域精神保健活動のガイドライン』

（5）同書3－4ページ

（6）同書1ページ

（7）同書4－5ページ

（8）前掲『ひきこもりの評価・支援に関するガイドライン』13ページ、一部略

（9）同書24ページ

（10）前掲『ひきこもりに出会ったら』

（11）同書「はじめに」

（12）『ひきこもりに出会ったら』や、近藤の著書では、支援の手法だけでなく、ひきこもりの背景要因についても2つに大別する考えが提示されている。本文に示した精神疾患の3分類のように、精神保健福祉センターを利用したひきこもり事例の大半がDSMの診断分類で診断可能だったという研究成果も根拠になっている。だが診断が可能であることは「本来の原因」が精神疾患であることを意味するわけではなく、2003年ガイドラインが述べるように周囲の社会とのミスマッチと相まって精神的な症状が生じることもあるだろう。近藤自身も、精神疾患や障害を背景とするひきこもりにも多様な実態があり、薬物療法が必要であり、有効であるのは「第一群」に限られ、残りは狭い意味での精神科医療がすぐに必要になるわけではないという。このよう

に社会的支援と精神医療の必要性が多面的に解説されている一方、「ひきこもりは精神障害ではないという解釈の影響を、軽減するというか払拭する」「そういう意図もあってあえて診断名を強調した内容になった」というように二者択一的な理解が強調される部分が、この考えには混在している。近藤直司『ひきこもり問題を講義する——専門職の相談支援技術を高めるために』岩崎学術出版社、2019年、23ページ

(13) 前掲『ひきこもり支援者読本』

(14) 長谷川俊雄「「社会的ひきこもり」問題の生活問題としての位置づけと課題」、日本社会福祉学会機関誌編集委員会編「社会福祉学」第48巻第2号、日本社会福祉学会、2007年

(15) 厚生労働省「ひきこもり支援ハンドブック〜寄り添うための羅針盤」2025年

(16) 同書「ハンドブックＱ＆Ａ」

(17) 同書13ページ

(18) 同書13ページ

(19) 同書14ページ

鏑木は、生活困窮者支援で支援の入り口にあたる相談活動だけでなく、出口にあたる参加の場や就労の場のメニューを充実させる必要性を論じている。そこでの出口とは、支援対象者を「出口に追い立てていく」ための言葉ではなく、「地域に向かって働きかける」ことを意識するための用語だという（前掲『詳説 生活困窮者自立支援制度と地域共生』34ページ）。このように、本人の自律性の涵養に合わせて支援目標を柔軟に設定することとは別に、社会的な選択肢として就労や社会的参加を確保する努力を絶やしてはならないだろう。

単に就労や社会的参加を相対化するだけでは、参加の権利を奪われた状況を温存させてしまいかねない。就労や社会参加の欠如を正当に認識することは、それらの機会の保障だけでなく、別の手段で生活を保障される権利にも結び付く。

(20) 同書18ページ

(21) 本文でみたように、ハンドブックが家族や支援者を含めてひきこもりの「支援対象者」とすることは、包括的な支援という観点からみて一見望ましいようにも思えるが、以下のような点で課題が残る考え方といえる。①孤立している本人のニーズと家族のニーズを混同し、前者についての理解を曖昧化させる恐れがある。家族側が孤立するリスクを抱えている場合、たとえばケアの責任を負うという背景からの理解（第3章）が求められる。②家族が

本人を支援することを自明視することは、家族（支援者）からの本人の自立を妨げたり、家族による共依存を助長したりする恐れがある。③ひきこもり支援の枠内での家族支援を自明視させることが懸念される。本文でも触れたように、支援は必ずしも支援者だけでおこなわれるのではなく、またひきこもり支援以外にも家族の助けとなる制度や資源を検討する余地が大きい。

(22) 同書19ページ

(23) 同書19ページ

(24) 同書18－20ページ

(25) 「コラム：ひきこもり支援につながるまでのハードル──支援対象者に情報を届ける上での留意点や工夫」では、支援対象者がひきこもり支援につながるまでのハードルとして、支援対象者の範囲がわかりづらいことや相談に予約が必要であること、個人情報の取り扱いへの懸念などを挙げている。この内容は、むしろ自発的な相談が支援の出発点であるという前提を色濃く示しており、支援につながる「ハードル」のより深い議論が望まれる。同書32ページ。

(26) 同書2ページ

(27) 前掲「評価のガイドライン」5ページ

(28) 前掲『10代・20代を中心とした「ひきこもり」をめぐる地域精神保健活動のガイドライン』13ページ

(29) 同書15ページ

(30) 同書32ページ

(31) 同書32ページ

(32) 同書35ページ

(33) ハンドブックの後半には10のカテゴリーに分けた30の支援事例が収録されている。これらは単に支援者が対象者の傷つきや生きづらさ、人としての尊厳を承認するのではなく、またひきこもり支援に終始するのではない支援の実例として参考になる。具体的には、支援の発端が「相談」または「ひきこもり相談」には限られないこと（本人の安否に関する周囲の不安や「ごみ屋敷」など）、支援内容についてひきこもりの解決とは異なる幅があること（経済的困窮からの生活保護受給、介護保険の導入など）、狭義のひきこもり支援者だけではないネットワークが孤立を緩和させていること（民生委員、ケアマネジャー、フードバンクなど）などである。こうした支援の実例を幅広く集め、対象者が置かれた状況やニーズの把握から始まるプロセスを支援指針として整理し、体系化していくことが望まれる。

(34) 生活困窮者支援の経緯については次の文献を参照。奥田知志／稲月正／

第10章　ひきこもりと孤立に関する支援論の変遷────321

垣田裕介／堤圭史郎『生活困窮者への伴走型支援——経済的困窮と社会的孤立に対応するトータルサポート』明石書店、2014年、岡部卓編著『生活困窮者自立支援ハンドブック』中央法規出版、2015年、前掲『詳説 生活困窮者自立支援制度と地域共生』

（35）生活困窮者自立支援法第2条第1項

（36）前掲『詳説 生活困窮者自立支援制度と地域共生』27ページ

（37）同書38ページ

（38）同書23ページ

（39）同書31ページ

（40）同書245ページ

（41）同書246ページ

（42）同書326ページ

（43）同書254ページ

（44）同書281ページ

（45）同書295ページ

（46）三菱UFJリサーチ＆コンサルティング『重層的支援体制整備事業を検討することになった人に向けたガイドブック　重層的支援体制整備事業を始めてみたけどなんだかうまくいかない人に向けたガイドブック』三菱UFJリサーチ＆コンサルティング、2023年、5ページ（https://www.mhlw.go.jp/content/zyuso_guidebook-R5.pdf）［2025年3月10日アクセス］

第11章　生きづらさを抱える人の
支援活動における「当事者」像の課題

はじめに

　生きづらさを抱える人（障害がある人、不登校やひきこもりの経験者、社会的なマイノリティに属する人など）が自らの経験について積極的な社会的発言をしたり、同じような生きづらさを抱える人への支援を実施したりすることが増えている。[1]

　こうした社会的発信や支援活動で、「同じ女性」「同じ障害者」であること、すなわちアイデンティティ（自己同一性）をもとにした集団形成は、本人たちの連帯や社会的なアピールを促進するうえで効果的である。集合的アイデンティティは、「メンバーの共通の利害、経験、連帯に由来する、共有された集団の定義」[2]であり、海外では階級、ジェンダー、人種のアイデンティティに基づく社会運動が興隆した。[3]

　一方で、当該カテゴリーに属する人の意識や経験を固定的に理解することで「典型的」な個人とその他の人との間に分断を生じたり、狭いアイデンティティに依拠することで活動が分断化されることが課題になる。[4]

　本書でも、ひきこもる人の心理的葛藤などに注目した研究手法によって、研究する側がひきこもる人の人物像を狭く限定することで、ひきこもり状態に当てはまるにもかかわらず見過ごされる層が生じるおそれがあることについて論じてきた。

　本章では、こうした複雑な課題について考える糸口として、綾屋紗月らによる著書『つながりの作法』[5]を検討する。綾屋らは発達障害や脳性まひをもつ本人の立場から、生きづらさを抱える人の連帯に伴う課題を提起した。特

に集団内部で経験の多様性に関する語りが抑制されることを指摘し、経験の共通性や異質性の双方を視野に入れる「当事者研究」の方向性を示した。本章ではこの論を手がかりにして、綾屋らとは異なる方向性で、本人たちの経験を示していくことを試みる。本章での議論は、直接ひきこもりや社会的孤立を対象にするものではなく、前章までに論じた全方位型支援を展開し、「本人視点」「支援者視点」の分断を乗り越えるうえでの一視点を提供することを目的としている。

　以下では、まず、アイデンティティに依拠する社会的活動に関する課題を確認する。続いて、日本の生きづらさをもつ人が形成する集団の課題について考察する。綾屋らの考察を紹介したうえで、その課題の検討に移る。最後に、生きづらい人に求められる社会的支援の方向性について図式化を試みる。

1　集合的アイデンティティと
　　アイデンティティ・ポリティクスの課題

　生きづらい人々のスティグマの解消や社会生活の改善を求める活動で、特定のアイデンティティに依拠することは有効な戦略の一つとされてきた。[6] アメリカでは黒人の差別撤廃を求める公民権運動が1960年代に興隆し、それに続いて女性や同性愛者らの運動が活発化した。

　一方でアイデンティティを基盤とする社会的活動は、特にアメリカで「アイデンティティ・ポリティクス」と呼ばれ、その負の面についても論じられてきた。たとえば同じレズビアン集団の内部でも、アフリカ系アメリカ人が自分たちの独自のグループを形成するというように、個別の差異に依拠するグループがさらに細分化される。結果として各グループに共通する基盤が見失われかねない。[7] 個々の集団の尊重が優先され、社会の改善に向けた運動が衰退しかねないことも懸念されている。

　学術的な観点からも、アイデンティティが固定的な実態ではなく言語によって構築されることが指摘された。女性運動における「文化的本質主義」の時代には、「男らしさ」に対抗していくために「本物の女」といった本質化や、女性内部の多様な差異（経済的格差や人種）の抑圧が生じた。それに対し、社会的構築主義に依拠する立場からは、ジェンダーとは、「男」「女」の本質

的特徴を指すものではなく、言語行為によって生み出され変容する性質をもつと主張された。[8]

　以上のように社会的活動の基盤となるアイデンティティのあり方は、一見すると非常に抽象的なテーマといえる。だが、マイノリティに属する人々が他者との共通点や差異をどう表現できるのかという問題は、現代社会で身近な生きづらさを考えるうえでも切実なものといえる。[9]この問題については、節を改めて論じたい。

2　『つながりの作法』の検討

　従来、マイノリティ（社会的少数派）に属する障害者や病者らは、多数派が優位の社会のなかで孤立することを強いられがちだった。または、支援を受けるためには専門家の支配に従属せざるをえなかった。このような多数派や専門家の支配に対抗するために、マイノリティが独自のコミュニティを形成する動きが生まれた。セルフヘルプ・グループ（自助グループ）、ピア・サポートグループなどである。[10]

　一方で、こうしたコミュニティが新たな抑圧の場になり、社会的分断のきっかけになる可能性もはらんでいる。マイノリティの連帯の困難について、実際に障害をもつ立場から論じた数少ない例として、綾屋紗月と熊谷晋一郎による『つながりの作法』がある。同書では発達障害や脳性まひをもつ立場の著者たちが、多数派社会と異なる自己の「生きづらさ」を認識する過程を論じながらも、マイノリティのコミュニティがはらむ排除や分断化の様相を指摘している点に特色がある。[11]

　綾屋らはマイノリティたちの状況を、孤立を強いられる段階（第一世代）、コミュニティを形成する一方でそれが排他性をはらんでしまう段階（第二世代）、第二世代の困難を乗り越える段階（第三世代）の順に議論を進めている。ここでいう「世代」とは、必ずしも固定的な時代区分を指すものではなく、個人がそれぞれの段階を行き来したり、同じ時代に複数の状況が併存したりするものと考えられる。以下で順に確認する。

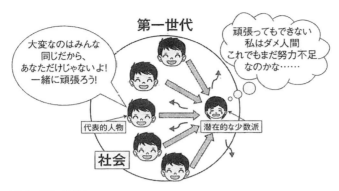

図31 「第一世代」
(出典：綾屋紗月／熊谷晋一郎『つながりの作法——同じでもなく 違うでもなく』〔生活人新書〕、日本放送出版協会、2010年、79ページ)

第一世代の孤立

　綾屋によれば、かつて少数派は多数派の社会のなかで、自分の感じ方や考え方を表現できなかったり、表現しても理解されなかったりした。「自分がマイノリティである」ということさえも気づかないまま、社会のなかで端っこに追いやられている時期を綾屋らは「第一世代」と呼ぶ。
　社会の端にいるマイノリティの人々は、社会の真ん中にいられる多数派の人々から、「大変なのはみんな同じだから、つらいのはあなただけじゃないよ」「一緒に頑張ろう」と、あたかも対等であるかのように言われる。しかし、「端っこ」の人は適応しようと頑張り続け、疲弊してしまうという。

　　こうして端っこの人は、いくら頑張ってもうまくいかないという経験を繰り返した結果、「これでもまだ努力不足なのかな」「頑張ってもできない私はダメ人間だ」と人生に行き詰まりを感じて悶々としてしまう。

　　個々の違いを「大したことないもの」として過小評価し、ただ一方的に多数派の感じ方や行動の仕方を押しつけてくることは「同化的圧力」と呼ばれているが、第一世代にいるマイノリティは、この同化的圧力を正当なものだと信じ、「責められるべきは自分である」という考えのまま、自らにムチ打ち、同化的に過剰適応しようとしてしまうのである。

表82　マイノリティ運動と多数派社会との関係

文化 ＼ 構造	統合	排除
同化	②統合＆同化	①排除＆同化
異化	③統合＆異化	④排除＆異化

（出典：前掲『アイデンティティ・ゲーム』55ページをもとに筆者作成）

　マイノリティ論の枠組みから補足しておくと、綾屋らがいう同化の圧力は、同じ社会に生きるための社会構造が整っていないにもかかわらず文化的に同化を強いられる状況である（表82の①）。それに対し構造的な統合が成り立った状況で同化が求められる②や、文化的多様性の保障された③の状況も存在する。さらに構造的に排除され、同化も求められない④の位相もある。[15]
　基本的に表82の③以外の場合には、マイノリティに属する個人が孤立状態ではなく、エンパワメント（力の回復）の基盤になるようなコミュニティや集団、組織を手にすることが必要になるだろう。

第二世代のコミュニティ形成

　綾屋自身がこうした孤立状態を脱し、多数派とは異なる自らの困難を言語化するようになったきっかけは、アスペルガー症候群の本人による本を読み、発達障害の概念を知ったことである。

　　当事者の様子が描かれた本を読み、あまりにも得意な点と不得意な点が同じなので驚いた。（略）私は長年探していた診断名をようやく「発見」したと、嬉しさでいっぱいになった。[16]

　　私の困難は確かに存在していて、ちゃんと名前があって、他にも仲間がいる。これまでの孤立や自分探しにようやくピリオドを打てるのだ。（略）数か月後、無事に診断名をもらい、私にはとうとう「アスペルガー症候群」という名前がついた。[17]

　自らの生きづらさが障害に由来することを知り、自分自身を説明する言葉

第11章　生きづらさを抱える人の支援活動における「当事者」像の課題────327

を手にした喜びは、綾屋以外の多くの経験者も語っている。綾屋は「診断名がついたあとの私がまず欲したのは、同じカテゴリーの当事者に会うことだった」とし、実際に「共感し合える仲間」を探し求めた。

綾屋は、マイノリティが「同質の仲間で作られた小さなコミュニティを発見する時期」のことを「第二世代」と呼んでいる。仲間と出会い、「あなたの苦しみはわかるよ」と承認されることで、「私だけじゃなかったんだ」「この苦しみには名前があったんだ」とこれまでの孤独から解放され、自分がマイノリティであることを自覚できる。

再び補足しておけば、綾屋らが診断を受けたことを自身にとって「新たな居場所の獲得」として肯定的に受け止めているのは、自身の生きづらさの背景が明確でなかったことが困難の一因だったからだろう。しかし、病名を告げられることが孤立につながるような場合も存在する。自らの生きづらさの所在がわからないという意味での「孤立」だけではなく、障害者や病者の「排除」や専門家による支配もまた集団形成の契機になりえる。

セルフヘルプ・グループでは、症状や社会的孤立に関する経験の「同一性」が連帯の重要な契機になっている。それまで多数派や専門家に「わかってもらえなかった」生きづらさも、グループでは「わかってもらえる」のである。こうした共感を積み重ねていくには、互いの経験を語り、共有するコミュニケーションが重要な役割を果たしている。

やがて社会の多数派である「彼ら」とは違う「われわれ」の意識が形成され、グループの内と外を隔てる境界線が引かれることになる。これが集合的なアイデンティティの形成である。

第二世代のコミュニティの限界

綾屋らの議論で注目されるのは、こうして成立したコミュニティの限界へと議論を進めている点である。経験の同質性がコミュニティを成立させるといっても、そのコミュニティを構成する個人がもつすべての特性や経験が互いに共有されるわけではない。コミュニティは、コミュニティ内で共有されていない個人間の多様性を包摂しきれないだけでなく、むしろ抑圧する方向に作用することがある。こうして生み出されるコミュニティ内部の困難について、長くなるが綾屋の表現を確認しよう。

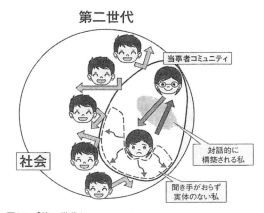

図32 「第二世代」
（出典：前掲『つながりの作法』89ページ）

　たとえば、「お前は私たちと同じ、本物のマイノリティなのか」とコミュニティにいる資格を問われるようなまなざしを向けられる息苦しさ。コミュニティによって共有され、テンプレート化（定型化）された「本物らしさ」、つまり、いかにもそれらしい特徴を持った人物として同化的に振る舞うことをしなければ、コミュニティから排除されかねないという圧力を感じることがある。（略）せっかく多数派による同化的圧力から隔離されたのに、今度はコミュニティ内における同化的正力を受けるはめになってしまう。[20]

　マイノリティのコミュニティをつくるにあたっては、多数派とは共有できない、少数派ならではの経験の「真正性」がコミュニティ形成の重要な契機になった。しかしいったんコミュニティができあがると、「より真正な語り」とそうでない経験の間に上下関係が生じる。多数派と対峙するうえで、切実に求められて共感の対象となった「マイノリティらしさ」が、コミュニティのなかでは再度多数派と少数派を生み出すことになってしまう。さらに綾屋は語る。

　　コミュニティメンバーを結びつけているはずの同質性をしりぞけ、それぞれの持つ差異をつかまえて、「とはいえ、あなたは〇〇だからいいよ

第11章　生きづらさを抱える人の支援活動における「当事者」像の課題────329

ね」と言い合う排除的圧力の息苦しさもある。収入の多少、学歴の高低、職業的ステータスの上下、結婚経験や子どもの有無……ありとあらゆる多様性を口実に、次々に分断線を引き続けることも生じやすいのである。[21]

　綾屋らは複雑な個人の経験を集団が包摂する難しさを論じる。

　そこで個人が自分の経験と完全に合致する集団を求めるならば、再度孤立した状態でさまよい続けなくてはならない。綾屋はその状態を「誰ともつながらない個」とする。それは「コミュニティを卒業し、個人として自立したのだ」とも表現できるが、再び多数派に操作される「分断された個」に戻ることでもある。[22]

第三世代の構想

　では、マイノリティの活動は前述した第二世代の限界をどう乗り越えていくのか。第二世代を経験したマイノリティが抱えているのは、同質な仲間による密室的な息苦しさからも解放されたいし、分断された個にも戻りたくないという思いだろう。「同じでもなく違うでもなく、お互いの多様性を認めた上で、仲間としてつながり続ける道を模索する」[23]のが、綾屋がいう「第三世代」である。

　ここで綾屋らが提案するのは、「構成的体制」と「個人の経験」の双方を視野に入れ、その相互関係を考えることである。「構成的体制」という用語はやや難解だが、さしあたり、発達障害の概念のような「個人を超えた共通のカテゴリー」と理解すればいいだろう。綾屋は、共通の状況と個人の経験の双方を語ることができる場を用意することを目指している。

　共通のカテゴリーによって個人の経験がすべて吸収されると考えると、「アスペルガー症候群とはこのようなものだ」「あなたは本物のアスペルガー症候群ではない」といった本質主義に陥ってしまう。これが第二世代のあり方といえる。

　あるいは個人の経験がすべてであり、共通のカテゴリーによって説明される部分などは存在しないと考える方向もありうる。綾屋らは「そもそもアスペルガー症候群という概念は作られたものにすぎない」といった考え方を「虚無主義」という言葉で表現している。これは、明らかに第一世代の孤立状態へ逆戻りさせてしまう方向性である。孤立に逆戻りするのでなく、カテ

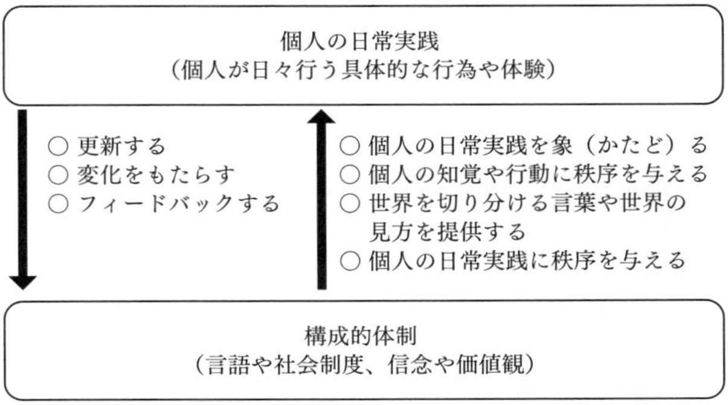

```
┌─────────────────────────────────────────────────┐
│               個人の日常実践                        │
│      （個人が日々行う具体的な行為や体験）              │
└─────────────────────────────────────────────────┘
   │                          ↑
   ○ 更新する                  ○ 個人の日常実践を象（かたど）る
   ○ 変化をもたらす            ○ 個人の知覚や行動に秩序を与える
   ○ フィードバックする         ○ 世界を切り分ける言葉や世界の
   │                            見方を提供する
   ↓                          ○ 個人の日常実践に秩序を与える
┌─────────────────────────────────────────────────┐
│               構成的体制                           │
│      （言語や社会制度、信念や価値観）                 │
└─────────────────────────────────────────────────┘
```

図33　日常実践と構成的体制との関係
（出典：前掲『つながりの作法』107‐110ページをもとに筆者作成）

ゴリー内部に閉じこもる息苦しさも避けようとするのが第三世代のあり方といえる。

　図33では、「個人の日常的な実践」と、「コミュニティが共有する構成的体制」という2つのレベルの間で循環が生じる様子を示している。綾屋らは、こうした循環が確保されるための条件として、抑圧されずに個人の経験を語れる場の確保、また構成的体制を特定のメンバーが占有しないための工夫を挙げている。

3　「当事者研究」の限界

　ここまで確認したように、綾屋らは経験の個別性と共通性の双方にアクセスが可能な状況の確保を求めた。こうした要件を備えた場として構想されているのが「当事者研究」である。当事者研究は「自分の身の処し方を専門家や家族に預けるのではなく、仲間の力を借りながら、自分のことを自分自身がよりよく知るための研究をしていこうという実践」[24]であるとされる。『つながりの作法』の後半では、「浦河べてるの家」「ダルク女性ハウス」での当事者研究が紹介される。

　しかし、『つながりの作法』で示された第三世代のあり方が、必然的に当事者研究に結び付くのかという点には疑問の余地がある。本章では、近年に至る展開も含めた当事者研究の全体像を論じる準備はない。あくまで『つな

がりの作法』前半のコミュニティの議論に即して、「当事者研究」の是非を検討しておきたい。以下では「当事者」「研究」概念のそれぞれに対して疑問を提起する。

第一に、「当事者」という用語には、第二世代の状況に通じるような集団の閉鎖性をもたらす効力が隠されていると考えられる。[25]

日本語の当事者を文字どおり「事に当たる者」と捉えると、たとえば「依存症当事者」は「自ら依存症に向き合う者」としてイメージされる。だが、たとえ依存症の症状に当てはまったとしても、本人自身が積極的にその課題に向き合うとはかぎらない。病気や障害に該当する人は、そのような意味での「当事者」ばかりではないはずである。[26]

「当事者主権」の議論では、「問題を抱える本人が自分の問題について最もよく知っている」という主張もなされる。[27]しかし、これは理念や規範のレベルで期待される本人像ではあっても、すべての本人に当てはまる事実ではない。したがって、そのような期待に当てはまる本人を研究や支援の中心に置くことで、その外に取りこぼされる人が生じかねない。[28]もしも経験を語り合う場への参加者を、自ら課題と向き合う積極的な語り手として設定すれば、第二世代のコミュニティにみられる「典型的」「非典型的」な参加者の間の分断を再び招いてしまうだろう。

また、「発達障害当事者」といった用法にみられるように、それぞれの当事者コミュニティは、専門家が規定する障害や疾患のカテゴリーに一致するように形成されていることが多い。前述したような当事者の「典型性」を確保するには、本人たちの語り合いを経由するよりも、専門家が是認する患者らのコミュニティに所属することがむしろ早道になりうる。[29]第一世代のように「当事者」たちを専門家が囲い込む状況も生じるだろう。

続いて「研究」の限界について考えたい。綾屋らは、第一世代に対応する「治療の論理」、第二世代に対応する「運動の論理」を乗り越えるために、「研究の論理」を導入している。治療の論理では、病気や障害が否定され「お手本としての健常者」に近づくことが求められる。また運動の論理では社会変革のための連帯が求められ、運動内部の少数者が抑圧される。

それに対して、研究の論理では多様な日常経験と、障害に関する知識の双方を共有することが可能になるという。こうした場を綾屋が求める背景には、あくまで自己の生きづらさを説明するうえでふさわしい言葉を獲得したいと

いう動機が存在していると考えられる。[30] 一方で、生きづらさをめぐる困難を現実に緩和するような制度的・非制度的な支援について、綾屋らが言及することはない。

　従来の治療や運動に限界があるにせよ、実際に生きづらい人の生活の質を向上するような支援を、研究の論理だけで実現できるわけではないだろう。専門家支配を乗り越えるためには、単に治療や支援から距離を取るだけでなく、制度的・非制度的な支援を専門家の独占から解放し、社会的に共有することが求められるのである。

4　伴走型支援での多角的なつながりの構想

　本章の後半では、第三世代に相当するマイノリティの新たな「つながり方」について綾屋らとは異なる形態で展望したい。

　図34では、人が孤立せずに、必要な支援を受けられる状態を、図形の頂点に線が交わり、内側を通過している図で示す。図形上部の「頂点」に笑顔のマークをつけることで、実際に支援を受けている状態を示した。障害の社会モデルを参考にすると、生きづらい人の生活の質は本人に帰せられる欠陥ではなく、環境との間の関係によって左右される。ここでは社会モデルを視覚的に表現した大橋秀行に倣い、本人と環境との間の関係の良好さを、丸印の「表情」で示すことにした。[31]

　ここでいう「支援」は、伴走型支援を念頭に置いた幅広い意味内容を示している。伴走型支援とは、既存の縦割りにされた制度にとらわれた支援への反省から生まれた考え方である。伴走型支援では、ニーズを表明しにくい個人からもニーズを引き出したり再確認したりするコミュニケーションを含めて、個人に包括的・継続的に関わりを続ける。[32] このように、支援機関や支援者と接触をもつよりも前の段階で関わりをもつことが、伴走型支援には含まれると考えられる。

　現実には、個人の生きづらさが顕在化するかどうか、また生きづらさを緩和するための支援が受けられるかどうかなどは、本人と環境とのマッチングの問題といえる。病気や障害がある人は、多数派の人と違って「支援に依存している」と考えられやすい。しかしエレベーターや階段を選んで使えるな

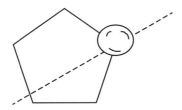

図34　個人と支援とのつながり

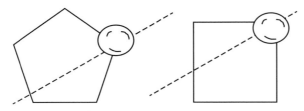

図35　ナナメ型支援を受ける個人

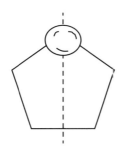 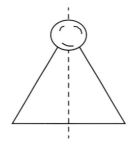

図36　タテ型支援を受ける個人

　ど、多様な社会環境に「依存できる」のは、実は多数派のほうである。それに対して車いすに乗った人は依存できる手段が限られる。支援では、依存できる手段が限られた人に対して少しでも多様な手段を模索する必要がある。

　図35と図36では、図形がもつ「頂点」や支援の角度によって、受けられる支援が異なることを示した。三角形の人はナナメ型の支援を受けられず、四角形の人はタテ型支援を受けることはできない。それに対して五角形の人はタテ型支援とナナメ型の支援の双方を受けることができる。伴走型支援は、個人とつながることができる方策を、文字どおり「多角的」に考えることを目指す。

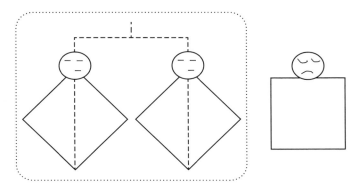

図37　第一世代：隔離と放置

　たとえば「8050問題」というように家族全体が孤立の危機を迎えている場合、「40代の子どものひきこもり」を「問題」と捉えて支援を開始しようとしても、本人や家族が受け入れるのが難しいことが多い。そこで、一見するとひきこもりと無関係な「飼い猫の病気」をきっかけにひきこもる本人と接点ができて、病院への同行から支援者と家族の関係を構築していった例がある（補論1を参照）。

第一世代

　本章の前半で示した綾屋らの議論を受けて、マイノリティの人々が置かれた状況を図示していきたい。
　図37は、第一世代を表現している。図の左側には、専門家によって支援を受けられる人々を示し、右側にはその範囲外で孤立している人を示した。病気や障害がある人は、専門家の治療や支援を受けるために、しばしば一般社会と切り離された病院や施設に入ることで隔離されなくてはならなかった。本人のあり方から離れた「治療」を示すため、四角形の人が斜めに角度を変えた姿を示した。
　綾屋らは多数派の社会で理解や支援を受けられない状況を図示した。そのような放置と、図37のような隔離は、同じ社会のなかで同時並行的に進行している。

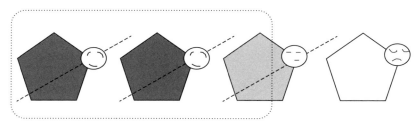

図38　第二世代:「らしさ」による分断

第二世代

　第二段階（図38）は、マイノリティの連帯が成立し、集団に属している状況を示す。

　第一世代と同様に、集団には境界がある。第二世代の場合、集団内部に生きづらさに関する「典型性」をめぐって濃淡が存在する。図の左側には、それぞれの生きづらさのカテゴリーのなかで中心に位置する個人たちを示した。こうした人々は同じ五角形の人々のなかでも色が濃く、「典型的」な存在になる。一方で、色が薄い「非典型」の人はコミュニティの境界部に位置し、強いつながりが得られない。このことを点線の太さで表現した。さらに色が薄い人はコミュニティの外側に位置している。

　専門家支配の時代では、パターナリスティックな配慮によって、支援や治療の対象者をくまなく探し出そうとする圧力がはたらいたと考えられる。行政のサービスについても、措置制度によって、利用者の意向にかかわらず職権でサービスの利用が決定された。しかしマイノリティ自身による集団形成のもとでは、境界の内部に属する人の見極めはより曖昧化する。障害者「らしさ」や病者「らしさ」がその基準になりやすい。[34]

　このような「らしさ」を形作るのを促進するものとして、マイノリティのコミュニティ内部の文化だけでなくマスメディアを含む世論の影響力の強さを指摘できる。生活保護受給者へのバッシングなどを想起すれば、支援は「真に同情に値する」人だけが受けるべきだという社会的圧力が存在することも当然とされる。「支援に値しない」とされる人には有形無形の批判が加えられるのである。

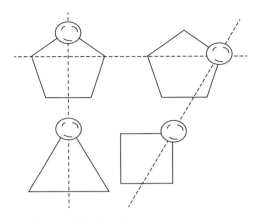

図39　第三世代：多角的な支援の選択

第三世代

　最後に第三世代について図示する。図39は、図形としての類似性や相違にかかわらず、人が生きている場所で支援を受けることができる状態を示している。

　このように「線」の状態で示された支援の網の目が縦横に張り巡らされ、充実するほど、個人が支援を受けるチャンスは高まる。特定の場所に囲い込まれることなく、また図形の種類にかかわらず、つながれる支援につながることは障害のユニバーサルモデルと共通する。たとえば五角形の人がタテ型とナナメ型の支援を選択することは「依存先の分散」[35]に通じる。

　一方で、図39ではコミュニティをつくる可能性も保障されており、似た図形同士の人がアイデンティティを共有して集まることも可能である。[36]

　以上のような議論は抽象的なレベルにとどまるが、若者支援現場の例を一つ挙げてみよう。

　発達障害をもつと思われる若者を、一方的に診断の対象とするのは第一世代的な対応になる。それに対し第三世代のあり方として、いったん就労支援を受け、仕事への適合度やほかの参加者と自身の比較を通じて段階的に「障害特性」を受け入れていくプロセスが存在する[37]。この意味で、障害を根拠とした支援は就労支援や経済的支援など、ほかの支援と等価な選択肢になりうる。

この例にみられるように伴走型支援が充実するためには、個人の心理特性などを静的にアセスメントするだけでなく、状況に応じて支援手法を提案し、支援の利用や支援者との関わりによって対象者が自身の特性や可能性を知ることができるような動的な支援関係が欠かせない。また対象者が自己理解や他者理解を図れるような時空間が確保されるべきといえる。[38]

おわりに

困難を抱える人の支援で、個別性と共通性を両立することの重要さは、本書でも第9章の主観的ニーズと客観的ニーズの区別に関する議論などで論じてきた。本章ではそれに加え、困難を抱える人が集合的な活動を通じてニーズを共有することの利点と限界が明らかになったと考えられる。

困難を抱える人々が一般社会のなかで放置されていたり、専門家のもとで互いに孤立した状態で支援される場合には、互いの状況を共有する機会がなく、共通のニーズについて気づくことができない。一方、集合的なアイデンティティの影響力が強すぎる場合には、個別性が見失われることになる。個別性の担保のためには第9章で論じた全方位型アセスメントなどの視点が有用になるだろう。

困難を抱える人の間でニーズを共有するためには、支援を受ける人同士の対等な関係性（ピア）のなかで、互いに支援についての情報を交換するような取り組みが重要といえる。また専門家が単に目の前の対象者を支援するだけでなく、モデル事例を挙げて支援の情報を公開することによって、ニーズの顕在化を促進することができる。

最後に、「当事者」という用語はこれらの個別性や共通性を示すことにその機能の一つがあるが、語義の曖昧さや、それによって引き起こされる混乱などから再検討を要する用語だと考えられる。

たとえば「○○障害当事者が全国に何万人いる」というように、単純に定義に該当するという意味で共通性を示す用法や、「当事者になってみないとわからない」というように個別性について言及する用法が混在する。

そして両者の混同も生じうる。自身の個別のニーズについて語られた内容が○○当事者の主張として一般化されれば、本来の○○障害に関する幅広い

理解が損なわれる（本章でいえば第二世代の状況に相当する）。逆に○○障害に関する一般的な支援が優先され、個人に関する包括的なアセスメントが軽視される場合などもある（本章でいえばパターナリズムに相当するだろう）。「当事者の声を聴く」ことの重要性を強調しているのに、その主張の前提として○○障害などのカテゴリーに沿う典型化されたイメージが入り込む場合もあるだろう。個別性と共通性のそれぞれが足を引っ張り合い、互いの可能性を損なうわけである。[39]

　こうした弊害を避けるためには融通無碍に使われる当事者という用語を解体し、用途ごとに整理して使用することが望まれる。個別性について述べるならば「本人」などの用語があり、○○障害に関する共通の定義に該当するという意味では該当者という言葉を用いることができる。本章は、ひきこもりや社会的孤立に関する当事者概念や当事者活動を対象とするものではないが、当事者という用語についての批判的吟味はまさにこれらのテーマ群で求められていると考えられる。

注

（1）近年の実践報告と問題提起の例として次の文献を参照。川瀬信一「「新たな当事者」の登場とこれからの当事者参画」「子どもの虐待とネグレクト」第21巻第1号、日本子ども虐待防止学会、2019年

（2）Verta Taylor and Nancy E. Whittier, "Collective Identity in Social Movement Communities: Lesbian Feminist Mobilization," in Aldon D. Morris and Carol M. Mueller eds., *Frontiers in Social Movement Theory*, Yale University Press, 1992.

（3）川北稔「社会運動と集合的アイデンティティ——動員過程におけるアイデンティティの諸相」、曾良中清司／長谷川公一／町村敬志／樋口直人編著『社会運動という公共空間——理論と方法のフロンティア』所収、成文堂、2004年

（4）Francis Fukuyama, *Identity: The Demand for Dignity and the Politics of Resentment*, Farrar Straus and Giroux, 2018.（フランシス・フクヤマ『IDENTITY——尊厳の欲求と憤りの政治』山田文訳、朝日新聞出版、2019年）

（5）綾屋紗月／熊谷晋一郎『つながりの作法——同じでもなく 違うでもなく』（生活人新書）、日本放送出版協会、2010年

（6）前掲「社会運動と集合的アイデンティティ」

（7）Todd Gitlin, *The Twilight of Common Dreams: Why America is Wracked by Culture Wars*, Ellen Levine Literary, 1995.（トッド・ギトリン『アメリカの文化戦争──たそがれゆく共通の夢』疋田三良／向井俊二訳、彩流社、2001年）

（8）前掲『つながりの作法』

（9）アメリカの障害者運動の立場からアイデンティティ・ポリティクスを論じた例としてレナード・デイビスは、階級、人種やジェンダーと横並びのアイデンティティとして「障害」を認知させることは難しいと指摘し、障害はむしろほかのカテゴリーと交差するような「多孔性」の性質をもつことに期待を寄せている。Lennard J Davis, "Identity -Politics, Disability, and Culture," in Gary L. Albrecht, Katherine Seelman, and Michael Bury eds., *Handbook of Disability Studies*, Sage Publications, 2001.

（10）伊藤智樹『セルフヘルプ・グループの自己物語論──アルコホリズムと死別体験を例に』（質的社会研究シリーズ）、ハーベスト社、2009年

（11）『つながりの作法』は6章で構成されており、まず第1章と第2章で著者それぞれが自己の障害に関する経験を検討する。第3章「仲間とのつながりとしがらみ」は障害に関する経験を共有する困難を論じ、第4章「当事者研究の可能性」はそれを踏まえた新たなつながりのあり方を示す。本章が主に検討するのは第3章と第4章である。なお第3章は綾屋単独の執筆であることが明示されており、障害に関する世代論は綾屋による発想だと考えられる。

（12）前掲『つながりの作法』78 – 79ページ

（13）同書80ページ

（14）同書81ページ

（15）石川准『アイデンティティ・ゲーム──存在証明の社会学』新評論、1992年

（16）前掲『つながりの作法』84ページ

（17）同書84 – 85ページ

（18）同書86ページ

（19）同書88ページ

（20）同書90ページ

（21）同書90 – 91ページ

（22）同書91ページ

（23）同書95ページ

（24）同書102 – 103ページ

（25）日本語の「当事者」は英語のpartyやドイツ語のParteiに相当し、「事件な

どに最も近くで関与する人」を意味する。たとえばCiNiiで「当事者」をタイトルに含む図書を検索すると約600件がヒットする（2020年9月24日現在）。内容をみると、明治時代からおよそ1980年代までは訴訟の関係者を意味する用法が多く、80年代後半に障害者や病者を指して「当事者」と呼ぶ用法が初めて登場する。こうした用法は裁判の原告や被告など特定の場面での関係者を指す用法を離れ、障害者や病者一般を「当事者」の位置に固定する効果があると思われる。こうした課題については機会を改めて論じたい。

(26) 綾屋らの著書には、当事者という用語を選択した理由は示されていない。一方で、当事者主権において主張されるような「私のことは、私がいちばんよく知っている」というスローガンは「運動の論理」に属するとして批判的に扱われている。むしろ当事者研究は「自分のことを自分はよく知らない」という前提を置くという（前掲『つながりの作法』127ページ）。

(27) 中西正司／上野千鶴子『当事者主権』（岩波新書）、岩波書店、2003年

(28) 西村愛「社会福祉分野における当事者主体概念を検証する」、法政大学大原社会問題研究所編「大原社会問題研究所雑誌」第645号、法政大学大原社会問題研究所、2012年

(29) 「当事者の意思」が支援者の意思の隠れみのである可能性については、星加良司「当事者をめぐる揺らぎ──「当事者主権」を再考する」（「支援」編集委員会編「支援」第2号、生活書院、2012年）を参照。

(30) 綾屋は「私はただ、自分を知りたいだけだった」と、第二世代のコミュニティでも満たされない自己理解への意欲を表明する。同時に、綾屋はコミュニケーションの障害が一方的にアスペルガー症候群がある人に帰せられることを疑問視し、障害理解の刷新へと探究意欲を向けている（前掲『つながりの作法』92-94ページ）。

(31) 前掲「障害構造論を臨床にどう生かすか」

(32) 前掲『生活困窮者への伴走型支援』

(33) 熊谷晋一郎「依存先の分散としての自立」、村田純一編『知の生態学的転回2 技術──身体を取り囲む人工環境』所収、東京大学出版会、2013年

(34) 鶴田幸恵は、性同一性障害の「当事者」の間でも、医学的知識や自身たちの道徳的判断を根拠にして、誰を「正当な当事者」として認めるかに関する競合関係があることを論じている。鶴田幸恵「正当な当事者とは誰か──「性同一性障害」であるための基準」、日本社会学会編「社会学評論」第59巻第1号、日本社会学会、2008年

(35) 前掲「依存先の分散としての自立」

(36) アイデンティティのあり方と、社会的支援とのつながりをある程度まで

分離することは、固定した「障害」理解の柔軟化などに資すると考える。一方で、エスニシティの場合のようにアイデンティティを自由な選択の対象として扱うべきではない領域もある。金泰泳は、在日朝鮮人の第一世代が形成したアイデンティティの矛盾（在日言説の性差別的側面や複数のルーツをもつ人々の排除）を意識する第二世代の存在を指摘する。一方で、若い世代が「民族」を「着脱可能」なものと考えているわけではないと注意している。金泰泳『アイデンティティ・ポリティクスを超えて──在日朝鮮人のエスニシティ』（Sekaishiso seminar）、世界思想社、1999年、5ページ

(37) 御旅屋達「若者支援における「障害」の位置価」、日本教育社会学会編「教育社会学研究」第101号、東洋館出版社、2017年

(38) 川北稔「ひきこもり経験者による空間の獲得──支援活動における空間の複数性・対比性の活用」、日本社会学会編「社会学評論」第65巻第3号、日本社会学会、2014年

(39) 野崎泰伸は、当事者の概念が「当事者の個別性・排他性」「ニーズに基づく共通性」「自己の再定義」を指すために用いられていると整理している。それぞれ大まかにいえば、本章でいう個別性、共通性、そして専門家らに対抗するための（第二世代にみられるような）集合性に相当すると考えられる。そのうえで、「当事者であるからこそ語り得る内容と、それを超えた主張」（野崎泰伸「当事者性の再検討」「人間文化学研究集録」第14号、大阪府立大学大学院人間文化学研究科、2004年、81ページ）が混同されることなどの問題を指摘している。すなわち、当事者という用語は個別性や共通性など、ときに相反する意味作用をもたらすために用いられていることが批判的に指摘されているといえるだろう。特に個別性に関して、「当事者が、他の当事者を代弁したり、当事者一般を代理しながら話し始めたときには、それはもはや「当事者の話」ではない」（同論文80ページ）という指摘は示唆的である。

342

終章　孤立の多元的な理解と支援

1　第1部のまとめ

　本書の議論を振り返り、そこから得られる社会的孤立の多元的な理解をまとめ、支援のあり方を展望したい。

　孤独・孤立対策推進法の施行など孤立が社会的課題になるなかで、従来から用いられている「ひきこもり」という概念は孤立とどう異なるのか、整理は進まないまま多様な孤立にひきこもりという言葉が当てはめられている（「ひきこもりの高年齢化」「主婦のひきこもり」など）。

　社会的孤立の概念について整理するため、第1章では社会的参加と対人的交流という2つの軸を用意した。社会的参加は就労や就学などの、個人に収入や社会的役割を与える活動である。それに対して対人的交流は他者との会話や困り事の相談など、人とのつながりを生み出す活動を意味する。社会的孤立は、参加と交流の片方あるいは双方が狭まった状態と考えられる。

　この考えに照らすと、ひきこもりは参加と交流の双方が欠如した状態だといえるが、論者によって暗黙のうちに異なる意味を負わされながら論じられている。若者の社会的参加の支援に関する議論が低調になり、就労に関する支援も「ひきこもり」という言葉のもとで語られがちになる。一方で、そもそも交流自体を苦にするような人として「ひきこもり」を捉えると、就労を目標とすることが不適切だと評価される。

　その背景には、ひきこもりの概念は、無業者などの用語で捉えられるべき人々にも重ねて用いられている現状がある（「過剰拡張」）。一方でひきこもりという言葉は、対人的交流に困難を抱える人のなかでも、葛藤を抱え援助を

希求する人に対象を狭める効果を生んでいる（ひきこもり層内部における「見過ごし」）。ひきこもりという強いイメージを背負った言葉を「傘」にして考えることで、二者択一的な議論に陥る状況が生まれている。

　従来ひきこもりと呼ばれてきた状態は、就労や就学に関する社会的参加の欠如、交流の欠如、また成人期への移行の困難に分けて考えることが可能である。これらが一人の人に重なる度合いはさまざまだが、既存のひきこもりという概念ではそれらをきめ細かく捉えることはできない。

　海外の研究を参照すると、'social withdrawal'（対人的閉じこもり）は就労や就学の有無を問わず他者との関わりが乏しい人を意味しており、ひきこもりという言葉も対人的交流の次元に焦点化して用いることを提案できる。一方、社会的参加の欠如はNEETの概念で把握されており、家事・育児の負担や障害などのためにNEETとなっている人の割合を社会政策との関連で検証する研究もおこなわれている。こうした海外での用語の使い方をそのまま踏襲する必要はないが、ひきこもりという用語が全く異なる意味合いで用いられていることなどから、概念を自明のものと考えず再検証することが望まれる。きめ細かい理解と支援のために、社会的参加と対人的交流にはそれぞれ別の用語を用意するべきだろう。

2　第2部のまとめ

　第2部では、ひきこもり状態の人を対象者に掲げている調査を検討した。ひとくちにひきこもりの調査といっても、具体的に対象者を定義する考え方や、そこから形作られるイメージは一様ではない。

　内閣府による既存のひきこもりに関する調査は、外出を基準に対象者を割り出してきた。この質問項目は、ひきこもる人とそうでない人を線引きし、結果としてひきこもり人口が全国に何万人いるというように、ほかと区別された集団であることを印象づける。しかし、外出の頻度の狭まりは家事・育児への従事、精神的な病気による通院・入院、また対人不安を感じる人などにそれぞれ多く、それらの背景は必ずしも同じ人に重なるわけではない。浮かび上がるのはひきこもりという均質な集団ではなく、多様な背景による社会的参加・対人的交流の狭まりである。会話の頻度、社会的サポートの欠如

などによってまた異なる孤立者像が浮かび上がる。

　民生委員調査では、地域で出合う複合的な孤立課題の一つとしてひきこもりを捉えている。生活困窮、セルフ・ネグレクト、成人子の親への依存などである。ひきこもりという主訴をもった人の相談を待つのではなく、複雑な課題を解きほぐし、諸機関や窓口へとつなぐような過程のなかに、ひきこもりという課題もまた含まれる。そのようなつなぎ先が生活困窮者の窓口や地域包括支援センターである。

　生活困窮者の窓口の調査では、対象者との接点をもつことが困難だったが、生活困窮の課題をきっかけに支援の糸口を見いだした例が報告された。フードバンクなどの手段による食料の支援、就労準備支援を活用したフリーマーケットでの活動による対象者の自信回復など、手法は対人的交流などの狭義のひきこもり支援に限られない。

　地域包括支援センター調査では、高齢の親と無業の成人子からなる世帯の支援例を探った。無業者という枠のなかで、狭義と広義のひきこもり状態に該当する人の状況について尋ねることで、ひきこもりの深刻度が必ずしも8050世帯の問題の大きさに比例するわけではなく、成人子による家計の支配や、親の側の認知症などの背景にも注目する必要があることが明らかになった。

　調査結果は、家庭内に隠れがちな自立の困難や依存の問題を示唆する。成人子の無業や親の要支援・要介護によって、親子間で経済面・生活面で支え合う必要が生じる。しかし共依存というように世話することを自己目的化することで、相手の自立度の向上を阻害する場合がある。自己放任というように、自らのケアの放棄もある。さらに深刻なリスクと考えられるのが、外部からの支援の拒否である。

　このように自分を支える、または他者からの支援を受け取る力の低下を軸に、孤立した人が必要な支援の度合いやその困難度を理解することが提案できる。

展望

　自治体の調査は地域調査、民生委員調査、支援機関の調査に分かれる。

　地域調査はコストが高いが、ひきこもりの人口を線引きすることに集約され、十分な知見を導いているとはいえない。単にひきこもりの該当者を割り

出すだけにとどめず、社会的参加と交流のどちらか一方を失っている層など
を切り捨てずに理解できるよう、データを活用するべきだろう。新たに調査
を実施するまでもなく、社会的参加の狭まりについては既存の労働統計など
に依拠できる面も大きい。

　また孤立・孤独を理解する多様な軸の採用が求められる。国の調査でも
「人々のつながりに関する基礎調査」では外出頻度と外出先を細かく質問し、
会話やサポートの有無なども質問項目に含めており、実質的にひきこもりの
調査と重なる。一方、ひきこもりの調査に含まれる対人不安などの項目、疾
病や障害についての項目は心理的・生物学的背景の理解につながる。縦割り
に陥らず、対象者の多面的な理解を可能にするような調査設計が望まれる。

3　第3部のまとめ

　第3部は、支援が支援者の管轄外との連携を必要とする、対象者が支援を
望まない、などの困難に即した支援の糸口について考察した。

　ひきこもり状態のように孤立した人は、本人と周囲のニーズが乖離するこ
と、実施できる支援と相手が受け入れる支援が一致しないこと、現在のニー
ズと将来のニーズが異なることなどの状況が生じる。そのために全方位的な
アセスメントによって支援の方策を増やし、チームとして連携することが望
まれる。

　ひきこもりに特化した支援は、ひきこもり状態に該当することを自覚し、
対人関係や居場所への支援を望む人には適合的な部分がある。しかし支援の
入り口すなわち対象者の理解においても、出口すなわち支援の方策において
も、孤立した人の状況を度外視してしまうことが懸念される。ひきこもりと
いう概念だけにとらわれない理解と対応が望まれる。

　マズローの欲求階層図で中間に位置する所属や承認だけでなく、低次のニ
ーズ、高次のニーズなど幅広い角度から考えることも支援の糸口を増やす助
けになるだろう。

　現在はひきこもり支援に加えて、生活困窮や重層的支援、さらには孤独・
孤立対策が並び立つような状況であり、それぞれの支援の役割が整理される
までの過渡的な時期とも考えられる。

展望

　本書は、狭義のひきこもり支援の限界を指摘し、全方位型のアセスメントや支援を強調してきた。ひきこもり支援を掲げた支援を主要な孤立対策として実施するような状況でも、既存のひきこもりイメージにとらわれず、幅をもたせた支援策を用意することが有益だろう。

　第2章で論じたように、支援者側も支援を受ける側も、「典型像」に当てはまる人に限定して「ひきこもり」を理解することが懸念される。社会的参加（就労や就学）の支援、対人的交流の支援など、幅広い支援メニューの利用を呼びかける余地がある。

　社会的参加が狭められるケースに注目すると、不登校、中退、就職活動の失敗、離職、離死別などがそれにあたる。人生の節目で谷間に落ち込む人が生じないよう、切れ目ない支援が求められる。家庭責任や疾病・障害という背景も関連する。関係する部門はこども家庭支援、学校教育、産業振興、女性相談、男性相談などであり、縦割りに陥らない連携が望まれる。中間的就労の機会、つまりフルタイムの就労ではなく、就労自立を目指す働き方ではない仕事の機会などを充実させるのが望ましい。

　一方、交流の問題については、対象者が就労や就学によって社会参加しているかどうかを問わずに支援を呼びかけることが望まれる。海外での対人的閉じこもりの支援のように、友人との交流がないことを問題視することはスティグマなど別の問題につながる可能性もある。生きづらさなどのゆるやかなキーワードで状態像を広げることも考えられる。

　自治体の支援では、各施策を列挙するのではなく、お金、気持ちの落ち込み、交流先がほしいなどのニーズに端的に応えるようなポータルサイトの活用も有効である。日本の福祉制度は申請主義であり、利用する側が知識をもち能動的に制度を活用することが求められる現状がある。そのため、ひきこもりなのかどうか、困窮しているのかどうかなどの「入り口」の部分でふるい分けられないこと、そしてどのような支援を通じて社会につながるのかという出口の部分の選択肢が狭められないことが大切である。

初出一覧

　本書は基本的に書き下ろしだが、以下の章では既刊の論文等をもとに大幅な加筆・修正をおこなった。

第2章　「ひきこもり概念の限界――カテゴリーへの囲い込みから孤立の多元的理解へ」、東海ひきこもり臨床研究会有志編著『ひきこもり理解と支援・再考――長期化・高年齢化の中で』所収、パティオちた出版部、2022年

第7章　「ひきこもり状態にある人の高年齢化と「8050問題」――生活困窮者相談窓口の調査結果から」、愛知教育大学編「愛知教育大学研究報告 人文・社会科学編」第68号、愛知教育大学、2019年、「ひきこもり状態の人と「命の危険」に関する試論――行政の相談窓口における死亡事例の調査から」、愛知教育大学編「愛知教育大学研究報告 人文・社会科学編」第71号、愛知教育大学、2022年

第8章　「長期化するひきこもり事例の親のメンタルヘルスと支援」、「精神科治療学」編集委員会編「精神科治療学」第35巻第4号、星和書店、2020年

第9章　「若者の「生きづらさ」と障害構造論――ひきこもり経験者への支援から考える」、愛知教育大学教育実践総合センター編「愛知教育大学教育実践総合センター紀要」第12号、愛知教育大学教育実践総合センター、2009年

第10章　「社会的孤立から考えるひきこもり・8050問題」、地方自治研究機構編「自治体法務研究」第71号、ぎょうせい、2022年

第11章　「生きづらさを抱える人の支援活動における「当事者」像の課題――『つながりの作法』を手がかりとした図式化の試み」、愛知教育大学編「愛知教育大学研究報告 人文・社会科学編」第70号、愛知教育大学、2021年

　また、本書はJSPS科研費の助成（研究課題19K02130、23K01792）を受けた研究成果の一部である。

おわりに

「なぜ、ひきこもりや孤立を研究テーマに選んだんですか？」。ひきこもりについての研修会で講師を務めるとき、そのように質問されることがある。筆者が20代だった1990年代から、学校を欠席する子どもの増加、就職氷河期、非正規社員の増加など、社会に出るにあたって不安を感じるような出来事を同時期に経験してきた。自分が年齢を重ねるにつれて問題は「8050問題」へと変化した。

「若者」をめぐる社会問題を身近に感じた世代として、社会に居場所がなくなってしまう不安を研究のテーマに選んだのは自然なことだったのかもしれない。なかでもひきこもりは、家庭、教育、仕事、医療など、あらゆる領域を巻き込んで考えられる稀有なテーマだと思えた。人がひきこもる背景を通じて、さまざまな生活領域の課題を探ることができるし、再び社会に参加するための支援も多数の分野の関与が必要になる。

しかしいつのころからか、「ひきこもり」や「社会」が一つの実体として固定的に扱われているように思われた。かつて登校拒否という言葉があったように、ひきこもりを「社会拒否」として捉えてみれば、ひきこもる人は、一面では社会の冷たさや歪みを訴えて拒否しているようにもみえる。実際に、近年開かれた複数の研修会で参加者から「ひきこもっている人は社会に傷ついてひきこもっているのだから、そのような人を再び社会に出す支援は望ましくない」といった意味の発言があり、出席者たちが深くうなずくという場面に接した。

社会から遠ざかる人のありようを考えることは、現代の社会を理解することにつながる。しかし「ひきこもっている人がいる以上、社会に問題があるはずだ」という考えは結論の先取りであり、必ずしも具体的な社会の理解を深めるものではないように思う。社会の何を苦手としているのかも個人によって千差万別だ。「この人は社会から身を守るためにひきこもっているのだ」といった先入観は、それぞれの個人の理解や支援の選択肢を狭めてしまうおそれがある。

ひきこもりは、もともと特定のイメージに当てはまる「人」ではなく状態

である。一方で、「ひきこもる」という動詞が個人の主体的選択をイメージさせるなど、どうしても狭い理解のほうへ誘導しやすい言葉だ。そこで、ひきこもりという言葉をいったん脇に置き、従来ひきこもりという言葉で示された悩みの内容を、幅広い社会的孤立の状態の一つとして位置づける必要があるのではないか。それが本書の問いである。

『社会的孤立の支援と制度──ひきこもりの20年から多元的包摂へ』という書名には、ひきこもり支援の歴史を踏まえ、社会的孤立という大きな枠のなかで支援を考えたいという意図を込めている。狭義のひきこもり問題もひきこもり支援だけで解決するのではなく、生活困窮やケアといった生活課題の把握から糸口を得る余地は大きい。問題理解という「入り口」についても、解決という「出口」についても、ひきこもりという概念だけを手がかりに考えることには大きな限界がある。

　一方、社会的な孤立を測る基準も多様であり、他者との会話や相談できる相手の有無などのうち何が鍵になるか、議論は今後も続くものと思われる。友人の有無や外出を基準にイメージされてきた「ひきこもり」像の再検討によって、社会的孤立全体の議論も変化していく可能性がある。

　著者にとって長らく思い入れがあった「ひきこもり」という言葉のデメリットを強調する本書は思い切った試みだった。しかし、それは「ひきこもり」という言葉がもっていた本来の価値を見直すためでもある。さまざまな社会的孤立のなかで、「ひきこもり」という言葉でこそ言い表せる悩みとは何なのだろうか。それを知るためにも、言葉が乱用される状況は望ましくないだろう。

　もともとは社会学という分野を中心に学んできた筆者が生物・心理・社会アプローチを参照し大風呂敷にも思える議論をおこなう理由も補論に記した。ひきこもる人と「社会」を短絡的に結び付けて論じられる理由の一つに、心理学や心の健康に関する研究成果の参照不足があるように思われる。それによって、個人と社会のつながり方や社会のあり方の理解も一面的なものにとどまってしまうおそれがある。

　本書はまだ粗いスケッチにとどまっている点も多い。行き届いた議論には遠いが、まずは各領域への見通しをよくしてくれる道案内のような文献や資料を紹介することを心がけた。「ひきこもりは○○の問題だ」という狭い理解に陥らないためには、社会的孤立に関する各領域の基本的な文献・資料か

ら学ぶことが必要である。その意味で、本書自体が読書案内の役割を果たせるようにと考えた。

　本書では、ひきこもりや孤立を俯瞰的な視点から交通整理することに集中したため、支援団体や自治体でおこなわれる支援の新しい試みを紹介することができなかった。本書でテーマとした「多元的包摂」を実現するためにも、今後は先駆的な政策やユニークな取り組みに焦点化していきたいと考えている。日頃、交流の機会をいただいているみなさまには感謝を申し上げる。

［著者略歴］
川北 稔（かわきた みのる）
1974年、神奈川県生まれ
愛知教育大学教育学部准教授
著書に『8050問題の深層——「限界家族」をどう救うか』（NHK出版）、共編著に『「ひきこも
り」への社会学的アプローチ——メディア・当事者・支援活動』（ミネルヴァ書房）、共著に『セ
ルフ・ネグレクトのアセスメントとケア——ツールを活用したゴミ屋敷・支援拒否・8050問題
への対応』（中央法規出版）、『大人になる・社会をつくる——若者の貧困と学校・労働・家族』
（明石書店）、論文に「長期化するひきこもり事例の親のメンタルヘルスと支援」（「精神科治療
学」第35巻第4号）、「ひきこもり経験者による空間の獲得——支援活動における空間の複数性・
対比性の活用」（「社会学評論」第65巻第3号）、「ストーリーとしての引きこもり経験」（「愛知教
育大学教育実践総合センター紀要」第8号）など

しゃかいてき こ りつ　　　し えん　　せい ど
社会的孤立の支援と制度　　ひきこもりの20年から多元的包摂へ

発行―――――2025年5月13日　第1刷

定価―――――4000円＋税

著者―――――川北 稔

発行者―――――矢野未知生

発行所―――――株式会社青弓社
　　　　　　　〒162-0801 東京都新宿区山吹町337
　　　　　　　電話 03-3268-0381（代）
　　　　　　　https://www.seikyusha.co.jp

印刷所―――――三松堂

製本所―――――三松堂

©Minoru Kawakita, 2025

ISBN978-4-7872-3555-8　C0036

知念 渉
〈ヤンチャな子ら〉のエスノグラフィー
ヤンキーの生活世界を描き出す

ヤンキーは何を考え、どのようにして大人になるのか。高校で〈ヤンチャな子ら〉と3年間をともに過ごし、高校を中退／卒業したあとの生活も調査し、大人への移行期に社会関係を駆使して生き抜く姿を照らす。　　定価2400円＋税

木戸 功／松木洋人／戸江哲理／齋藤直子 ほか
日本の家族のすがた
語りから読み解く暮らしと生き方

大規模なインタビュー調査で得られた家族にまつわる語りやデータから、夫婦間の葛藤、離婚後の実際、子育てへの関わり方、親やきょうだいとの距離感など、日本の家族生活のリアルを多角的に浮き彫りにする。　　定価2600円＋税

加藤博之
がんばりすぎない！発達障害の子ども支援

発達障害の基本的な知識を押さえ、保護者・教員などが悩みがちなポイントや安心できる環境づくりのヒントを解説する。「ユーモア」と「ゆるさ」をもって子育てをしていくための知見を提供する実践ガイド。　　定価1800円＋税

土屋 敦／藤間公太／宇田智佳／平安名萌恵 ほか
社会的養護の社会学
家庭と施設の間にたたずむ子どもたち

社会的養護の現場での困難とは何か。児童養護施設や母子生活支援施設、里親などの調査を積み重ね、医療・教育・ジェンダーなどの多角的な視点から、家族・家庭と施設の専門性の間に生じるジレンマに迫る。　　定価2400円＋税

小川明子
ケアする声のメディア
ホスピタルラジオという希望

ボランティアが制作を担当し、患者がベッドサイドで耳を傾け、医療従事者やリスナー同士のコミュニケーションも促進する「ケアする声」の実践を、発祥地イギリスと日本国内の事例から詳細に紹介する。　　定価1800円＋税